Eberhard Mühlan mit Georg Taubmann

Zurück in Kabul

Die spannende Rückkehr von Georg Taubmann nach seiner Geiselhaft
und der Wiederaufbau der Shelter Now Entwicklungshilfe

---

35 Jahre Shelter Now International

Von den abenteuerlichen Anfängen bis heute

Eberhard Mühlan mit Georg Taubmann

Zurück in Kabul

Die spannende Rückkehr von Georg Taubmann nach seiner Geiselhaft und der Wiederaufbau der Shelter Now Entwicklungshilfe

---

35 Jahre Shelter Now International

Von den abenteuerlichen Anfängen bis heute

MühlanMedien

1. Auflage 2018

MühlanMedien

www.MühlanMedien.de

ISBN 978-3-9817238-6-1

Bestell-Nr. 568126

Umschlaggestaltung: Nico Mühlan, Gobasil, www.gobasil.com

Titelbild: Michael Miklas, www.michaelmiklas.com

Herstellung: MühlanMedien

INHALT

Vorwort

Mit Respekt vor Taubmann!

von Dr. Norbert Blüm, ehemaliger Arbeits- und Sozialminister

Georg Taubmann? Ich kenne ihn nicht nur vom Hörensagen und aus öffentlichen Berichten. Ich bin mit ihm abenteuerlich von Peshawar über den Khyberpass nach Kabul gereist. Wir haben zusammen viel über sein Leben und Denken gesprochen.

Taubmann führt ein mutiges Leben und lebt mit tiefem Gottvertrauen. Beides hängt voneinander ab. Er kann sich Mut leisten, weil er weiß, wir sind in Gottes Hand.

Taubmann wendet sich den Menschen zu, weil er sie verstehen will. Wer helfen will, muss zuerst verstehen. Das verschaffte ihm eine Lebensnähe, die es ihm leichter macht, sich in unterschiedliche Kulturen und Mentalitäten einzufühlen.

Ich erinnere mich an die aufregende Nacht auf dem Khyberpass. Wir kamen zu spät, das Grenztor war verschlossen. Die Stimmung der Massen vor dem Tor war aggressiv. Hinter dem Grenztor stand unser Auto, mit dem wir nach Kabul weiterfahren wollten. Auch der auf der anderen Seite wartende Fahrer war gefährdet.

Taubmann empfahl, den Grenzkommandanten zu besuchen. „Aber nicht mit der Tür ins Haus fallen", war sein Rat. Wir palaverten endlos bei Tee und Gebäck. Ich verstand kein Wort, obwohl der Kommandant mich immer wieder ansprach. Er verstand andererseits jedoch auch kein Wort, das ich sagte. Wir mimten beide ein Gespräch, das wir gar nicht führten. Aber unser Spiel war eine vertrauensbildende Maßnahme. Endlich und auf Umwegen kam Taubmann auf unsere Bitte: die Öffnung des Tores. Der Kommandant verstand . . . das Tor öffnete sich.

Es gibt eben Umwege, die sicherer zum Ziel führen als auf dem direkten Weg.

Taubmann ist ein Mensch, der aus Achtung vor dem Anderen auf Gewohnheiten dieser Anderen Rücksicht nimmt. Das ist auch die zarte Variante der christlichen Nächstenliebe.

Ich besuchte mit Taubmann die zerstörte Ortschaft Suamalie nördlich von Kabul. Shelter Now hilft beim Wiederaufbau, aber die Helfer bauten nicht selbst, sondern halfen den Menschen, damit diese selber bauen können. Hilfe ist so nicht nur materielle Unterstützung, sondern auch Stützung des Selbstbewusstseins der Hilfsbedürftigen. Deshalb: Hilfe zur Selbsthilfe ist das Gebot der Achtung vor denen, die in Not sind.

Es geht in der Hilfe zunächst immer um ganz praktische Dinge. Gesucht sind nicht große Worte, sondern zuerst Beton, Balken, Bretter etc.

Taubmann hat eine große Begabung, das Nächstliegende mit dem großen Zielen der christlichen Botschaft zu verbinden.

Wie Taubmann Todesnot in der Geiselhaft überwunden hat, wie er den Wiederaufbau des zerstörten Werkes bereits vier Monate nach der Befreiung in Angriff nahm, welches Glück der Gnade er dabei hatte, lesen Sie in diesem spannenden Buch.

Ich habe von Georg Taubmann viel gelernt. Von seiner Tapferkeit möchte ich mir eine Scheibe abschneiden. Seine Zuversicht ist ungebrochen. „Siebenmal hinfallen, siebenmal aufstehen“ empfiehlt schon die Bibel.

Einführung

Tausende haben mit Spannung von der mehr als vierteljährigen Gefangenschaft der acht Shelter Now International[1]-Entwicklungshelfer in dem Buch „Gefangen in Kabul" gelesen. Das Taliban-Regime hielt sie anlässlich der Anschläge der Al Kaida-Terroristen auf das World Trade Center in New York am 11. September 2001 als Geiseln gefangen. Sie sollten beim Austausch von Terroristen und für die Verhandlungen mit den amerikanischen Streitkräften bei deren Vergeltungsschlägen in Afghanistan eingesetzt werden. Ihre dramatische Befreiung durch amerikanische Spezialkräfte aus den Klauen der Taliban war äußerst riskant.

„Wenn Gott nicht so viele Wunder getan hätte, wären wir wohl nicht lebend herausgekommen", erklärte Georg Taubmann, der Leiter des Teams, hinterher.

Shelter Now arbeitet seit 35 Jahren unter afghanischen Flüchtlingen in Pakistan und Afghanistan. Sie leisteten Erstversorgung an Lebensmitteln, Trinkwasser und medizinischer Hilfe unter den Flüchtlingen. Sie bauten ambulante Kliniken, Schulen und tausende von Lehmhäusern für die Afghanen, die zu Zehntausenden über die Grenze nach Pakistan strömten und dort von der pakistanischen Regierung in provisorischen Flüchtlingscamps in wüstenartigen Gegenden untergebracht wurden.

---

1 „Shelter Now International" wird in dem Buch künftig mit „Shelter Now" abgekürzt. Der Name *„Shelter"* – das englische Wort für *„Schutzdach"* oder *„Zuflucht"* – bezeugt zugleich die Philosophie der internationalen Hilfsorganisation: Christliche Nächstenliebe bedeutet eben auch, den Ärmsten der Armen zu essen und zu trinken zu geben und ein Dach über dem Kopf.

1983 kam Shelter Now erstmals bei der Erstversorgung von Flüchtlingen zum Einsatz. Aufgrund der russischen Invasion von 1979 und der Errichtung eines kommunistischen Systems in Afghanistan strömten hunderttausende von Flüchtlingen über die Grenze ins Nachbarland Pakistan. Jahre später betreute Shelter Now Afghanen der ehemaligen kommunistischen Regierung, die vor dem Taliban-Regime in Afghanistan flüchten mussten.

Aus den Lebensabenteuern von Georg Taubmann lässt sich Gott einfach nicht ausklammern. Seine Organisation hat sich stets an die Regel gehalten, allen Menschen in Pakistan und Afghanistan in ihren Nöten zu helfen, egal welche religiösen oder politischen Überzeugungen sie vertraten.
Sein Leben spricht Bände und spiegelt das Gebot Jesu wider: „Liebe Gott von ganzem Herzen und mit ganzer Hingabe... und deinen Mitmenschen wie dich selbst!“ (Matthäus 22, 37)
Ein Politiker sagte einmal nach einer Veranstaltung: „Herr Taubmann hat durch seinen Einsatz den christlichen Glauben neu definiert!“
Es ist faszinierend zu lesen, wie Georg Gott in seinen Tagesablauf mit einbezieht, mit ihm spricht und auf seine Weisungen hört.

Shelter Now spezialisierte sich zunächst auf die Herstellung und Errichtung von „Low-cost-Houses“ (domförmige Niedrigkostenhäuser) auf der Basis von Betonfertigteilen und später auch auf den Bau von Lehmhäusern, damit die Geflüchteten nicht mehr bei brütender Hitze unter Planen und in Zelten hausen mussten. Später kamen Wiederaufbauprojekte für die Zurückkehrenden in die zerstörten Dörfer in Afghanistan hinzu.

Mehrmals befanden sich die Mitarbeiter von Shelter Now in lebensbedrohlichen Situationen durch Anschläge und Entführungen. Zweimal wurden ihre

Projekte total zerstört und geplündert. Schäden in Höhe von mehreren Millionen Euro entstanden. Die Organisation musste geschlossen werden, die ausländischen Mitarbeiter das Land verlassen. Das erste Mal war es 1990 durch islamistische Fanatiker in Pakistan, das zweite Mal 2001 durch radikale Taliban in Afghanistan.

Beide Male begann Georg Taubmann das Hilfswerk aus dem Nichts wieder aufzubauen - trotz Morddrohungen und Entführungsversuchen. Seine Liebe zu der leidenden afghanischen Bevölkerung und sein tiefer Glaube ließen ihm keine Ruhe und trieben ihn an, nahezu Menschenunmögliches zu leisten.

2018 wird Shelter Now 35 Jahre alt. Die Entstehung und Geschichte dieser Organisation liest sich spannender als ein Krimi - nur dass sie nicht Fiktion sind, sondern die pure Wahrheit. In diesem Buch können Sie die abenteuerliche Entstehungsgeschichte lesen und die Chronologie von Shelter Now nachverfolgen.

Dieses Buch ist die Fortsetzung des Bestsellers „Gefangen in Kabul“. Nur wenige Monate nach der entbehrungsreichen und gefahrvollen Gefangenschaft und der dramatischen Befreiung sammelte Georg Taubmann bereits wieder ein Team und begann neu in Afghanistan. Lassen Sie sich mit hineinnehmen in die spannende Rückkehr und den Wiederaufbau der Projekte, trotz erneuter Entführungsdrohungen. Ausschnitte aus dem vergriffenen Buch „Gefangen in Kabul“ sind als Rückblenden mit eingefügt.

Wir gehen zurück nach Afghanistan!

Eins erstaunte, ja irritierte die deutsche wie auch die internationale Presse: Trotz aller Entbehrungen und Gefahren erklärten die vier deutschen Shelter Now-Entwicklungshelfer gleich nach ihrer dramatischen Befreiung aus der umkämpften Stadt Ghazni, dass sie sobald wie möglich nach Afghanistan zurückkehren würden, um ihre Entwicklungshilfeprojekte wieder aufzubauen. „Wo nehmen sie nur den Mut und die Zuversicht her?", fragte sich manch einer. Über ein Vierteljahr wurden sie unter menschenunwürdigen Umständen als Geiseln in verschiedenen Gefängnissen Kabuls gefangen gehalten und standen mehr als einmal in Lebensgefahr.

Kaum waren sie aus dem Rettungshubschrauber herausgeklettert und präsentierten sich der ersten Pressekonferenz in der deutschen Botschaft in Islamabad, verkündeten sie als Erstes: „Wir kehren zurück und machen weiter!" Obwohl ihnen alle ihre persönliche Habe von Taliban-Schergen gestohlen und ihre Büros und Projekte in Afghanistan zum größten Teil geplündert worden waren.

***

Georg Taubmann: Bereits während meiner Zeit im Gefängnis war mir klar, dass ich wieder nach Afghanistan zurückkehren würde, wenn wir es nur schaffen heile herauszukommen. Trotz all der schrecklichen Dinge, die wir beobachtet und erlebt hatten, fühlte ich mich stark verbunden mit den Afghanen - besonders mit denen, die, wie wir, unschuldig im Gefängnis saßen und grausame Misshandlungen erleiden mussten. Nach der dramatischen Befreiung am 15. November 2001 in Ghazni durch amerikanische Spezialkräfte flogen wir morgens mit dem Hubschrauber in Islamabad ein. Am gleichen Abend war schon die erste Pressekonferenz an der deutschen Botschaft. Da kamen Pressevertreter aus der ganzen Welt. Denen erzählte ich unsere Geschichte: Angefangen mit der Falle, die zwei unserer amerikanischen Mitarbeiterinnen von der Religions- und Sittenpolizei der Taliban gestellt wurde, der Gefangennahme von uns acht ausländischen Shelter Now-Mitarbeiter, der Anklage, Muslime bekehrt zu haben, bis hin zu unserem 103-tägigem Gefängnisaufenthalt (die beiden Amerikanerinnen waren 105 Tage im Gefängnis) und der unerwarteten Befreiungsaktion. Zum Abschluss sagte ich im Namen aller deutschen Befreiten, dass wir alle den Wunsch hätten, sobald wie möglich nach Afghanistan zurückzukehren. Gerade jetzt, wo die Taliban-Herrschaft gestürzt sei, bräuchte das geschundene Land so viel Aufbauhilfe wie nur möglich. Ich betonte auch, dass wir denen, die unser Hilfswerk zerstört und uns so viel Böses angetan hatten, vergeben würden. Natürlich wären wir durch Wechselbäder von Gefühlen gegangen und hätten zwischendurch auch Angst- und Hassgefühle gehabt, aber wir wären Christen und sind bereit zur Vergebung. So wie es in unserem wichtigsten Gebet, dem Vater Unser, ausgesprochen wird: „…und vergib uns unsere Schuld, wie auch wir vergeben denen, die an uns schuldig geworden sind.“

> „Dieser Taubmann war dreieinhalb Monate im Gefängnis. Immer den Tod vor Augen. Wenn sie zur Gerichtsverhandlung gefahren wurden, wusste er nie, ob es zum Gericht oder zur Hinrichtung ging. Der Mann wurde vor einem Jahr befreit - abenteuerlich. Er ist wieder in Afghanistan! Da würden andere erst einmal zwei Jahre lang ihr Trauma aufarbeiten. Aber er ist wieder da und macht etwas.“ Originalton des ehemaligen Arbeits- und Sozialministers Norbert Blüm bei Stern-TV, 2002.

Georg und Marianne schließen sich nach über drei Monaten wieder in die Arme.

Die drei deutschen Mitarbeiterinnen unmittelbar nach ihrer Befreiung:

Margrit Stebner: Ich will wieder zurückgehen – trotz aller schwierigen Erfahrungen und Gefahren. Die Erlebnisse im Gefängnis haben mir geholfen, die Afghanen besser zu verstehen und mich mit ihren Nöten zu identifizieren. Wir haben ein Stück mit ihnen gelitten und ich wünsche mir, dass uns das einander näher bringt.

Außerdem haben wir jetzt die berechtigte Hoffnung, mehr erreichen zu können, vor allen Dingen auch Projekte für Frauen.

Ich lasse mich nicht entmutigen und will der Not begegnen, so gut ich es kann.

***

Katrin Jelinek: Afghanistan ist einfach mein Platz! Man sagt ja: „Not schweißt zusammen!“ Ich habe eine tiefere Liebe für das Land und die Afghanen bekommen, als ich sie ohnehin schon hatte. Ich freue mich auf die Erweiterung des Kinderprojektes in Kabul und ganz besonders darauf, dass wir endlich die Mädchen mit hineinnehmen können.

Afghanistan steht vor einem Neuanfang, und ich möchte dabei sein. Das ist die Aufgabe, die Gott mir gegeben hat und mein Leben sinnvoll macht.

***

Silke Dürrkopf: Meine Aufgabe als Lehrerin für die Kinder der Entwicklungshelfer wurde während der Gefangenschaft nur unterbrochen, ich fühle mich ihnen gegenüber verpflichtet. Wenn die Familien wieder nach Afghanistan fliegen, werde ich dabei sein.

Mir liegen auch die Straßenkinder und der Aufbau von Schulen sehr am Herzen. Vor einigen Wochen habe ich in der Frankfurter Allgemeinen Zeitung auf einem Bild von einer Menschenmenge in Kabul zufällig drei unserer Straßenkinder entdeckt. Sie trugen Schuhe und Jacken, die sie von uns im letzten Winter bekommen hatten. Als ich sie dort auf dem Bild sah, spürte ich erneut, dass ich nach Afghanistan gehöre.

***

Georg Taubmann kehrte im April 2002 mit seiner Familie zunächst nach Pakistan und im Juni 2002 nach Afghanistan zurück. Silke Dürrkopf begleitete sie und arbeitete wieder für Shelter Now, sie blieb bis 2004. Margrit Stebner folgte der Familie Taubmann im Oktober 2002. Sie blieb bis 2007. Katrin Jelinek kehrte erst im Jahr 2007 wieder nach Kabul zurück - zusammen mit ihrem Mann und zwei Kindern. Ein Jahr später mussten sie allerdings aus Gesundheitsgründen wieder nach Deutschland zurückkehren.

Im Rampenlicht Deutschlands

Mehr als drei Monate Gefängnis gehen an keinem spurlos vorüber. Auch wenn Georg selbst nicht geschlagen wurde, er konnte die verzweifelten Schreie der misshandelten Mitgefangenen nicht aus dem Kopf bekommen. Der Dreck, das Ungeziefer, die enge Zelle, die schmutzigen, übelriechenden Toiletten, das ungenügende Essen, die fehlende ärztliche Versorgung, die Isolation, die langen Verhöre, das Bangen um seine Frau Marianne und seine zwei Söhne, all das hatte sich tief in seine Psyche eingegraben - vor allem die Unberechenbarkeit dieser brutalen Menschen, denen sie total ausgeliefert waren.

Und dann plötzlich das laute, grelle, hektische Leben in der Freiheit. Die vielen Interviews in Islamabad mit Medienorganisationen aus aller Welt waren nur das Vorspiel von dem, was ihn in Deutschland erwarten sollte.

***

Georg Taubmann: Nach der Rückkehr nach Deutschland verbrachten wir als ganzes Team etwa eine Woche an einem geheim gehaltenen Ort in Frankreich, für die Aufarbeitung unserer Strapazen. Gut abgeschirmt von Presse und Öffentlichkeit. Wir konnten ausschlafen, spazieren gehen, miteinander beten - es uns einfach gut gehen lassen. Unter Anleitung redeten wir viel miteinander und erfuhren erst jetzt voneinander, wie der einzelne die Tage der Gefangenschaft erlebt und verarbeitet hatte. Darüber hinaus gaben uns die Psychologen gute Tipps für die Verarbeitung in der Zukunft.

Danach konnten Marianne und ich noch einige Tage Urlaub machen, aber dann ging es in Deutschland richtig los. Ein Termin jagte den anderen.

***

Der Bürgermeister von Braunschweig lud Margrit, Katrin und Silke ins Rathaus ein und ehrte sie öffentlich. In der Kirchengemeinde Christuszentrum Braunschweig wurde ein Dank- und Festgottesdienst veranstaltet, an dem hunderte Gäste aus dem In- und Ausland teilnahmen - und natürlich auch die Presse.
Das gleiche auch in Würzburg, Nürnberg, München und Berlin. Georgs Heimatstadt Sulzbach-Rosenberg gab einen großen Empfang. Die vier wurden von einem Ort zum nächsten gefahren und mussten immer wieder ihre Geschichte erzählen.

Die drei deutschen Shelter Now Mitarbeiterinnen (Margrit, Katrin und Silke) beim Empfang des Bürgermeisters ihrer Heimatstadt Braunschweig

Jahresrückblick bei Günter Jauch

Einer der Höhepunkte war die Teilnahme an dem Jahresrückblick des Fernsehmoderators Günter Jauch. Zu jedem Jahresende gestaltet Günther Jauch mit dem Fernsehsender RTL einen Jahresrückblick „Menschen, Bilder, Emotionen“ mit Prominenten und Persönlichkeiten, die sich in dem Jahr besonders verdient gemacht haben. Das Jahr 2001 war wohl das dramatischste Jahr seit Jahrzehnten. Die ganze Welt war noch erschüttert von den grausamen Anschlägen auf das World Trade Center in New York am 11. September. Deswegen waren bei der Sendung Betroffene des Anschlags mit dabei, wie einer der tapferen Feuerwehrmänner und einige, die den Anschlag miterlebten und entkamen.

Aber die Shelter Now Leute waren für Günter Jauch der Höhepunkt des Abends. Immer wieder wurde während der Sendung auf ihren Auftritt hingewiesen, und dann bekamen sie die prominente Zeit zum Abschluss der Sendung. Günter Jauch kannte Shelter Now schon von einer früheren Sendung, in der er den Bruder von Katrin und den 1. Vorsitzenden von Shelter Now Germany, Udo Stolte, interviewt hatte und große Anteilnahme an den gefangenen Geiseln zeigte. Jetzt war er gespannt und hoch erfreut, sie lebendig und befreit vor sich zu sehen. Entsprechend engagiert waren seine Fragen, seine Anteilnahme und sein Lob.

Empfang für den Krisenstab des Auswärtigen Amtes

Gleich einen Abend nach dem Jahresrückblick bei Günter Jauch in Köln flogen die Shelter Now-Mitarbeiter nach Berlin, um dort einen Empfang für den Krisenstab des Auswärtigen Amtes zu gestalten.

Die Idee hatte ein Bruder von Georg. Er rief Udo Stolte an, den Direktor von Shelter Now Deutschland: „Du, der Krisenstab hat sich so sehr für uns eingesetzt. Immer waren sie für uns da. Da müssen wir uns erkenntlich zeigen. Lass uns doch irgendetwas mit ihnen gemeinsam machen. Geld spielt keine Rolle. Was wäre, wenn mein Bruder jetzt tot wäre? Kannst du das nicht in die Hand nehmen?"

Udo rief im Auswärtigen Amt an. „Ja, in der oberen Etage haben wir so etwas wie ein Café. Da kann man so etwas machen. Wir kennen auch einen guten Catering-Service."

***

Udo Stolte: Die Räumlichkeiten hatten wir, jetzt musste ich die Gästeliste zusammenstellen. Alle von der Staatsspitze lud ich ein: den Bundeskanzler, den Außenminister, den Bundespräsidenten. Immerhin hatte der Präsident der Vereinigten Staaten, George Bush, die beiden befreiten Amerikanerinnen auch empfangen und ihnen die Hände geschüttelt. Alle schrieben eine höfliche Absage. Da blieben nur noch der Krisenstab, einige Mitarbeiter des Auswärtigen Amtes und des Geheimdienstes. Den Landesbischof Christian Krause aus Wolfenbüttel, der sich stark für uns eingesetzt hatte, lud ich auch noch für eine kurze Andacht ein. Zusammen mit unseren Mitarbeitern waren wir dann rund 50 Personen. Es wurde ein sehr schönes Treffen. Zum Abschluss meinte der Chef des Krisenstabes: „So etwas haben wir bis jetzt noch nie erlebt. Für manche Bürger in Krisensituationen haben wir uns sehr stark eingesetzt und selten hinterher ein Dankeschön gehört, eher Vorwürfe. Dass wir so einen Empfang mit so viel Dankbarkeit von Ihnen bekommen haben, das rechnen wir Ihnen hoch an."

Empfang beim Bundespräsidenten in Schloss Bellevue

Georg Taubmann: Wenige Wochen nach dem Jahresrückblick mit Günter Jauch und dem Empfang des Krisenstabes waren wir am 6. Januar 2002 zum Jahresempfang mit dem Bundespräsidenten Johannes Rau und seiner Ehefrau ins Schloss Bellevue in Berlin eingeladen. Das war ein noch bedeutsameres Ereignis. Denn zu diesem Anlass werden deutsche Bürger geehrt, die etwas Besonderes geleistet haben.

Nach unserer Ankunft in Berlin wurden wir in einem noblen Hotel untergebracht. Am nächsten Morgen wurden wir abgeholt, und uns wurde der rote Teppich ausgerollt. Die Presse umlagerte uns und nahm jedes Wort des Bundespräsidenten aufmerksam zur Kenntnis. Der Präsident gibt zu diesem Anlass feierlich bekannt, wofür die jeweiligen Bürger geehrt werden. Er fand nur lobende Worte für unsere langjährigen Entwicklungshilfeprojekte in

Georg Taubmann beim Jahresempfang mit Bundespräsident Johannes Rau in Schloss Bellevue

Pakistan und Afghanistan, vor allem für unser Durchhaltevermögen und unsere Tapferkeit während unserer Gefangenschaft.

Der Jahresempfang des Bundepräsidenten

Um zu einer Ehrung beim Jahresempfang des Bundespräsidenten im Schloss Bellevue teilnehmen zu können, muss der Bürger von einer Organisation vorgeschlagen werden. Die Person und dessen Engagement werden dann von einer staatlichen Kommission überprüft, ob sie wirklich einer Ehrung würdig ist. Die Projekte von Shelter Now wurden vom leitenden Mitarbeiter des Arbeitsstabes Humanitäre Hilfe im Auswärtigen Amt ausführlich begutachtetet. Nach seiner Rückkehr rief er Udo an und hatte nur äußerst positive Worte. Am Ende sagte er: „Herr Stolte, ich beglückwünsche Sie zu Ihrer Arbeit." Bei einem Treffen der in Afghanistan arbeitenden NGOs in Berlin verkündete er öffentlich: „So wie Shelter Now arbeitet, muss humanitäre Hilfe aussehen!"

Die Entwicklungsprojekte von Shelter Now in Pakistan wurden ohnehin während des Gefängnisaufenthaltes der Entwicklungshelfer von Journalisten aus aller Welt besucht und unter die Lupe genommen - lediglich die Projekte in Afghanistan waren zerstört oder eingestellt. Pakistanische und afghanische Mitarbeiter hielten jedoch die Projekte in Pakistan ohne westliche Leitung weiterhin in Betrieb. Diese Eigenverantwortung beeindruckte die Journalisten besonders. Die afghanischen Mitarbeiter erzählten Georg später, dass sie während seiner Abwesenheit mit Fragen gelöchert wurden wie, ob sie bedrängt oder gar bestochen worden wären, um sich zu bekehren. Was sie alles mit gutem Gewissen verneinen konnten.

Danach gab es in Deutschland von allen Zeitungen und Zeitschriften nur noch positive Berichte über Shelter Now. Das hat Georg natürlich sehr gefreut, denn die allerersten Presseberichte, von denen einige sie auch im Gefängnis erreicht hatten, waren durchaus anklagend und negativ gewesen - als wenn sie sich dumm verhalten und leichtfertig in Gefahr gebracht hätten. Kritiklos wurden die falschen Anklagen der Taliban übernommen, Shelter Now hätte haufenweise christliches Material verbreitet und ihre Hilfsgüter und Ausbildungsangebote eingesetzt, um Muslime zu bekehren. Eine kleine Recherche hätte die Haltlosigkeit der Anschuldigungen aufgedeckt.

Presserummel und Krisenmanagement in Deutschland

Udo Stolte, der Direktor für Shelter Now Deutschland, hatte sich mit seiner Frau in Kabul aufgehalten, als die zwei Amerikanerinnen von der Religionspolizei festgenommen wurden. An dem verhängnisvollen Freitagabend, dem 3. August 2001, nahm er an dem Mitarbeitertreffen teil und hielt dort die Andacht. „Im Laufe des Abends wurden wir immer nervöser, weil die zwei Frauen nicht auftauchten“, erinnert sich Udo. „Später erfuhren wir, dass sie von den Taliban verhaftet worden waren, aber vermuteten, dass sie nach wenigen Tagen freigelassen würden, schlimmstenfalls das Land verlassen müssten.“

Der Rückflug von Udo war auf den Samstag geplant, aber der Flieger in Kabul fiel aus. Deswegen nahm er sich am Sonntagmorgen ein Taxi und reiste die 280 km auf dem Landweg zu den Shelter Now-Mitarbeitern nach Peshawar in Pakistan. Von dort sollte es am Dienstag über Dubai zurück nach Frankfurt gehen. Udo stand unter Zeitdruck, denn am Mittwoch startete bereits die Schule.

***

Udo Stolte: Erst in Peshawar erfuhren wir über den Radiosender „Radio Shariat", dass 24 Shelter Now-Mitarbeiter gefangen genommen worden waren - unter dem Vorwurf der christlichen Missionierung. Mein Freund Georg war auch darunter. Ich war entsetzt: Der erste Mann von Shelter Now war im Gefängnis, und ich als zweiter in der Leitung trug plötzlich die ganze Last des Krisenmanagements!

Noch am Sonntagabend berief ich eine Krisensitzung ein und sammelte das Team aus Peshawar um mich. Alle waren total schockiert. Kreidebleich hockten sie im Kreis, keiner war richtig handlungsfähig. Ich musste die Sache in die Hand nehmen. Glücklicherweise hatte ich schon immer die Fähigkeit, in Krisensituationen einen kühlen Kopf zu bewahren. Wenn zum Beispiel bei einem Schulausflug ein Unfall passierte und meine Lehrerkollegen voller Panik reagierten, konnte ich klar denken und die notwendigen Entscheidungen treffen. So auch jetzt: „Wer kümmert sich um Presseanfragen? Wer informiert die Beter? Wer nimmt dies oder das in die Hand?" Ich teilte die Mitarbeiter ein, und es kehrte etwas Ruhe in die Mitarbeiterschar ein.

Ich beteiligte mich an den Gebeten - meine Zeit war morgens um drei. Während ich betete, hatte ich den Eindruck, dass Gott zu mir sprechen würde: „Udo, die Presse wird über dich herfallen wie eine Flutwelle. Habe den Mut und springe mitten in die Flut hinein. Ich bin bei dir!" Bis dahin hatte ich wenig Kontakt zur Presse gehabt. Hier mal einen Artikel geschrieben und dort eine Meldung verfasst; das war alles. Ich hatte keine Erfahrung und auch kein Geschick, mit Presseleuten umzugehen. Wie sich bald herausstellen sollte, waren sie gerade zu Beginn sehr, sehr aggressiv und verstanden es, gemeine Fragen zu stellen.

Udo und Sieglinde Stolte kennen und begleiten die Shelter Now-Organisation von der Gründungszeit an. Mit Georg verbindet Udo eine enge Freundschaft bereits seit der Zeit, in der Georg in Braunschweig lebte. Für Deutschland waren sie Taubmanns Kontaktpersonen und unterhielten ein kleines Heimbüro, von dem sie Informationsbriefe versendeten und Spenden verwalteten.
1992 besucht Udo seinen Freund Georg in Pakistan. „Ich kam verändert zurück", berichtet Udo. „Noch nie in meinem Leben habe ich so eine Not und so ein Elend gesehen. In den riesigen Flüchtlingslagern sah ich die Kinder, wie sie in der Kloake spielten, als wenn es klares Wasser wäre... Das hat mein Leben umgekrempelt."
Zurück in Deutschland setzt Udo sich umso eifriger für die Hilfsprojekte ein. 1993 wird Shelter Now Deutschland gegründet. Udo ist als Grundschullehrer tätig. Bald kann er seine Aufgaben nicht mehr ehrenamtlich bewältigen und reduziert seit 1996 seine Stundenzahlen ständig - bis er Anfang 2002 den Lehrerberuf an den Nagel hängt und fortan vollberuflich den deutschen Zweig von Shelter Now von Braunschweig aus leitet.

Am Wochenende wurden die Shelter Now-Mitarbeiter gefangen genommen, am Mittwochabend traf Udo in Braunschweig ein. Den Mitarbeitern in Braunschweig gab er strikte Anweisung, keine Interviews zu geben, da sie nicht über genügend Informationen verfügten. Aber die Tage von Sonntag bis Mittwoch sind für die Medien eine kleine Ewigkeit. Da sie keine Informationen bekamen, sendeten und schrieben sie wilde Spekulationen.

***

Udo Stolte: Am Braunschweiger Bahnhof nahmen mich meine Mitarbeiter gleich am Bahnsteig in Empfang. „Du musst jetzt sofort vor die Presse", waren ihre ersten Worte. „Die Reporter sitzen uns auf den Fersen und drängen ständig auf Informationen." Ich war aber total übermüdet und verschwitzt mit einem ungepflegten Bart im Gesicht. „Ich kann doch so nicht vor die Presse treten", protestierte ich. „Doch, du musst. Die können nicht länger warten." Kaum traf ich im Büro ein, waren sie schon da: ARD, ZDF, die Braunschweiger Zeitung und weitere Journalisten. Das Verrückte war: sie wollten keine Pressekonferenz für alle, sondern mich einzeln nacheinander interviewen.

Am nächsten Morgen ging es dann erst richtig los. Bereits um sechs Uhr riefen die ersten Radiosender an und wollten mich am Telefon für ihre Frühnachrichten interviewen. So ging es bis zum Unterrichtsbeginn in der Schule. Während meines Unterrichtes wagte ich nicht, mein Handy auszustellen. Immer wenn es vibrierte, schielte ich aufs Display. Ich wusste, Georg hatte meine Nummer im Kopf, und ich klammerte mich an die Hoffnung, dass er mich erreichen wollte. Vielleicht kam er frei oder konnte mich aus dem Gefängnis anrufen. Während der Unterrichtspausen arbeitete ich die dringendsten Anfragen ab, und nach der Schule ging es direkt ins Büro. Dort warteten schon die verschiedenen Fernsehteams, die mich wieder einzeln interviewen wollten. Den ganzen Nachmittag ging es im Halbstundentakt weiter. Während der eine Sender seine Ausrüstung ab- und der nächste aufbaute, arbeitete ich die zwischendurch angefragten Interviews am Telefon ab. Das ging so bis zum frühen Abend. Dann bekam ich ein wenig Ruhe, da die Interviews von den Journalisten für die Abendnachrichten aufgearbeitet werden mussten. Später am Abend kamen vor allem Anfragen aus dem Ausland.

Nach diesem Muster verliefen die gesamten nächsten Wochen. Aber da war ja nicht nur der Presserummel, das gesamte Krisenmanagement lag auch in meiner Hand. Verwandte mussten informiert und getröstet werden und Kirchengemeinden, die beten und helfen wollten, benötigten die entsprechenden Anweisungen. Außerdem war ich ständig mit dem Krisenstab des Auswärtigen Amtes und mit diversen Botschaften in Kontakt.

Udo Stolte während eines Interviews mit einem Fernsehsender

***

Während der dreieinhalb Monate Geiselhaft gab Udo nach seiner groben Schätzung rund 1000 Interviews. Als seine Freunde dann befreit waren, stiegen die Anfragen wieder stark an. Alle Sender stürzten sich auf Udo und wollten die neuesten Nachrichten hören. Aber nicht nur in Deutschland tobte der Medienrummel. Auch in Pakistan hielten sich 3000 Journalisten aus aller Welt auf -

so groß war das Interesse an der Geiselhaft und Befreiung der acht Shelter Now-Mitarbeiter.

In der Nacht der Befreiung hielt sich Udo gerade zu einer Sendung bei Günter Jauch auf.

***

Udo Stolte: Bei solchen Sendungen ist es ja so, dass die spannendsten Leute bis zum Schluss aufgehoben werden, damit die Zuschauer lange dran bleiben und auch viel Werbung sehen können. Ich saß da in der Garderobe mit dem Mitarbeiter, der alles vorbereitet und die Vor-Interviews geführt hatte. Es gab Häppchen, und ich verfolgte die Sendung mit, als plötzlich mein Handy summte. Georgs Bruder Reinhold war dran: „Udo, da läuft etwas. Ich habe gerade einen Anruf bekommen, dass die Delta Force der US-Army unterwegs sein soll." Was das genau bedeutete, konnten wir uns nicht erklären. Aber es lag etwas in der Luft. Mein Betreuer merkte natürlich, dass etwas Besonderes lief und fragte neugierig: „Na, irgendetwas Wichtiges?" Ich wiegelte ihn ab. Die Nachricht wollte ich noch nicht freigeben. Das war mir zu unsicher. Kurz nach dem Anruf war mein Part mit dem Interview bei Günther Jauch. Ich war gar nicht richtig bei der Sache, denn mir ging es immer durch den Kopf: „Was, wenn jetzt gerade die Befreiung abläuft?"

Die Sendung war bald vorbei, und wir saßen gemütlich in der Kantine zusammen. Günter Jauch setzte sich zu mir an den Tisch und fragte interessiert nach weiteren Details zu meinen Freunden in Kabul. Vorher der professionelle Günther Jauch, und jetzt der private.

Während des Gesprächs klingelt das Telefon wieder, und das BBC ist dran: „Herr Stolte, wir haben irgendetwas gehört. Was läuft da? Können Sie uns ein Interview dazu geben?" Meine Antwort: „Ich weiß nichts Genaues. Ich kann Ihnen nichts sagen." Als weitere Sender mit der gleichen Frage anrufen, werde ich misstrauisch und rufe im Auswärtige Amt an. „Wir wissen von nichts", ist deren Antwort. „Dann machen Sie sich bitte schlau und rufen Sie zurück", erwidere ich.

Dann ist der Abend vorbei, und wir treffen gerade mit dem Taxi vor dem Eingang des Hotels ein. Es ist zwei Uhr nachts. Mein Handy klingelt. Das Auswärtige Amt: „Herr Stolte, wir haben eine gute Nachricht für Sie. Ihre Leute sind bereits auf dem Weg nach Pakistan." Bewegt und freudestrahlend erzähle ich es den Fernsehleuten. Sie schleppen mich in die Bar und spendieren Champagner in Strömen. Ich nippe nur am Glas, denn ich weiß, gleich kommen die Interviews. Und tatsächlich, bis morgens um 5 Uhr werde ich belagert.

***

Es ist so weit. Gespannt steht Udo im Flughafen Frankfurt, um seine Freunde als einer der ersten zu begrüßen. Ein hoher Beamter des Auswärtigen Amtes ist auch da. Er hatte erfahren, dass es eine Pressekonferenz geben solle. „Können Sie bitte dabei sein und mich unterstützen?", bittet Udo. Der Beamte willigt ein.

***

Udo Stolte: Und schon fallen die Journalisten über mich her. „Jetzt, wo Ihre Mitarbeiter frei sind, haben ja die beiden Amerikanerinnen zugegeben, dass sie mit dem Jesusfilm missioniert haben." Wieder die alte Leier. „Was haben sie gemacht?", erwidere ich. „Sie haben einen Ausschnitt aus dem Jesus Film gezeigt, der in den meisten islamischen Ländern zu kaufen ist. Wo liegt hier das Problem?" Da waren die lauten Rufer erst einmal still.

Dann folgt der nächste Fragenkomplex: „Ihre Leute haben gesagt, dass sie wieder zurückgehen werden." So in etwa, als wenn sie sich wieder in Gefahr begeben wollten, um dann wieder auf Kosten der Regierung freigekauft zu werden. „Ja, sie haben gesagt, sie würden zurückgehen, wenn die Sicherheitslage es zulassen wird“, antworte ich ruhig. „Und was sagt die Regierung dazu?“, platzt ein Journalist dazwischen. Bei dieser Frage richten sich alle Blicke auf den Regierungsvertreter. Seine souveräne Antwort: „Shelter Now hat über all die Jahre eine Arbeit geleistet, die fantastisch war. Kaum eine andere Organisation hat so viel in Afghanistan verändert. Die Bundesregierung wäre froh, wenn die Hilfsmaßnahmen weitergehen würden.“

Gut, dass die Kamera auf den Vertreter des Auswärtigen Amtes gerichtet war. Ich habe in dem Moment wahrscheinlich ausgeschaut wie ein Esel. Diese Antwort war einfach genial.

Rückblick: Geiselnahme und Befreiung

Wann immer Georg von ihrer Gefangennahme, dem vierteljährigen Gefängnisaufenthalt und ihrer plötzlichen Befreiung aus den Händen der Taliban erzählte - ob beim Jahressrückblick bei Günter Jauch oder bei den vielen Festgottesdiensten und Ehrungen - die Geschichte ihrer dramatischen Befreiung durch die amerikanischen Spezialkräfte ist einfach die spannendste. Und Georg ist ein guter Erzähler! Die Zuhörer hängen ihm an den Lippen. Hinterher gibt es immer tosenden Beifall. Die einen staunen über die Umsicht des Teamleiters und über das Glück, das sie gehabt hatten. Andere ahnen oder wissen, dass Gott seine bewahrende Hand über sie gehalten hat. Georg selbst ist überzeugt: „Wenn Gott nicht so viele Wunder getan hätte, wären wir wohl nicht lebend herausgekommen."

***

Als die amerikanische Luftwaffe als Reaktion auf den Anschlag auf das World Trade Center in New York die Stadt Kabul bombardieren und die Truppen der Nordallianz kurz davor stehen, die Stadt von der Taliban-Herrschaft zu befreien und damit auch die acht Entwicklungshelfer, stürmen schwer bewaffnete Taliban das Gefängnis. Sie wollen die Shelter Now-Mitarbeiter als Geiseln nach Kandahar verschleppen, in die Hochburg von Osama bin Laden und seiner Al Kaida-Milizen und der Residenz des Taliban-Oberhauptes Mullah Mohammed Omar - offenbar, um sie dort zu ermorden. Bei einem Zwischenstopp in der von Taliban kontrollierten Stadt Ghazni werden die Ausländer in dem dortigen städtischen Gefängnis untergebracht.

Plötzlich brechen in der Stadt Kämpfe zwischen den lokalen Volksstämmen und den Taliban-Besatzern aus. Die Aufständischen stürmen das Gefängnis. Ihre Übermacht ist so groß, dass die Taliban fliehen müssen, ohne ihre Geiseln mitnehmen zu können. Alle Gefangenen werden befreit, unter ihnen auch die acht Shelter Now-Entwicklungshelfer. Jetzt endlich können die amerikanischen Spezialkräfte kontaktiert und die Befreiungsaktion eingeleitet werden. Das alles verläuft jedoch dramatischer als geplant.

Als Geiseln entführt

Auszug aus dem Buch „Gefangen in Kabul"

Tag 102: 12. November 2001

Georg Taubmann: „Mr. George", so wurde ich im Gefängnis von den mit mir inhaftierten Afghanen genannt, „hast du was Neues gehört? Wie nahe ist die Nordallianz jetzt an Kabul herangerückt? Zehn Kilometer oder weniger?"

Aufgeregt diskutierten unsere afghanischen Mitgefangenen die verschiedenen Möglichkeiten. Es gab unter ihnen etwa zehn Leute, die ihr Todesurteil bereits in der Hand hielten. Einige warteten als Strafe auf eine Amputation – sie wären die Ersten gewesen, die vor einer Kapitulation von den Wärtern umgebracht worden wären. Und trotzdem nahmen sie Anteil an unserem ungewissen Schicksal: an meinem Mitarbeiter Peter, der mit mir eine Zelle teilte, und den sechs Frauen, die ein Stockwerk höher inhaftiert waren.

Der Flugzeuglärm drang durch die Gefängniswände. Die Geschütze schlugen immer näher und wesentlich häufiger ein als in den letzten Tagen. Die Wände bebten, Scheiben klirrten, der Fußboden vibrierte und die Spannung war kaum noch auszuhalten. Aufgeregt liefen die afghanischen Gefangenen im Flur zwischen den Zellen hin und her.

Als es dann gegen acht Uhr abends war, wurde ich wirklich unruhig, weil mir beim besten Willen kein Ausweg aus unserer immer gefährlicher werdenden Situation einfallen wollte. Einerseits die mögliche Bombardierung des Gefängnisses, anderseits kopflose Talibans, die mit uns sonst was anstellen könnten. Was sollte ich nur machen? Das Durcheinander und die Spannung zerrten so sehr an meinen Nerven, dass ich kaum noch klar denken konnte. Und dennoch war ich derjenige, der in diesem Augenblick die richtigen Entscheidungen treffen musste. Mich packte die Angst. Wenn so kurz vor einer Befreiung doch noch jemand von uns acht zu Schaden kommen sollte!? Daran mochte ich nicht denken.

Die Decke über mir bebte unter dem Geschützfeuer, obwohl unser Gefängnistrakt fast zwei Meter unter der Erde lag. Der Druck und die - Panik trieben mir die Schweißperlen auf die Stirn. Um doch noch irgendwie Ruhe zu finden, verkroch ich mich in eine kleine Abstellkammer und stöhnte: „Oh Gott, verhindere, dass sie uns umbringen oder verschleppen ... und bitte, bloß nicht nach Kandahar!“ Langsam wurde ich ruhiger.
Draußen auf dem Gefängnishof wurde es auf einmal hektisch. Ich hörte, wie Befehle gebrüllt wurden, Autos kamen und wieder wegfuhren. Wahrscheinlich wurden Wertgegenstände und wichtige Dokumente abtransportiert.

„Da braut sich etwas zusammen! Ich muss unbedingt mit den Mitarbeiterinnen sprechen. Aber wie?“, kreiste es immer wieder in meinem Kopf herum.

Ich ging zu den Wärtern und sagte: „Ich muss zu den Frauen und mir ein paar Medikamente holen. Diana ist Krankenschwester.“

Einer von ihnen führte mich nach oben. Ich klopfte an ihre Zellentür und gab den Frauen schnell meine Anweisungen: „Die Nordallianz befindet sich nur wenige Kilometer vor Kabul. Irgendetwas wird in den nächsten Stunden passieren, und das kann dramatisch werden.“ Dabei bemühte ich mich, meine Besorgnis nicht zu sehr zu zeigen.

„Verrammelt die Zelle. Was auch passiert, macht erst auf, wenn ihr mich hört. Wir müssen alles tun, damit wir zusammenbleiben!“

Ich sprach auf Deutsch, damit der Wärter nichts verstehen konnte. Dann nahm ich den Packen Medikamente entgegen und schlenderte so gelassen wie möglich wieder nach unten.

***

Georg hatte gerade noch rechtzeitig die Frauen warnen können, denn gegen zehn Uhr fuhren plötzlich einige Wagen vor. Schritte hallten durch den Eingang, Schlüssel klirrten an der Hauptpforte. Eine lärmende Gruppe von Taliban rannte durch die Flure und hämmerte an die Zellentür der sechs Frauen: „Aufmachen, aufmachen! Raus hier, raus hier!"

„Nein", erwiderte Diana entschieden. „Wir kommen erst raus, wenn Georg kommt."

Die wütenden Männer hämmerten weiter an die Tür.

„Holt Georg und Peter, und wir machen auf!"

Es war Diana sehr wohl bewusst, dass es für die Taliban nur ein Klacks war, die Tür gewaltsam zu öffnen, aber sie blieb standhaft. Und die Männer ließen sich tatsächlich auf ihre Weigerung ein und stürmten zu Peters und Georgs Zelle nach unten.

Die beiden hatten derweil die aufgeregten Männerstimmen über sich gehört und wahnsinnige Angst um ihre Mitarbeiterinnen bekommen. Als sie dann auf die entsicherten Kalaschnikows und die angespannten Gesichtszüge der Taliban starrten, packten sie schnell ein paar ihrer Habseligkeiten zusammen und eilten nach oben.

„Diana, Diana, mach schnell auf. Die meinen es wirklich ernst. Sie werden schießen!", rief Georg aufgeregt, als sie vor der Zelle der Frauen angekommen waren.

Schnell öffneten die Frauen die Tür.

„Raus hier! Ihr braucht nichts mitzunehmen. Wir bringen euch nur für die Nacht an einen sicheren Ort", lautete der Befehl der Wärter.

Die Frauen gingen jedoch nicht darauf ein. Denn zu oft waren sie schon angelogen worden. Deshalb packten sie schnell ihre Decken und ihre wenigen Kleidungsstücke zusammen. Dann wurden die acht nach draußen getrieben, wo bereits zwei Wagen bereitstanden. Die Taliban wollten sie also in zwei Gruppen aufteilen.

„Was auch passiert, wir müssen zusammenbleiben!", war Georgs ständiger Gedanke.

In den vergangenen Wochen war er stets voller Sorge gewesen, dass den Frauen etwas angetan werden könnte, wenn sie ohne die Männer in die Hände rachsüchtiger Taliban fielen.

„Wir lassen uns nicht trennen", erwiderte Georg deshalb entschieden.

Da die Zeit wirklich drängte, ließen sich die Wächter darauf ein. Sie stolperten mitsamt ihrem kargen Gepäck hinten auf die zwei Bänke des Toyota Landcruiser. Ein Wächter mit Gewehr hockte sich dazu. Erst in diesem Moment merkte Georg, dass auf dem Boden des Wagens einige Granatwerfer lagen. Als der Wagen schließlich losraste, saßen sie deshalb mehr übereinander als nebeneinander. Der zweite Wagen, voll mit noch mehr bewaffneten Taliban, fuhr als Begleitung hinterher.

***

Margrit Stebner: Als sie uns aus der Zelle herausholten, war das für mich ein ziemlicher Schock. Plötzlich diese aggressiven Männer mit ihren entsicherten Kalaschnikows! Man sah ihnen sofort an, dass sie nicht viel Rücksicht nehmen würden. So einen Anblick vergisst man nicht. Schon Stunden vorher hatte ich intuitiv gespürt: Da kommt irgendwas Schlimmes auf uns zu. Innerlich war ich ziemlich aufgewühlt.

Ich war die Erste, die in den Landcruiser kletterte und landete ganz vorn in einer Ecke auf den Koffern der Taliban. Dann kam noch unser Gepäck dazu, sodass ich darunter halb begraben wurde. Ich konnte mich kaum rühren, bekam nur wenig Luft und hatte richtige Angstzustände. Und dann realisierte ich sehr schnell, dass es nach Kandahar ging, auch wenn Georg dieser Frage auswich. Das Ganze war so unwirklich, so unheimlich. Da konnte ich nur noch beten. Worte fand ich keine mehr. Ich hab nur ganz tief in meinem Innern die Angst niedergerungen. Dabei machte ich in diesem ganzen Durcheinander eine unvergessliche Erfahrung. Mir war, als würde jemand in mir lachen. „Du bist auf dem Weg in die Freiheit!“, sagte mir eine innere Stimme.

„Das kann doch nicht wahr sein“, dachte ich. Und trotzdem: Ich spürte Gott ganz nah. Die Bedrückung und die Panik waren weg.

***

Georg Taubmann: „Wo mögen die uns nur hinbringen? In ein anderes Gefängnis oder etwa nach Kandahar? Wollen sie uns dort etwa als Geiseln festhalten?“ waren meine ersten Gedanken.

Zunächst ging es in die Innenstadt. Die Gegend kannte ich gut. Der Fahrer raste die Straßen entlang und beinahe bauten wir deshalb einen Unfall. Die hatten es wirklich eilig!

Zunächst ging es am Hotel Intercontinental vorbei, dann die Straße hinunter zu diesem großen Silo, und ich ahnte schon: Jetzt geht es auf die Straße, die nach Wardak führt, von dort nach Ghazni und dann weiter nach Kandahar.

Die Frauen wurden nervös, verhielten sich aber bewundernswert ruhig. „Georg, weißt du, wo wir sind? Sag uns, wo geht es lang?“, fragte eine von ihnen.

Ich mochte diese angsteinflößende Stadt Kandahar einfach nicht nennen und antwortete: „Ich glaube, hier geht es Richtung Wardak.“

„Und wo liegt Wardak? Ist das Richtung pakistanische Grenze?“

„Nein, nicht ganz.“

Dann ging es raus aus der Stadt und tatsächlich Richtung Kandahar. Die Ausfallstraße war voll mit Fahrzeugen flüchtender Taliban. Doch in halsbrecherischer Fahrt überholten unsere zwei Jeeps die vor uns liegende Autoschlange. Auf allen Wagen drängten sich bewaffnete Männer. Unglaublich, wie viele Menschen Hals über Kopf die Stadt verließen! Ich beobachtete einige Panzer, die Richtung Süden fuhren. Die pausenlosen Bombenangriffe hatten die Kämpfer wohl so sehr zermürbt, dass sie panikartig das Weite suchten.

In rasender Fahrt überholten wir sie alle und bogen nach etwa einer Stunde von der Straße auf eine Piste zu einem Dorf ab, wo uns Mullah

Hassan Jashim begrüßte. Er war ein sehr hoher Beamter des Taliban-Regimes und für unser Gefängnis zuständig.

„So, so, dir war es wohl zu heiß in Kabul, dass du dich schon vor uns abgesetzt hast“, dachte ich bei mir.

Mullah Hassan Jashim setzte sich in den zweiten Wagen und mir wurde ganz unwohl, vielmehr, mich packte die Angst. Diesem Mann war alles zuzutrauen. Dass er sich persönlich unserer annahm, war kein gutes Zeichen. Im Gefängnis galt er als besonders grausam, denn er schlug und folterte eigenhändig und vollkommen willkürlich die Gefangenen. Uns hatte er zwar nicht geschlagen, aber er war immer unfreundlich und grob gewesen.

Weiter ging's für zwei bis drei Stunden in rasender Fahrt vorbei an finsteren Dörfern. Immer wieder hielten uns Checkposts, Straßenposten, auf, an denen wir kontrolliert wurden. Und jedes Mal hoffte ich, dass man uns als Ausländer erkennen und vielleicht sogar befreien würde.

Ich hockte vollkommen erschöpft, enttäuscht und entmutigt hinten in dem Landcruiser. Ausgerechnet wenige Stunden vor der Befreiung Kabuls befanden wir uns als Geiseln auf dem Weg an den schrecklichsten Ort Afghanistans! Dabei hatten wir davon geträumt, zusammen mit den anderen befreiten Häftlingen auf den Straßen Kabuls das Ende der Herrschaft der Taliban zu feiern.

***

Tag 103: 13. November 2001

Georg Taubmann: Gegen ein Uhr morgens bog der Konvoi von der Hauptstraße in ein Dorf ab. Kleine Lehmhäuser verbargen sich hinter hohen Mauern.

„Endlich ist Pause und wir können in den Häusern übernachten“, dachte ich bei mir.

Also streckte ich meine Beine und machte mich zum Aussteigen bereit.

Aber nein, der Wagen schaukelte zu einem rostigen zerbeulten Stahlcontainer auf ein freies Feld. Diese Container werden normalerweise als

Transportmittel für große Güter genutzt und auf Lastwagen zu Überseeschiffen transportiert. Wir jedoch erstarrten vor Schreck, als wir ihn erblickten.

„Unmöglich, da gehen wir nicht rein. Das werden wir nicht überleben!“, protestierten einige von uns voller Panik.

Ich redete auf die Wächter ein: „Bringt uns bitte in die Häuser! Tut uns das nicht an! Habt ihr denn gar kein Erbarmen?“

Doch sie ließen sich nicht erweichen. Ich verhandelte mit ihnen, wenigstens die Tür offen zu lassen. Jetzt lenkten sie glücklicherweise ein, aber wir trauten ihnen nicht. Deshalb setzte Heather sich in den Eingang des Containers und ließ sich weder durch Zureden noch Gewalt dazu bewegen, auch nur einen Zentimeter nach innen zu rücken.

Drinnen lagen ein paar verdreckte Matratzen und zerlumpte Decken. Nur gut, dass wir noch eigene Decken dabei hatten. Denn diese Nacht sollte kalt werden.

Die gesamte Szenerie war wirklich gespenstisch. An der Tür debattierte Heather mit dem bewaffneten Wächter, um ja nicht einzuschlafen. Und draußen lungerten wüste Gestalten herum.

„Wo können wir zur Toilette gehen?“, erkundigte sich Margrit.

Wortlos deuteten die Wächter mit der Hand aufs freie Feld. Was bedeutete, dass die Frauen unter den neugierigen Blicken dieser Männer ihre Notdurft verrichten mussten. Es war einfach menschenunwürdig!

Die Nacht war für die meisten von uns grauenvoll und an Schlaf war nicht zu denken. Die Temperaturen sanken unter die Null-Grad-Grenze. Bibbernd rückten die Frauen aneinander und versuchten sich gegenseitig zu wärmen. Peter und ich teilten uns eine Decke. Wir alle warteten voller dunkler Vorahnungen auf das Morgengrauen.

***

Margrit Stebner: Als ich in den Container hineinsollte, stand mir panikartig vor Augen: „Die sperren uns da rein und jagen uns mit einer Handgranate hoch!!“ Um irgendwie Ruhe zu bewahren, stellte ich mich erst einmal still an den Rand des Geschehens und beobachtete das Durcheinander.

Heather debattierte mit einigen Männern, Georg verhandelte wild gestikulierend mit den anderen. Wieder kam Panik in mir hoch: Diese Mixtur von Ohnmacht, Wut und Todesangst ist etwas Schreckliches. Trotz allem: Wie schon zuvor im Auto hörte ich in mir die beruhigenden Sätze: „Margrit, es ist gut so. Du bist auf dem Weg in die Freiheit!“ Als ich das gehört hatte, konnte ich mich beruhigt zu den anderen Frauen legen.

Wenn man durch die Außenbezirke Kabuls fährt, fallen einem die zum Teil zerschossenen, zum Teil wie zerknautschte Luftballons aufgeblähten Stahlcontainer auf. Nach dem Abzug der Sowjets trieben die Mudschahedin während ihrer Machtübernahme häufig Gegner und Zivilisten in diese Stahlcontainer. Kurz bevor sie die Stahltür schlossen, warf einer noch schnell eine entsicherte Handgranate hinterher. Diese stählernen Zeugen der grausamen Morde erschüttern jeden Vorbeifahrenden, der diese Zeit miterleben musste. Und einige der Shelter Now-Entwicklungshelfer wussten von dieser bestialischen Praxis der Taliban.

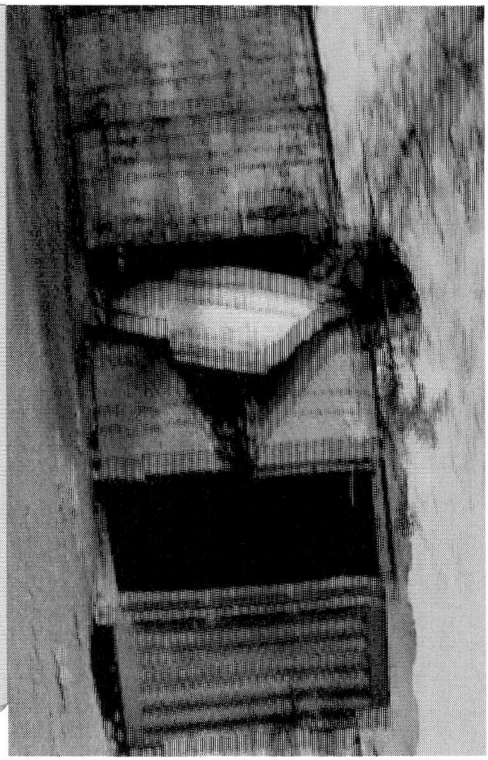

Ein Übersee-Container, wie er während des Bürgerkrieges häufig als Gefängnis und Hinrichtungsort genutzt wurde.

Georg Taubmann: Um sechs Uhr kam der Mullah, der im Dorf offensichtlich ein bequemeres Nachtlager gefunden hatte. Keinen Schluck Tee, keinen Happen Essen für uns. Stattdessen wurden wir wieder hinten ins Auto gestopft und weiter ging's. Jetzt fuhr uns Mullah Hassan Jashim höchstpersönlich. „Wir müssen wohl eine recht kostbare Beute für ihn sein", dachte ich.

„Mullah Hassan, was ist los? Wo bringt ihr uns hin?", fragte ich den Chef der Bande.

„Nach Ghazni!", kam es kurz angebunden zurück. „Wir bringen euch in ein warmes Haus. Da könnt ihr euch aufwärmen, frisch machen und frühstücken.

Mullah Hassan Jashim wollte dort also einen Zwischenstopp machen. Ich wusste, dass Ghazni seine Heimatstadt war und seine Familie dort wohnte.

Einerseits besänftigten uns die Worte des Mullahs, anderseits wussten wir, dass wir ihm nicht trauen konnten. Dann fuhren wir in die Stadt hinein und direkt auf ein hässliches Gebäude mit hohen Mauern und vergitterten Fenstern zu.

„Oh, Gott, bitte nicht wieder ein Gefängnis!" Wir waren alle wie erstarrt. Glücklicherweise fuhr der Mullah daran vorbei, sodass wir erst einmal tief durchatmeten. Glück gehabt! Aber nein, er hatte sich nur verfahren, drehte um und steuerte direkt in den finsteren Eingang hinein. Was für ein Wechselbad der Gefühle!

„Mullah, du hast doch versprochen, uns in ein richtiges Haus zu bringen", sagte ich.

„Raus hier. Aber schnell!", war seine Antwort.

Und schon umzingelten uns einige Wärter, ihre Kalaschnikows immer schussbereit. Jegliche Weigerung war aussichtslos; es blieb uns nichts anderes übrig, als in dieses schreckliche Gebäude zu gehen. Draußen war Geschützfeuer zu hören.

Im ersten Stock sperrten sie uns in zwei miteinander verbundene Räume ein. Ich konnte meinen Augen kaum trauen, als ich die Toilette nebenan entdeckte: Im Boden ein stinkendes verstopftes Loch und ringsherum lauter Haufen menschlicher Exkremente. Das Schlimmste, was ich je gesehen habe. Und dort sollten wir leben?

Dann hörten wir wieder Bombardierungen, aber so heftig, dass das ganze Gebäude durchgerüttelt wurde. Eine unserer Frauen rannte daraufhin voller Panik in den Gang, wo sie sich weinend vor die Tür hockte.

„Los, wieder rein“, fuhr der Wärter sie an. „Du kannst hier nicht bleiben!“

Vollkommen verzweifelt bettelte sie ihn an, aber er zeigte keinerlei Erbarmen. Ich versuchte deshalb den Mann zu überreden: „Lass sie doch da sitzen. Siehst du nicht, dass sie Angst hat? Wir laufen dir schon nicht weg.“

Glücklicherweise konnte ich ihn umstimmen. Doch mittlerweile mussten wir alle stark gegen unsere Panik ankämpfen. Gerade waren wir den Bombenangriffen in Kabul entkommen und dann dieser Kampfeslärm ausgerechnet dort in Ghazni! Was lief da eigentlich ab? Die Nordallianz mit ihren Truppen war schließlich weit weg.

Langsam gewöhnten wir uns an die neue Umgebung. Die Frauen begannen aufzuräumen und legten Matratzen auf den Boden. Wir hockten uns hin und beschlossen, erst einmal zu frühstücken. Tatsächlich brachten uns die Wärter sogar etwas Naan (Fladenbrot) und grünen Tee. Jemand von uns kramte noch einen Rest Käse hervor. Doch vor allen Dingen waren wir froh, immer noch unversehrt zusammen zu sein.

Anschließend an unser Frühstück dankten wir Gott für alle Bewahrung und beteten füreinander, besonders für Margrit, die wegen einer Amöbenruhr sehr geschwächt war, und für mich, damit ich die richtigen Entscheidungen treffen konnte.

Noch während wir so zusammensaßen, ging in der Stadt erneut die Schießerei los, sehr laut und heftig. Dann hörten wir, wie sich der Lärm zum Gefängnis hin verlagerte.

Jemand von uns rannte zum Fenster und beschrieb, was er sehen konnte: „Sie kämpfen direkt vor dem Gefängnis. Sind das nun Taliban oder nicht? Jetzt laufen eine Menge Leute weg!“

Plötzlich wurde es mucksmäuschenstill. Kein einziger Schuss, kein Laut war mehr zu hören.

Uns schien es, als würde eine Ewigkeit vergehen. Doch dann befand sich auf einmal eine Menschenmenge vor dem Gefängnis, die versuchte das Tor aufzubrechen. Jemand von uns schaute erneut aus dem Fenster und rief: „Da ist ein Menschenauflauf, sogar Jugendliche sind dabei. Die kommen jetzt rein."

„Gleich wird der Mob das Gefängnis stürmen und uns Ausländer lynchen", schoss es mir wie wild durch den Kopf. Ich hatte eine wahnsinnige Angst. Wovor ich mich immer am meisten gefürchtet hatte, war entweder verschleppt oder gelyncht zu werden. Ich hatte schon so viele Berichte von Bekannten oder Freunden gehört, deren Angehörige gelyncht worden waren. Dann wollte ich doch lieber gleich erschossen werden!

Im Erdgeschoss wurden die Türen aufgebrochen. Dann hämmerten sie an die Tür zu unserem Stockwerk, bis sie schließlich mit einem lauten Krach aufbrach. Einige Männer stürmten auf unsere Zellen zu und rissen die Türen auf.

So kam es, dass auf einmal ein verschwitzter Afghane vor uns stand, die Patronengürtel überkreuz vor der Brust, die Kalaschnikow wild hin und her schwingend. Total verdattert, Ausländer vor sich zu sehen, hielt er inne. Und eine Zeit lang starrten wir uns wie gelähmt und sprachlos an.

„Warum starrt er uns so überrascht an? Ist er vielleicht kein Talib?" fragte ich mich.

Plötzlich rief er aus: „Assad! Assad, ast! – Freiheit! Ihr seid frei!"

Wir konnten es kaum fassen. „Was, wir sind frei? Seid ihr denn keine Taliban?"

„Nein, die haben wir gerade vertrieben. Die sind über alle Berge!", war die Antwort. „Kommt raus! Kommt raus! Ihr seid wirklich frei!"

Immer mehr Männer drängten sich in unsere Zelle. Und dann begriffen wir langsam: „Seid ihr Leute von Massud?" (Ahmed Schah Massud war ein hoch geachteter Milizenführer der Nordallianz, der bei einem Attentat am 9. September umgekommen war.)

„Ja, ja, wir sind Leute von Massud!"

Fassungslos vor Glück und Erleichterung nahm ich ihn in die Arme. Einige der Frauen fingen an zu weinen. Sekunden vorher hatten wir noch gehofft, dass sie uns nicht entdecken, oder wenn doch, sie uns auf eine gnädige Weise umbringen würden - und im nächsten Augenblick waren wir frei.

„Jetzt aber raus. Schnell, schnell, geht jetzt! Ihr seid wirklich frei!"

Das ließen wir uns nicht noch mal sagen und stürmten nach draußen. Die Atmosphäre knisterte förmlich vor Spannung. Außerdem wurde noch immer geschossen und vor dem Gefängnis ein Raketenwerfer aufgebaut.

„Schnell, hier herein!"

Um vor den Gefechten Schutz zu finden, mussten wir erst eine Weile in dem Wächterhäuschen an der Gefängnismauer ausharren. Dann durften wir endlich ins Freie.

Wir rannten, was wir konnten und total ungeschützt über ein freies Feld. Dann kamen endlich die ersten Gebäude in Sicht, bei denen wir Deckung finden konnten. Zunächst durchquerten wir eine Art Siedlung.

Als die Bewohner uns entdeckt hatten, kamen sie aus ihren Häusern und starrten uns Ausländer verblüfft an. Doch wir waren nicht allein, einer der Kämpfer führte uns durch die Straßen. Es ging kreuz und quer, bis ein Kommandant auftauchte und uns zu seinem Büro führte.

Je weiter wir gingen, desto größer wurde die neugierige Menschenmenge, die uns sich laut unterhaltend begleitete. „Wer sind nur diese Ausländer? Wo kommen sie her?" Niemand hatte etwas von uns gewusst. Dann brach plötzlich der Bann: Jemand umarmte uns, unzählige Menschen schüttelten uns die Hände, klopften uns auf die Schultern. Die Menge fing an zu jubeln. Männer nahmen uns das Gepäck ab, trugen die Bündel der Frauen. Es war einfach unbeschreiblich.

***

Silke Dürrkopf: Dieser Marsch durch die Straßen von Ghazni gehört für mich mit zu einer der schönsten Erfahrungen der gesamten Gefangenschaft. Ich hatte meinen Freunden zu Hause geschrieben: „Ich wünsche mir, eines Tages mit den Afghanen auf den Straßen Kabuls zu tanzen und mit ihnen die Befreiung von den Taliban zu feiern." Da es dort nicht geklappt hatte, kam es mir hier wie eine Entschädigung vor. Es war einfach wunderschön! In diesem Moment machte ich mir überhaupt keine Gedanken darüber, dass wir immer noch in Gefahr waren. Irgendein Talib hätte ja seinen Turban abnehmen, sich unter die Menschen mischen und uns erschießen können. Ich war völlig erschöpft und trotzdem glücklich. Was war ich dankbar, als mir ein Mann mein unhandliches Deckenbündel abnahm! Das war wie eine Volksfestatmosphäre.

***

Margrit Stebner: Für mich war die ganze Befreiungsgeschichte aus dem Gefängnis wie eine emotionale Achterbahn: Die Gefühle gingen hoch und runter und standen zwischendurch Kopf. Eben noch in Todesangst und dann plötzlich Freiheitstaumel!

Im Nachhinein bin ich sehr dankbar, dass es ausgerechnet Afghanen waren, die uns befreiten. Das war für mich wie ein Stück Heilung: Böswillige Afghanen sperrten uns ein, liebenswürdige Afghanen befreiten und bejubelten uns

In letzter Minute befreit!

Auszug aus dem Buch „Gefangen in Kabul"

Tag 103: 13. November 2001

Die acht Shelter Now-Entwicklungshelfer wurden von einer Gruppe von Kämpfern und der ständig wachsenden neugierigen Menschenmenge durch die Straßen von Ghazni zu einer Art Büro geführt.

Dort begrüßte sie ein Mann, der ein wenig Englisch sprechen konnte. „Willkommen, ich bin Mohammed Salim und ein Sicherheitsbeamter in dieser Stadt", stellte er sich vor.

Er war offensichtlich der Chef der Gruppe, die sie aus dem Gefängnis befreit hatte. Sofort wurde Tee gebracht, sie konnten zur Toilette gehen, sich frisch machen und erst einmal zur Ruhe kommen. Mohammed Salim war sehr freundlich und schien die Lage im Griff zu haben. Das Büro war brechend voll mit Menschen, und es kamen ständig noch mehr bewaffnete

Männer herein. Manche waren nur neugierig auf die Ausländer, andere empfingen Befehle und eilten wieder fort.

Es herrschte eine aufgeregte und spannungsgeladene Atmosphäre. Die Einwohner Ghaznis waren von der Befreiung ihrer Stadt aus den Händen der Taliban wohl völlig überrascht und sich noch nicht einig geworden, wer nun die Führung übernehmen sollte.

Im Laufe des Vormittags kam eine Gruppe wild aussehender Kämpfer in dieses Büro gestürmt, dessen Anführer unbedingt mit den Shelter Now-Leuten sprechen wollte, was ihm Mohammed Salim aber verwehrte. Sie stritten sich lauthals in Dari und sprachen so durcheinander, dass die acht Ausländer kaum etwas von ihrem Gespräch verstehen konnten, und anschließend schickte der Sicherheitsbeamte diese Gruppe dann doch wieder fort.

Georg Taubmann, der die Situation und die Atmosphäre um sich herum genau beobachtete, merkte gleich, dass die verschiedenen ethnischen Gruppen dieser Stadt miteinander um die Macht rangelten und er offensichtlich mit seinen Mitarbeitern unter der Obhut von Mohammed Salim und seiner Gruppe stand. Da dieser Mann einen besonnenen und kompetenten Eindruck machte, war ihm das nur recht.

So gegen 12 Uhr wurde schließlich ein Mittagessen ins Büro gebracht, Kabulli Palau, Reis vermischt mit Rosinen und Fleisch, ein richtiges Festessen. Alle genossen gemeinsam das ausgiebige Mahl, schwatzten durcheinander, freuten sich und ließen der Erleichterung über ihre Befreiung freien Raum. In dem Büro herrschte eine Superstimmung.

***

Georg Taubmann: Ich stellte mir alles Weitere ganz einfach vor. Ich nahm an, dass wir nur irgendwo ein Büro mit einem Telefon finden, von dort die deutsche Botschaft in Pakistan anrufen und sagen müssten: „Hallo, wir sind frei! Schickt einen Hubschrauber nach Ghazni und holt uns ab!“

Also bedrängte ich unsere neuen Gastgeber: „Wo ist hier ein Telefon? Ich muss unbedingt mit unserer Botschaft in Islamabad telefonieren und ihnen sagen, dass wir hier in Freiheit sind."

„Gleich, gleich", antwortete mir Mohammed Salim. „Wir haben in der Stadt zwei oder drei Büros, die Satellitentelefone besitzen."

Endlich fuhren wir los, das heißt Mohammed Salim und ich und eine ganze Gruppe von Bewachern. Die anderen sieben aus unserem Team warteten im Büro.

Auf den Straßen tummelten sich viele Menschen. Es herrschte immer noch Freude über die Befreiung von den Taliban, aber gleichzeitig lag auch eine spürbare Spannung in der Luft. In Ghazni lebten drei ethnische Bevölkerungsgruppen zusammen: Paschtunen, Tadschiken und Hasaren, die jetzt dabei waren, ihre Machtbereiche gegeneinander abzugrenzen. Aus diesem Grund liefen eine Menge bewaffneter Männer herum.

Unser Weg führte uns an geplünderten Geschäften vorbei. Ich sah, dass bereits Straßensperren errichtet worden waren, und es wurde auch vereinzelt geschossen. Die Stimmung schlug langsam um in Misstrauen den anderen Volksgruppen gegenüber, wahrscheinlich aus Furcht vor Racheakten. Diese war auch nicht unbegründet, denn die Paschtunen, von denen sich viele zu den Taliban zählten, hatten sich in der Vergangenheit gegenüber den Tadschiken und Hasaren brutal verhalten.

Endlich erreichten wir das öffentliche Telefonzentrum, doch es war bereits zerstört und ausgeplündert. Also ging unsere Suche weiter, aber die zwei Geschäfte, die ebenfalls Satellitentelefone besitzen sollten, waren geschlossen, wahrscheinlich aus Angst vor Plünderungen. Ohne etwas erreicht zu haben, mussten wir deshalb zum Büro zurückfahren. Mohammed Salim war sichtlich nervös und die Posten an den Straßensperren beäugten uns misstrauisch, bevor sie uns passieren ließen.

***

Nach einer kurzen Beratung beschloss Mohammed Salim, die Shelter Now-Mitarbeiter bei einem Verwandten namens Hamischa Gul unterzubringen, der am Stadtrand ein großes Haus besaß. Um dort hinzugelangen, mussten sie durch einen Stadtteil fahren, der hauptsächlich von Hasaren bewohnt war. Immer wieder begegneten ihnen Gruppen von Männern, die mit Gewehren und Granatwerfern bewaffnet waren. Der Fahrer lenkte den Kleinbus so schnell wie möglich durch die Straßen und alle atmeten auf, als sie endlich das Anwesen am Stadtrand erreichten.

Die acht Geiseln nach ihrer Befreiung aus dem Gefängnis von Ghazni

Der Besitzer musste ziemlich wohlhabend sein, denn zu dem Anwesen gehörten mehrere Gebäude, die von hohen Mauern umgeben waren. Sie wurden freundlich empfangen und die Frau en bekamen gleich ein Zimmer zugewiesen, wo sie sich ausruhen konnten. Es war geräumig und mit sauberen Matratzen und Teppichen ausgelegt. Endlich konnten sie duschen und zur Ruhe kommen.

Während sich die Frauen erholten, saß Georg Taubmann mit den afghanischen Männern in einem Nebenraum zusammen und trank mit ihnen Tee. Endlich konnte er sein Radio, das er in seiner Westentasche versteckt hatte, anstellen und Nachrichten hören. Dadurch erfuhr er, dass Kabul noch in der gleichen Nacht, in der sie entführt worden waren, von den Truppen der Nordallianz eingenommen worden war. Auf den Straßen in Kabul wurde gefeiert und getanzt. Es schmerzte ihn, denn das hätten sie gerne miterlebt. Dann dachte er wieder darüber nach, wie er nur an ein Telefon herankommen konnte, um die deutsche Botschaft in Islamabad zu erreichen. Die Situation in Ghazni war wirklich beängstigend. Die Zeit drängte, es musste etwas geschehen.

***

Die Pause für Georg war nur kurz. Bald ging es mit einer Eskorte von Bewachern zurück in die Stadt. Dieses Mal zum Büro des Internationalen Roten Kreuzes, in der Hoffnung, von dort aus telefonisch Islamabad erreichen zu können.

Georg kannte dieses Gebäude bereits, denn vor drei Jahren hatte er auf einer Reise zu einem der Shelter Now-Projekte in Kandahar mit drei Freunden in deren Gästezimmer übernachtet und mit den Angestellten gute Kontakte geknüpft. Als sie dort ankamen, wurde er auch gleich wieder erkannt. Die afghanischen Rote Kreuz-Mitarbeiter hatten in den letzten Monaten das Schicksal der Shelter Now-Leute mitverfolgt und waren glücklich, sie jetzt unversehrt und frei zu wissen.

Sofort boten sie Georg alle Hilfe an, die ihnen möglich war. Sie kontaktierten das Internationale Rote Kreuz in Islamabad und fragten an, wie sie die acht Ausländer sicher aus dem Land bekommen könnten.

Zufrieden mit diesem Teilerfolg fuhr Georg zurück in seine neue Unterkunft und harrte der Dinge, die da kommen würden. In der Nacht konnte er jedoch kaum ein Auge zubekommen, denn Peter und er mussten einen Raum mit zehn bis fünfzehn Männern teilen, die ständig Radio hörten, rauchten und sich miteinander unterhielten.

Die Afghanen wechselten sich mit der Bewachung des Hauses ab. Ständig patrouillierten fünf von ihnen draußen auf und ab und bewachten das Haus, denn sie hatten begründete Sorge, dass die Hasaren sich an dem

Besitzer rächen und das Haus angreifen würden. Schließlich hatte der Besitzer mit den Taliban zusammengearbeitet, die diesem Volksstamm arg zugesetzt hatten.

Im Büro des Internationalen Roten Kreuzes in Ghazni

Tag 104: 14. November 2001

Gleich am Mittwochmorgen ging es wieder ins Rote Kreuz-Büro. Die Angestellten hatten inzwischen Antwort aus Islamabad bekommen, doch leider konnte das Rote Kreuz keinen Hubschrauber stellen, um sie auszufliegen. Das wäre der schnellste und einfachste Weg gewesen.

Aber das Rote Kreuz war bereit, die Entwicklungshelfer nach Kabul zu fahren, denn die Stadt war mittlerweile befreit und die Acht hätten von dort leichter ausgeflogen werden können. Doch auf der Strecke dorthin gab es noch zu viele von den Taliban kontrollierte Straßenposten, wie sie schnell herausfanden. An denen wären sie sicherlich entdeckt und festgenommen worden. Den Landweg zu nehmen war damit ausgeschlossen. Die einzige verbleibende Möglichkeit war, sich mit den amerikanischen Streitkräften in Verbindung zu setzen, um von ihnen ausgeflogen zu werden.

„Aber dann ist es eine Militäraktion und mit vielen Risiken verbunden", wandte der Rote Kreuz-Angestellte ein. Doch das war für Georg die geringste Sorge, und er stimmte zu. Das internationale Rote Kreuz in Islamabad kontaktierte die amerikanische Botschaft, und die beauftragte sofort einen ihrer geheimen afghanischen Agenten, von Kabul nach Ghazni in das Rote Kreuz-Büro zu fahren und Georg ein Satellitentelefon zu überreichen. Die Fahrt von Kabul nach Ghazni dauert etwa fünf bis sechs Stunden. Der Bote war ein Paschtune mit dem typisch langen Bart. Bei der Einreise nach Ghazni hielt man ihn für einen Taliban und wollte ihn verhaften. Er konnte sich aber herausreden, und so ließen sie ihn laufen. Er fuhr zu dem Büro des Roten Kreuzes und gab sich als heimlicher Mitarbeiter der Amerikaner zu erkennen.[2]

***

Von dieser Begegnung erfuhr natürlich niemand von den neuen Beschützern in Ghazni. Unter ihnen wurde hin und her palavert, wie ihre Gäste am besten zu schützen waren und wie eine Befreiung ablaufen könnte. Die Gefahr, dass Kämpfe zwischen den verfeindeten Ethnien in Ghazni ausbrechen oder die Taliban zurückkehren könnten, war groß. Während die Verhandlungen hin und her gingen, kam ein Bote ihres Gastgebers und teilte Georg mit, dass er mit seinen Mitarbeitern unbedingt in ein anderes Haus umziehen müsse.

---

[2] In der ursprünglichen Fassung des Buches „Gefangen in Kabul" (2002) beschrieb Georg ihre Befreiung auf das drängende Bitten der US-Spezialkräfte in etwas abgewandelter Form. Um die Durchführung weiterer Befreiungsaktionen nicht zu gefährden und um Personen in Afghanistan, die den Mitarbeitern beistanden, insbesondere den Übermittler des Satellitentelefons, zu schützen, mussten Szenen verschoben und Details verschwiegen werden. Jetzt sind genügend Jahre verstrichen, sodass Sie in dieser Auflage die wahre Geschichte lesen können.

„Da draußen am Stadtrand ist es zu gefährlich“, begründete er die Anordnung. „Wir können euch dort nicht genügend schützen, falls wir von den aufgebrachten Hasaren angegriffen werden sollten. Wir haben ein anderes Haus näher an der Stadt, aber deine Teammitglieder weigern sich, ohne deine Zustimmung umzuziehen. Bitte, schreib einen Brief, dass du einverstanden bist.“

Georg Taubmann konnte seine Leute gut verstehen. Zu oft waren sie schon unter großen und wortreichen Versprechungen verlegt worden und die Situation hatte sich anschließend stets verschlimmert. Kein Wunder, wenn in einer solchen Situation Zweifel und Ängste hochkamen. Aber er verstand ebenso die Gründe ihres Gastgebers und sah, wie sich die Gefahr immer mehr zuspitzte, also schrieb er schnell eine Notiz: „Es ist okay, wenn ihr in das andere Haus umzieht. Ich bin hier noch am Verhandeln, komme aber so schnell wie möglich zu euch ins neue Haus. Es geht gut voran.“

Nachdem noch ein paar Einzelheiten geklärt worden waren, wurde Georg von Mohammed Salim und seinen Begleitern zu dem neuen Haus gefahren. Dieses neue Quartier direkt am Stadtrand war etwas kleiner, aber auch, wie in Afghanistan üblich, mit einer hohen Mauer umgeben. Sie aßen dort zusammen zu Mittag und Georg informierte seine Teammitglieder über den Verlauf der Verhandlungen.

Plötzlich tauchte der Leiter des Roten Kreuzes in dem neuen Quartier auf und sagte, dass Georg unbedingt ins Büro kommen solle, dort wolle ihn jemand sprechen.

***

Georg Taubmann: Da war ich aber gespannt. Wer kann mich nur so dringend sprechen wollen? So brachte mich der Kommandant, ein wenig misstrauisch, was das denn wohl bedeuten sollte, mit seiner Eskorte ins Rote Kreuz-Büro.

Unter dem Vorwand, auf die Toilette gehen zu müssen, wurde ich in einen Nebenraum geführt, und dort saß ein Afghane und lächelte mich an. „Wie kommst du hierher?“ Ich war total verblüfft, denn ich kannte ihn aus der Zeit im Gefängnis. Dort hatte er sich häufig um uns gekümmert und zwischen den Taliban-Wächtern und uns vermittelt. Nach seiner Entlassung hatte er Kontakt zu den Amerikanern aufgenommen, um uns zu helfen. Heimlich überreichte er mir während des Gesprächs ein Satellitentelefon. In dem Gerät war die Nummer der Special Forces einprogrammiert. Ich brauchte nur draufzudrücken, und schon konnte ich mit dem Verantwortlichen der Aktion sprechen. Endlich konnte ich mit ihnen telefonieren. Ich gab mich zu erkennen und beschrieb, wo wir uns befanden, aber als erstes wollte mein Gegenüber die beiden Amerikanerinnen sprechen. Der Leiter des Roten Kreuzes fuhr sofort los und holte sie. Erst nachdem sich die beiden Frauen am Telefon identifizieren konnten, kam die Befreiungsaktion ins Rollen. Zusammen mit den Rote Kreuz-Mitarbeitern machten wir telefonisch aus, wo sie uns mit ihren Kampfhubschraubern aufnehmen könnten. Sie wollten nicht in die Stadt fliegen. Es wurde ein Platz etwas außerhalb von Ghazni ausgemacht. Die Anweisung war, um zwölf Uhr Mitternacht dorthin zu fahren und eine Flagge auf den Boden zu legen. Sie würden dann mit dem Flugzeug darüber fliegen und den Ort markieren. Exakt zu dieser Zeit sollten wir uns dort in einer Reihe auf den Boden setzen.

Der Kommandant war zwischenzeitlich wieder weg. Als er zurückkam, teilte ich ihm erfreut mit, dass die amerikanischen Spezialkräfte uns um Mitternacht am nächsten Morgen an einem bestimmten Platz außerhalb von Ghazni mit ihren Hubschraubern aufnehmen würden. Obwohl alles geklärt schien, tauchte plötzlich ein Problem nach dem anderen auf. Die einen wollten zunächst einmal mit den neuen Machthabern von Ghazni über unsere Befreiung durch die US-Spezialkräfte reden. Doch andere unter ihnen waren dagegen, vor allem der Kommandant: „Nein, das ist zu gefährlich! Unter den neuen Machthabern der Stadt könnten noch heimliche Anhänger der Taliban stecken, die unsere ausländischen Freunde womöglich an sie ausliefern."

Dann weigerte sich plötzlich einer der wichtigsten Männer, uns zu dem vereinbarten Treffpunkt zu fahren. „Der Platz liegt zu weit außerhalb. Es ist Ausgangssperre und viel zu gefährlich, um diese Zeit noch durch die Stadt zu fahren."

Schließlich war keiner mehr bereit, uns an diesen Ort zu bringen. Die nächtliche Befreiungsaktion war ihnen zu gefährlich. Ich merkte, dass sie auch große Angst davor hatten, Probleme mit den neuen Machthabern dieser Stadt zu bekommen.

Genervt und enttäuscht rief ich die Amerikaner an: „Leute, es klappt alles nicht! Die Afghanen hier machen nicht mit. Es ist ihnen einfach zu gefährlich. Ihr müsst uns tagsüber holen."

„Das geht auf keinen Fall!", lautete die entschiedene Antwort der amerikanischen Militärs. „Ihr müsst in dieser Nacht herausgebracht werden, und zwar zu der bereits festgelegten Zeit!"

***

Die US-Streitkräfte waren über die Situation in Ghazni sehr gut informiert. Die allgemeine Lage war extrem unsicher und konnte von einer Minute zur anderen umschlagen. Sie hätten deshalb bei ihrer Befreiungsaktion schnell in einen Bürgerkrieg innerhalb der Stadt hineingezogen werden können.
Da es sich in Ghazni um einen unerwarteten lokalen Aufstand handelte, konnten die amerikanischen Spezialkräfte bei der Befreiung nicht mit der Unterstützung der Nordallianz rechnen. Deren Truppen waren weit weg. Ghazni lag wie eine Insel, ringsherum umgeben von Gebieten, die fest unter der Herrschaft der Taliban standen. Außerdem wussten die Amerikaner, dass sich die geflohenen Taliban bereits auf einen Gegenangriff auf die Stadt vorbereiteten.
Die Lage war explosiv und die Zeit knapp. Deswegen drängten sie Georg Taubmann, ihre vorgegebene Zeit um Mitternacht unbedingt einzuhalten.

Da die Ausgangssperre bereits begonnen hatte, drängten die Afghanen zum Aufbruch ins Nachtquartier. Beim Hinausgehen gelang es dem Rote Kreuz-Mitarbeiter noch, Georg das Satellitentelefon heimlich zuzustecken. Dankbar versteckte Georg das Gerät unter seinem Salwar Kameez[3] und

---

[3] Der Salwar Kameez ist ein zweiteiliges arabisches Bekleidungsstück. Er besteht aus einem Oberteil und einer bequemen Pluderhose.

hielt seine Hand schützend darüber. Die Straßen waren wie leergefegt bis auf die Posten der Straßensperren. Georg Taubmanns Bewacher fuhren mit ihm nach Hause, die entsicherten Kalaschnikows im Anschlag. Und als ein Pick-up mit bewaffneten Männern auf sie zukam, richteten sowohl seine Bewacher als auch die Männer in dem anderen Wagen ihre Waffen aufeinander. Georg lief es kalt den Rücken hinunter. Die Kämpfer beäugten sich feindselig und fuhren schnell weiter.

Als Georg in der neuen Unterkunft ankam, warteten seine Mitarbeiter schon gespannt auf ihn. Schließlich hatten sie ihn den ganzen Nachmittag über nicht gesehen und miteinander gefiebert, ob alles wie geplant klappen würde.

Vollkommen niedergeschlagen hockte sich Georg zu seinen Leuten und begann zu berichten: „Die Amerikaner wollen uns um jeden Preis in ein paar Stunden hier ganz in der Nähe abholen. Aber unsere afghanischen Gastgeber und deren Kommandant weigern sich, uns in der Nacht aus dem Haus zu lassen. Ich weiß nicht, wie wir bei den hohen Mauern um dieses Haus und der strengen Bewachung hier rauskommen sollen. Ihr müsst beten! Ich versuche noch einmal die Männer hier im Haus umzustimmen."

Georg redete verzweifelt auf die Wächter ein: „Bitte, lasst uns hier raus! Macht das Tor auf! Unsere Befreiung ist so nahe! Habt ihr denn kein Erbarmen?"

„Nein, wir sperren das Tor nicht auf. Wir lassen euch nicht raus. Das kann nur der Kommandeur anordnen und der ist nicht hier."

„Dann schickt ihm doch eine Nachricht oder holt ihn her!"

„Das geht nicht. Es ist Ausgangssperre. Wir können das Haus nicht verlassen."

So ging es hin und her. Die Männer waren nicht zu erweichen. Ihre Angst, gegen den Befehl des Kommandeurs zu verstoßen, war zu groß.

***

Georg Taubmann: Als die Wächter sich zum Schlafen hinlegten, schlich ich mich in den Innenhof und kontaktierte die Amerikaner wieder. „Wo warst du die ganze Zeit? Wo bist du jetzt?", waren ihre ersten Fragen. Sie wollten unseren genauen Aufenthaltsort wissen. Dann sagten sie: „Mach ein GPS-Reading. Gib uns deine GPS-Koordinaten durch." Ich wusste nicht, wie das geht, und so führte er mich durch das Menü. Ich versprach, das GPS-Reading sofort zu machen und sie wieder mit den Informationen zu kontaktieren. Schnell holte ich Peter heraus, der alle Daten mitschrieb. Dann rief ich zurück und gab die Koordinaten durch. Unvorstellbar, was geschehen wäre, wenn unsere Wächter mich bei dieser Handlung erwischt hätten. Die Amerikaner lobten mich mächtig: „Super, wir wissen jetzt genau, wo ihr seid. Kommt um Mitternacht an den vorgegebenen Platz." Sie beschrieben den Weg: „Raus aus dem Tor und dann rechts und nach einhundert Metern wieder links usw." „Ja, aber wir kommen hier nicht raus", erwiderte ich. „Was sollen wir tun? Die Leute sind bewaffnet, da ist eine hohe Mauer." Ihre Antwort: „Dann musst du die zwei Wächter umbringen." Er bot mir an, mir telefonisch einen Crashkurs zu geben, wie ich sie ohne Waffen töten könnte. „Das mache ich nicht. Ich bringe niemand um", stöhne ich. „Doch, das musst du machen", beharrt er. „Wenn nicht du, dann werden wir kommen und es tun." Danach brachen wir das Gespräch ab, weil ich mich nicht darauf einließ. Stets hatten wir gebetet, dass niemand bei einer eventuellen Befreiungsaktion umkommt, und jetzt so etwas.

Danach wusste ich nicht, was ich als nächster tun sollte. Ich war wahnsinnig angespannt. „Jetzt kommen die Spezialkräfte zu diesem Haus, um uns zu befreien, und dann gibt es auf jeden Fall Tote", war mein einziger Gedanke. Verzweifelt betete ich und bekam dann eine Idee. Ich weckte die Wächter und zeigte ihnen das Satellitentelefon. „Leute, lasst uns gehen. Ich habe die Amerikaner informiert. Sie wissen genau, wo wir sind. Die sind schon mit ihren Hubschraubern unterwegs." Da rasteten sie vor Panik aus. Es ging drunter und drüber. Bei ihrem Geschrei wachten die Leute im Haus auf. Die afghanischen Frauen im Haus weinten aus Verzweiflung. Dann zwangen sie mich, die Amerikaner zurückzurufen und zu sagen, sie dürften nicht kommen. „Das interessiert uns nicht", war deren strikte Antwort. „Sie sollen euch freilassen, dann geschieht ihnen nichts."

***

Kurze Zeit später waren die Fluggeräusche eines Kampfflugzeuges, das seine Kreise über der Stadt zog, zu hören. Jetzt wurden die Afghanen von noch größerer Angst gepackt. Dennoch wagten sie es nicht, das Tor zu öffnen und die Shelter Now-Leute hinauszulassen. Ihre Angst vor der Strafe ihres Kommandeurs war zu groß.

Georg ging zu den Frauen hinüber und stöhnte: „Es wird alles immer verrückter. Sie lassen uns einfach nicht aus dem Haus."

„O Gott, hilf uns. Wir stehen so kurz vor unserer Befreiung. Tu ein Wunder, damit sie uns laufen lassen", beteten sie gemeinsam.

Inzwischen war die Uhr schon auf halb zwölf vorgerückt. Es war fürchterlich, die Zeit davonlaufen zu sehen. Die Spannung wurde unerträglich: Einerseits waren da die verzweifelten Hausbewohner, die Georg unter Druck setzten, und andererseits war die Rettung so nah. Georg war zu Mute, als würde ihm der Kopf platzen. Die Hubschraubergeräusche der Befreier waren mittlerweile deutlich über der Stadt zu hören, und sie waren wie in einem Käfig eingesperrt. Es war nicht mehr auszuhalten!

Da fuhr plötzlich ein Auto vor, und es wurde heftig an das verrammelte Tor geklopft. Alle zuckten erschrocken zusammen. Wer mochte um diese Zeit und dann noch während der Ausgangssperre kommen? Helfer oder Feinde?

Einige der Bewacher gingen ängstlich nach unten. Wenig später hörte Georg, wie am Tor verhandelt wurde, und dann sah er den Kommandeur die Treppen hinaufkommen. Wo kam der nur so schnell her?

„Danke, Gott!", dachte Georg.

Der Kommandeur hatte in seinem Haus zuerst die Flugzeuggeräusche und dann den Lärm der Hubschrauber gehört und sich ausrechnen können, dass die amerikanischen Befreier trotz seiner Weigerung, die Entwicklungshelfer freizugeben, nahten. Aus diesem Grund wollte er die acht so schnell wie möglich von dort an einen anderen Ort bringen.

„Ihr müsst sofort dieses Haus verlassen", rief er ihnen zu. „Die Geheimdienstleute, die euch hier nach Ghazni verschleppt haben, sind zurückgekommen. Sie wissen, wo ihr seid, und wollen euch töten. Nehmt schnell eure Sachen. Ich bringe euch an einen sicheren Ort."

***

Georg Taubmann: Ich war vollkommen geschockt, ja, wie gelähmt. „Das darf nicht wahr sein. Sind die Leute schon wieder hinter uns her? Jetzt, so kurz vor unserer Befreiung! Hört der Terror denn gar nicht auf?", ging es in meinem Kopf herum.

Im nächsten Moment wusste ich glasklar: „Was der Kommandeur da sagt, das stimmt nicht! Das ist nur ein Trick!" Der Kommandant wusste um unsere Angst vor unseren Entführern und wollte nur verhindern, dass wir mit den amerikanischen Befreiern zusammentrafen.

Äußerlich gefasst ging ich deshalb auf den Mann zu, stellte mich vor ihn hin und sagte: „Wir kommen nicht mit. Wir haben die Nase voll. Warum lasst ihr uns nicht gehen? Ihr hört es doch, die Hubschrauber kommen schon. Wir rühren uns nicht von der Stelle, dann müsst ihr uns schon erschießen!"

In Kabul hätte ich so etwas nicht gewagt auszusprechen, denn die grausamen Männer dort hätten sofort geschossen. Aber jetzt ließ ich es darauf ankommen. Irgendwie waren diese Leute hier doch menschlicher. Unsicher wandte er sich von mir ab und diskutierten wild mit seinen Männern. Ich stand nur da, betete still und wartete ab. Nervös zog mich der Kommandant zur Seite und redete auf mich ein, doch nachzugeben und ihm zu folgen. Wiederum gab ich ihm ganz ruhig die gleiche Antwort: „Wir kommen nicht mit dir mit. Dann müsst ihr uns schon erschießen!"

Meine Standhaftigkeit schien ihn zu verwirren, denn er wandte sich mir abrupt zu und schimpfte: „Dann geht! Dann geht!"

„Wohin? Wohin?", fragte ich zurück.

„Zu den Hubschraubern. Los, weg mit euch!"

„Was? Wirklich?", dachte ich bei mir. Ich konnte nicht fassen, dass er uns tatsächlich laufen ließ.

Ich rief meinem Team im Nebenraum zu: „Kommt raus! Er lässt uns gehen! Wir dürfen gehen! Schnell! Beeilt euch!"

Das Timing war auf die Minute richtig; hätte der Kommandant auch nur zehn Minuten mehr Zeit gehabt, er hätte mich niederschlagen und uns alle mit Gewalt wegbringen können. Aber die Hubschrauber dröhnten so bedrohlich, dass er Panik bekam, zu seinem Auto lief und wegfuhr.

Wir rennen im Stockdunkeln die Lehmstraße entlang. Einer der Hausbewohner kommt mit uns. Rechts lang und dann wieder links und tatsächlich: Da ist der beschriebene Platz! Ich nehme das Satellitentelefon: „Wir sind da!", schreie ich hinein. „Großartig, George. Just sit down. Relax." „Soll ich noch eine Koordinatenbestimmung machen?", frage ich. „Nein, nicht nötig." …und Bang, da war das Telefon tot. Akku leer. Keine Verbindung mehr zu den Befreiern.

***

Margrit Stebner: Den ganzen Nachmittag hatten wir unter großer Anspannung verbracht. Unsere Stimmung hatte ständig zwischen Hoffen und Bangen geschwankt. Es war dann auch schon ziemlich spät, als Georg zurückkam. Wir sahen ihm sofort an, dass er absolut fertig war.

„Es wird wohl nichts mehr mit heute Nacht", sagte er ganz deprimiert und erklärte uns die verfahrene Situation. Als er dann noch einmal zu unseren Wächtern in den Hof ging und versuchte sie umzustimmen, fingen wir wieder an zu beten.

Die afghanischen Frauen, die bei uns saßen, hatten Angst, dass ihnen bei der Befreiungsaktion durch die Amerikaner etwas zustoßen könnte, und als es dann noch ans Tor klopfte, bekamen sie Panik. Sie zogen uns ins Haus, weinten und zitterten vor Angst. Auch wir standen kurz davor zu verzweifeln.

Ich bekam mit, wie Georg im Hof mit jemandem verhandelte. Und plötzlich hörten wir ihn rufen: „Es klappt doch! Los, kommt raus! Schnell, lasst alles liegen! Lauft!"

Da rannten wir los. Es war vollkommen dunkel und der Weg holperig. Ich fiel in ein Schlagloch, doch Katrin fasste mich bei der Hand und wir liefen weiter. Weit war es nicht, wir brauchten etwa 20 Minuten, bis wir den Platz erreichten.

***

Tag 105: 15. November 2001

Eine Weile vor der verabredeten Zeit saßen die acht Entwicklungshelfer, so wie es ihnen zuvor angeordnet worden war, in einer Reihe auf dem eiskalten Boden und hörten die Hubschrauber immer näher kommen. In der Eile hatten die Entwicklungshelfer nur eine kleine Lampe als Erkennungszeichen mitnehmen können, die jedoch zu wenig Licht abgab, um aus der Höhe gesehen zu werden. Außerdem entsprach sie nicht den Vereinbarungen mit den amerikanischen Spezialkräften.

Überall in der Stadt flackerten kleine Feuerstellen. Wie sollten da die Befreier ihre Lampe von den anderen Lichtern unterscheiden können? Die Bewohner des Ortes hatten diese Feuer entzündet, weil ihnen kalt war, denn aus Sorge vor der Rückkehr der Taliban-Milizen waren sie aufgeblieben und hielten draußen Wache.

Dann dröhnte plötzlich ein riesiger Hubschrauber sehr niedrig und dicht an ihnen vorbei.

„Hat er uns gesehen? Bestimmt hat er uns entdeckt! Hier sind wir!", schrien die acht gegen den Lärm an und winkten wie wild. Doch die Maschine zog nach oben und flog weg in Richtung eines anderen Stadtteils. Die Shelter-Leute waren entsetzt: „Haben die Amerikaner etwa aufgegeben? Fliegen sie jetzt wieder weg?"

Dann kam der Hubschrauber zurück und flog an der anderen Seite ganz dicht an ihnen vorbei. Dabei machte er natürlich einen fürchterlichen Lärm. Die Leute vor ihren Häusern wurden unruhig und fragten herum, was sich da abspielte. Einige kamen herübergelaufen zu der Stelle, an der die acht Ausländer auf dem Boden kauerten. Also versuchten die afghanischen Begleiter, die Neugierigen zu beruhigen und wegzuschicken.

Immer wieder überflog der Hubschrauber die acht Entwicklungshelfer, zum Teil so dicht, dass der Staub wild aufwirbelte und sie vollkommen durchgeschüttelt und verdreckt wurden, aber sie wurden einfach nicht entdeckt. Die Lage wurde immer gefährlicher. Schließlich bestand eine strenge Ausgangssperre, und da hockten die acht einfach am Rande einer kleinen freien Fläche, die an die Ruinen von mehreren Häusern angrenzte. Kein Wunder, dass es in der Stadt immer unruhiger wurde, vor allem weil der Hubschrauber ohrenbetäubend lärmte und damit bestimmt nicht zu überhören war. Die Hubschrauber hätten beschossen werden können. Afghanen hätten die Shelter Now-Mitarbeiter festhalten und an die Taliban ausliefern können.

„Es hat keinen Sinn. Die Hubschrauber finden euch nicht mehr. Gebt auf und kommt mit. Die Leute werden schon auf euch aufmerksam". Der Kommandant war plötzlich wieder aufgetaucht und bedrängte Georg aufzugeben. Immer wenn der Hubschrauber über sie hinwegdröhnte, verschwand er schnell in der Dunkelheit, und danach saß er wieder wie ein Drache hinter ihnen und redete auf sie ein.

„Georg, bitte noch nicht aufgeben. Gib den Amerikanern noch eine Chance", bestürmten ihn Margrit und Dayna, die direkt neben ihm saßen.

***

Georg Taubmann: Die Spannung wurde für mich schier unerträglich. Ich war sogar mehrmals so weit, dem Drängen des Kommandanten nachzugeben und zum Haus zurückzukehren. Aber was dann? Was hätten wir dann tun können? Die ganze Stadt hätte am nächsten Tag gewusst, dass Hubschrauber da waren und die Ausländer noch in der Stadt wären. Es gab keinen Ort, an den wir hätten gehen können. Der Landweg nach Kabul war versperrt, und es war nur eine Frage der Zeit, bis unsere Entführer wieder in der Stadt waren. Dann wären wir doch noch in Kandahar gelandet! Und das wäre unser aller Ende gewesen. Wir mussten in den Hubschrauber, komme was wolle. Er war unsere einzige Möglichkeit zum Überleben!

Ich war am Rande der Verzweiflung, und ich schrie: „Gott, bitte hilf uns, bitte hilf uns! Warum lässt du das zu?"

Die Rettung war so greifbar nahe. Wir sahen sie, und trotzdem konnten wir sie nicht erlangen. Die Gefühle, die in uns allen aufwallten, kann man gar nicht richtig beschreiben. Ich kam mir vor wie ein Ertrinkender im Meer, an dem ein Schiff vorbeifährt. Er schreit und winkt, doch die Leute sehen ihn nicht und fahren einfach weiter. Die Kraft verlässt ihn, und er sinkt ins Bodenlose.

***

Silke Dürrkopf: Es war saukalt und mir kam es vor, als würden wir eine Ewigkeit dort hocken. In Gedanken diskutierte ich mit Gott: „Gott, jetzt ist es so weit! Jetzt mach mal was! Wir brauchen ein Wunder, hol uns hier raus!"

Ich bemerkte, dass Georg nach all dem, was er an diesem Tag durchgemacht hatte, kurz vor einem Zusammenbruch stand, deshalb betete ich beständig für ihn. Er brauchte unseren Beistand. Die Afghanen redeten unaufhörlich auf ihn ein, er solle endlich aufgeben und zum Haus zurückkommen. Doch ich war auf keinen Fall bereit umzukehren. Was hätten wir denn danach tun können? Ich wollte nur dort sitzen bleiben und endlich befreit werden.

„Georg, gib nicht auf! Lass uns sitzen bleiben und noch eine Runde warten!", bat ich ihn.

***

Margrit Stebner: Ich hatte auf die Uhr geschaut; als wir an dem Platz angekommen waren, war es 23:30 Uhr. Als wir endlich in den Helikopter stiegen, war es zwei Uhr morgens. Das war eine unendlich lange Zeit. Und es war das Härteste, was ich in den dreieinhalb Monaten erlebt habe! Wir saßen fast eine Stunde lang in der Kälte, bis die Hubschrauber überhaupt auftauchten. Und dann flogen sie über uns hinweg und sahen uns einfach nicht. Wir waren richtig verzweifelt und hatten furchtbare Angst. Mir schien es, als wäre die ganze Stadt von dem Krach wach geworden. Alle Hunde in Ghazni bellten wie verrückt.

Irgendwann kam ein Hubschrauber angedröhnt und flog ganz dicht über uns hinweg, wobei er eine Menge Staub aufwirbelte. So etwas habe ich noch nicht erlebt: Diese Lautstärke, der Dreck im Gesicht, man wurde fast umgeweht. Der Hubschrauber flog mindestens fünfmal über uns rüber. Und wir konnten nichts machen – nur beten: „Gott, lass sie noch einmal kommen! Mach, dass sie uns endlich sehen!“ Es war zum Verrücktwerden!

***

„Wir müssen ein Feuer machen, damit sie uns endlich erkennen“, rief Heather und band sich ihren Tschador ab. Sie tränkte das Tuch mit etwas Kerosin aus der Lampe, entzündete es und winkte damit wie wild hin und her. Die anderen machten es ihr nach und entzündeten weitere Kleidungsstücke. Die umstehenden Afghanen erkannten, was sie vorhatten und brachten aus den umliegenden Trümmern Holzstücke, mit denen sie ein großes Feuer entfachten.

Wieder dröhnte ein Hubschrauber so beängstigend dicht über ihnen, dass ihnen die Funken ins Gesicht schlugen. Heathers Kleid fing Feuer. Sie schrien und winkten. Er flog davon. Die Entwicklungshelfer waren wie gelähmt und die meisten von ihnen gaben in diesem Moment die Hoffnung auf, jemals gerettet zu werden. Wie konnte es sein, dass sie an uns vorbeiflogen, uns nicht sahen und wieder wegflogen. Es war unfassbar!

Doch dieses Mal hatte der Pilot das große Feuer und die Personen erkannt. Für die acht schien eine Ewigkeit zu verstreichen. Dann endlich: Aus der Finsternis tauchten plötzlich und völlig unerwartet schwarze Gestalten auf, die aussahen wie Menschen von einem anderen Planeten. Die Entwicklungshelfer starrten sie verblüfft an.

„Do you speak English?“ fragte einer und zählte sie schnell durch. „One, two, three...“ Er kam nur bis sieben. Denn er erkannte Georg nicht, der in seiner Salwar Kameez und mit seinem Bart im Dunkel aussah wie ein Afghane. Nachdem das Missverständnis geklärt werden konnte, gaben ihnen die Soldaten ihre Anweisungen. Die acht folgten ihnen so schnell sie konnten, liefen an den Häusern entlang, dann um die Ecke, und ehe sie sich versahen, hockten sie im Inneren eines Hubschraubers. Alles um sie herum war stockdunkel und ohrenbetäubend laut. Das Ungetüm hob ab. Endlich auf dem Weg in die Freiheit!

***

Georg Taubmann: Mir ging alles viel zu langsam. Ich rannte unseren Befreiern davon, direkt auf den Hubschrauber zu. Dabei stürzte ich in ein Loch, krabbelte heraus, rannte weiter und sprang schnell in das schwarze Ungetüm. Dann prallte ich voll gegen eine Metallwand und fiel auf den Boden. Heather, die hinter mir lief, stürzte über mich. Ich kroch wie betäubt auf allen vieren weiter, aber wir waren endlich am Ziel.

Als der Hubschrauber in die Luft abhob, war es für mich wie im Traum. Ich hatte nicht mehr geglaubt, dass sie es schaffen würden, uns da herauszuholen.

Das Gefühl war unbeschreiblich. „Ich kann es nicht glauben! Ich kann es nicht glauben!“, jubelte ich immer wieder. Die Rotorblätter waren so laut, dass man nicht miteinander sprechen konnte, also hockten wir nur stumm auf dem Boden. Überglücklich kroch Heather zu mir rüber und schrie mir ins Ohr: „Wir sind frei! Wir haben es geschafft! Wir fliegen!“

***

Um fünf Uhr morgens erreichten die Hubschrauber unversehrt einen Flugplatz in Pakistan, direkt hinter der Grenze zu Afghanistan. Die Shelter Now-Entwicklungshelfer stiegen in ein bereits wartendes Frachtflugzeug um, das gleich aufstieg und gegen acht Uhr in Islamabad landete.

Dort wurden sie glücklich von den Eltern der Amerikanerinnen und den Vertretern der einzelnen Botschaften empfangen. Anschließend wurden sie in ihren jeweiligen Botschaften untergebracht. Endlich konnten sie duschen, schlafen, essen und einkaufen gehen. Und dann begannen die ersten Pressekonferenzen. Alle Welt war gespannt auf die Erlebnisse der Shelter Now-Entwicklungshelfer in den vergangenen 105 Tagen.

Afghanistan im Fokus des Weltinteresses

Die erste Afghanistan Konferenz

Noch im Jahr 2001 fand vom 27. November bis 5. Dezember auf dem Petersberg in Königswinter bei Bonn die erste Afghanistan-Konferenz statt, der in den Folgejahren noch viele folgen sollten. Dies zeigte, dass viele Staaten bereit waren, Afghanistan nach der Entmachtung der Taliban bei einem demokratischen Wiederaufbau zu helfen. An der ersten Konferenz nahmen vier Delegationen verschiedener afghanischer Gruppierungen und Stammesführer mit insgesamt 28 Delegierten teil.

Das Ziel war, gemeinsam den Fahrplan für den Wiederaufbau Afghanistans miteinander zu besprechen: Wie sollte die Übergangsregierung aussehen und wer Präsident sein? Welches Regierungssystem sollte umgesetzt werden? Wie lange sollte die Übergangsregierung bestehen bleiben, wann die ersten Wahlen stattfinden? Aufgrund dieser Beschlüsse konnte in den nächsten Jahren sehr viel umgesetzt und aufgebaut werden.

Ab Anfang 2002 kamen wegen des Sturzes der Taliban-Regierung und der neuen Stabilität hunderte von Hilfsorganisationen ins Land. Plötzlich stand Afghanistan im Interesse der gesamten Welt und bekam sehr viel Beachtung und Unterstützung. Das währte jedoch nur wenige Jahre. Danach traten andere Länder in das Interesse der Weltöffentlichkeit wie der Irak oder dann auch Syrien, und das Interesse an Afghanistan schwand. Hinzu kam das Wiedererstarken der Taliban, die ab 2003 von Pakistan aus begannen, die Regierung, die Armee und die Polizei anzugreifen und Anschläge auf die Zivilbevölkerung und Hilfsorganisationen auszuüben. Nach und nach stellten viele Hilfsorganisationen ihre Aktivitäten wieder ein.

***

Georg Taubmann: Mit großer Spannung verfolgte ich die erste Afghanistan-Konferenz bei Bonn mit. Sie begann nur wenige Tage nach unserer Befreiung. Ich wusste, ihre Ergebnisse würden unsere Rückkehr nach Afghanistan beeinflussen. Das plötzliche Interesse und Engagement der Weltöffentlichkeit erfreute mich sehr. Zurück in Kabul konnte ich die Fortschritte mit eigenen Augen beobachten. Na klar, es floss sehr viel Geld. Dadurch stiegen die Preise enorm an. Unser Haus zum Beispiel kostete zur Zeit der Taliban 200 Dollar Miete im Monat. Danach stiegen die Mieten in diesem Stadtteil pro Monat plötzlich auf 4000 und später auf über 6000 Dollar im Monat.

In der Presse konnte man immer wieder lesen, dass Gelder verschwendet würden oder in dunkle Kanäle verschwänden. Aber dass Tausende von Schulen aufgebaut wurden, das fand weniger Beachtung, oder auch, dass die Universitäten wieder funktionierten und weltweit Partnerschaften zu Universitäten in westlichen Ländern hergestellt wurden. Sämtliche Hauptstraßen von Kabul nach Pakistan, Iran, Usbekistan wurden völlig erneuert, später auch der Flughafen und unzählige Häuser.

Während der Taliban-Herrschaft gab es kein TV Programm, 2016 dagegen 150 Radiosender und über 50 Fernsehstationen. Auch wurde eine neue Währung eingeführt, um den alten inflationären Afghani abzulösen. Vorher kostete ein Fladenbrot 10.000 Afghanis und mit den neuen Scheinen nur 10 Afghani.

Ich will die Situation in Afghanistan einmal mit dem Wiederaufbau Deutschlands nach dem Zweiten Weltkrieg vergleichen. Deutschland war ähnlich zerstört, aber wir hatten in den Ministerien, in der Verwaltung, bei Richtern und Polizei erfahrene und kluge Menschen, auch wenn bei nicht wenigen die Nazivergangenheit geklärt werden musste. Wenn wir dagegen zur Taliban-Zeit in ein Planungsministerium gingen, mussten wir feststellen, dass der Minister, der für alle Hilfsorganisationen zuständig war, keine Ahnung von Planung hatte. Wenn wir beim Gesundheitsministerium eine Unterschrift benötigten, für die Einrichtung einer Klinik zum Beispiel, dann wurde das in der Regel mit einem Daumenabdruck „unterschrieben", weil der Minister nicht schreiben konnte. Die gesamten Ministerien wie das Gesundheitsministerium, das Erziehungsministerium, das Gericht usw. waren mit ungebildeten und inkompetenten Taliban-Funktionären besetzt und mussten bei dem Aufbau der Übergangsregierung neu hergestellt und besetzt werden. Wie konnte das geschehen, nachdem die meisten der gebildeten Afghanen unter dem Taliban-Terror ins Ausland geflohen waren? Das erforderte eine Menge geduldige Aufbauarbeit. Die Deutschen haben die Polizei gestellt und die afghanischen Polizisten ausgebildet. Wenn wir am Flughafen ankamen, dann standen da in der Regel ein deutscher Polizist zusammen mit einem afghanischen Polizisten. So wurde ausgebildet. Wenn man das alles berücksichtigt, kann man erst verstehen, was in Afghanistan alles geleistet worden ist.

***

Ich war gerade zusammen mit Georg Taubmann mit Korrekturarbeiten an dem Manuskript von „Gefangen in Kabul" beschäftigt, als uns ein Telefonanruf unterbrach. Ein Freund aus Afghanistan rief ihn an.

„Mr. George, ich habe gestern eine Kuh und drei Schafe geschlachtet und alle umliegenden Stammesführer aus der Region Khost zu einer großen Feier eingeladen«, tönte es in gebrochenem Englisch durch die Leitung. »Alle haben lobend von Shelter

Now gesprochen und möchten, dass du mit deinen Leuten ganz schnell nach Afghanistan in unsere Provinz kommst. Am Ende des Festes haben wir ein Schreiben aufgesetzt. Zwölf Stammesfürsten haben es unterzeichnet. Sie laden dich ein, mit euren Hilfsprojekten in unserer Provinz zu beginnen. Ich schicke dir die Einladung ganz schnell zu."

Wenige Tage später hielten wir das Schreiben in den Händen. Georg kannte die Stammesführer, die unterzeichnet hatten, zum größten Teil persönlich. Shelter Now hatte in dieser Provinz über 100.000 Betondachträger hergestellt und zu einem stark subventionierten Preis an die Bevölkerung weitergegeben. Einer der Unterzeichnenden war sogar auf der Afghanistan-Konferenz auf dem Petersberg in Bonn dabei gewesen.

Eine auszugsweise Übersetzung des englischsprachigen Briefes

Mittwoch, 9.01.2002

An Shelter Now in Deutschland

Viele, viele Grüße von den Stammesführern aus der Provinz Khost an den Direktor von Shelter Now, Mr. George.

Schon lange gibt es in unserer Provinz euer Projekt (eine Fabrik für Betondachträger), das für unsere Leute sehr hilfreich war. Leider ist dieses Projekt von den Taliban zerstört und geschlossen worden, was sehr traurig für uns ist.

Wir Stammesführer haben uns heute entschlossen, eine formelle Einladung an Shelter Now zu schreiben: Bitte helft uns, unsere Provinz so bald wie möglich wieder aufzubauen. Wir schätzen das deutsche Volk sehr für alle vergangene Hilfe und wir kennen Mr. George als eine edle und hilfreiche Person. Er kann uns besser als jeder andere helfen, weil er unsere Kultur und unsere Probleme sehr gut kennt. Es schmerzt uns, dass Mr. George so viele Schwierigkeiten

hatte und im Gefängnis war. Wir waren sehr unglücklich, dass wir ihm nicht helfen konnten.
Jetzt unterschreiben wir diesen Brief mit Hochachtung für Mr. George und Shelter Now.

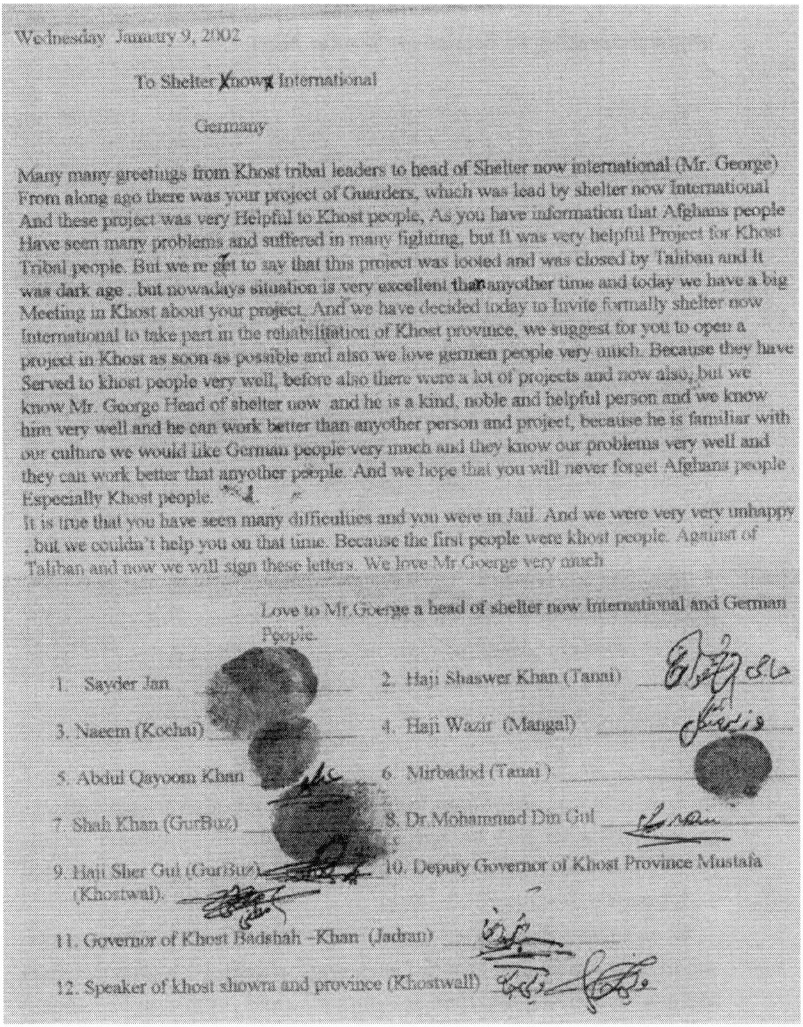

Wednesday January 9, 2002

To Shelter Know International

Germany

Many many greetings from Khost tribal leaders to head of Shelter now international (Mr. George) From along ago there was your project of Guarders, which was lead by shelter now International And these project was very Helpful to Khost people, As you have information that Afghans people Have seen many problems and suffered in many fighting, but It was very helpful Project for Khost Tribal people. But we re get to say that this project was looted and was closed by Taliban and It was dark age . but nowadays situation is very excellent than anyother time and today we have a big Meeting in Khost about your project. And we have decided today to Invite formally shelter now International to take part in the rehabilitation of Khost province, we suggest for you to open a project in Khost as soon as possible and also we love germen people very much. Because they have Served to khost people very well, before also there were a lot of projects and now also, but we know Mr. George Head of shelter now and he is a kind, noble and helpful person and we know him very well and he can work better than anyother person and project, because he is familiar with our culture we would like German people very much and they know our problems very well and they can work better that anyother people. And we hope that you will never forget Afghans people Especially Khost people.

It is true that you have seen many difficulties and you were in Jail. And we were very very unhappy , but we couldn't help you on that time. Because the first people were khost people. Against of Taliban and now we will sign these letters. We love Mr Goerge very much

Love to Mr.Goerge a head of shelter now International and German People.

1. Sayder Jan ____ 2. Haji Shaswer Khan (Tanni) ____
3. Naeem (Kochai) ____ 4. Haji Wazir (Mangal) ____
5. Abdul Qayoom Khan ____ 6. Mirbadod (Tanai) ____
7. Shah Khan (GurBuz) ____ 8. Dr.Mohammad Din Gul ____
9. Haji Sher Gul (GurBuz) ____ 10. Deputy Governor of Khost Province Mustafa (Khostwal).
11. Governor of Khost Badshah –Khan (Jadran) ____
12. Speaker of khost showra and province (Khostwall) ____

Aufstieg und Sturz der Taliban

Der 6. Dezember 2001 gilt als der Tag, an dem die Taliban endgültig besiegt und aus Afghanistan vertrieben wurden. Von ihrer letzten Bastion im südlichen Kandahar, in der sie 1994 das erste Mal in Erscheinung traten, zog sich ihr Oberhaupt Mullah Omar mit seinen Getreuen nach Pakistan zurück. Dort leckten sie ihre Wunden und formierten sich neu.

Bereits 2003 treten sie erstmals wieder in Erscheinung. Seit Anfang 2006 verüben sie verstärkt Anschläge gegen afghanische Zivilisten oder Soldaten der ISAF[4]. Die Taliban richten sich in Anschlägen gezielt gegen die afghanische Zivilbevölkerung und Ausländer. Im Jahr 2009 waren sie laut Angaben der Vereinten Nationen für über 76 % der Opfer unter afghanischen Zivilisten verantwortlich.

Der Abzug der ISAF Ende 2014 und die Zunahme der Anschläge durch die Taliban führen zu großer Unsicherheit unter den ausländischen Hilfsorganisationen. Auch Angriffe auf Ausländer nehmen zu. Aus Sicherheitsgründen ziehen sich immer mehr Hilfsorganisationen aus Afghanistan zurück.

***

Die Bewegung der afghanischen Taliban nahm ihren Anfang in Pakistan. Jeder, der dort in den sogenannten Madrassas (konservative Koranschulen) in der sunnitischen Rechtsgläubigkeit unterwiesen worden war, wird auf Arabisch als Talib (Religionsschüler) oder Plural Taliban angesprochen.

---

4 ISAF = International Security Force, siehe S. 78.

Während einer achtjährigen Grundausbildung lernt man in einer Madrassa alles, um ein Mullah (Titel eines islamischen Geistlichen und Gelehrten) zu werden. Viele paschtunische Flüchtlingsfamilien aus Afghanistan schickten ihre Söhne auf diese Schulen, da sie dort kostenlos mit Kleidung und Essen versorgt wurden. Neben dem Religionsunterricht – bei dem weniger der Koran, sondern vielmehr die Scharia im Vordergrund stand – wurden die Jungen auch militärisch ausgebildet. Lesen und Schreiben schien nicht so wichtig zu sein, deshalb die hohe Anzahl der Analphabeten unter den Taliban.

Mit diesen Taliban mischte sich Mullah Omar in Afghanistan in die Machtkämpfe der verschiedenen Gruppen der Mudschahedin (Gotteskrieger) ein. Im Jahre 1994 traten sie das erste Mal in der südlichen Stadt Kandahar in Erscheinung. Sie dehnten sich rasch aus und nahmen im September 1996 die Hauptstadt Kabul ein und errichteten das Islamische Emirat Afghanistan. Die Taliban breiteten sich aus, bis sie rund 90 Prozent Afghanistans unter ihrer Kontrolle hatten. Mullah Mohammed Omar errichtete eine religiös verbrämte Diktatur auf der Grundlage der Scharia, des islamischen Gottesgesetzes aus dem Frühmittelalter. Er proklamierte, den reinsten islamischen Staat der Welt geschaffen zu haben.

Die Taliban schlossen nach ihrer Machtübernahme fast alle öffentlichen Schulen und die Universität der Hauptstadt Kabul, verboten Filme und Fernsehen, Musik und Bilder. Aber auch das Fußball-Spielen, das Halten von Singvögeln oder den beliebten Zeitvertreib Drachen-Fliegen. Jedes Spielzeug, das Mensch oder Tier zeigte, wurde verbannt. Die Frauen wurden jeder Menschenrechte beraubt – sie durften weder zur Schule noch zur Arbeit gehen. Das Haus durften sie nur völlig verhüllt unter einem Burka genannten Umhang verlassen. Dies war jedoch nur zusammen mit dem Ehemann oder einem männlichen Blutsverwandten gestattet, selbst wenn er nur fünf Jahre alt war. Es wurde jedoch geduldet, wenn Frauen in Gruppen auf die Straße gingen.

Die Häscher der Religions- und Sittenpolizei patrouillierten täglich durch die Straßen Kabuls. Sie schlugen Frauen, die nicht genug verschleiert waren, mit Lederpeitschen. Sie kontrollierten den Haarschnitt und die Länge der Bärte der Männer. Sie schlossen Läden, wenn deren Besitzer nicht regelmäßig die Moscheen aufsuchten. Sie prügelten die Männer zum Gebet. Auf kleinere Vergehen stand Auspeitschung – für Frauen wie für Männer. Bei Diebstahl wurden Hände und Füße amputiert.

***

Der 11. September 2001 geht als unvergesslich tragischer Tag in die Geschichte der USA ein. Am frühen Morgen werden vier Verkehrsflugzeuge entführt. Zwei werden in die Türme des World Trage Centers (WTC) in New York City und eines in das Pentagon in Arlington (Virginia) gelenkt. Das vierte Flugzeug, wahrscheinlich mit einem weiteren Anschlagsziel in Washington D.C., bringen die Entführer während Kämpfen mit Passagieren über dem Ort Shanksville in Pennsylvania zum Absturz. Mindestens 2993 Menschen finden im WTC-Center den Tod. Etwa 15.100 Personen können rechtzeitig vor dem Kollaps der WTC-Türme fliehen.

Die US-Bürger stehen unter Schock. Fieberhaft wird nach den Tätern gesucht. Schnell werden Mitglieder der Al Kaida als ausführende Täter der Anschläge identifiziert, welche ihre Basis in dem Emirat der Taliban haben und mit den Taliban verbündet sind. Der Anführer ist Osama bin Laden und gilt fortan als der meistgesuchte Mann der Welt. Bereits am 19. September 2001 fordert der US-Präsident George W. Bush die Taliban-Regierung in Afghanistan dazu auf, Osama bin Laden „sofort und bedingungslos“ auszuliefern sowie die acht Geiseln freizugeben, unter denen sich zwei US-Bürgerinnen befinden, ansonsten müssten sie mit militärischen Konsequenzen rechnen. Die Taliban verweigern sich und stellen sich auf einen militärischen Gegenschlag ein.

> Von nun an wurde, was die inhaftierten Shelter Now Entwicklungshelfer betraf, offiziell nur noch von Geiseln gesprochen. Die US-Regierung war offensichtlich zu dem Schluss gekommen, dass die Gefangennahme unter dem Vorwand angeblicher Missionierung von langer Hand geplant war, um die Geiseln bei Verhandlungen ins Spiel zu bringen.

Die US-Streitkräfte bereiten ihre militärische Operation vor, richten Stützpunkte in Pakistan ein und machen ihre Flugzeugträger bereit. Ab dem 7. Oktober 2001 intervenieren sie unter dem Namen Operation Enduring Freedom militärisch in Afghanistan. Sie unterstützen mit massiven Luftangriffen Bodentruppen der Nordallianz in einer Großoffensive gegen die Taliban und bombardieren ausgewählte Ziele in Kabul: militärische Einrichtungen, öffentliche Gebäude und Unterkünfte von Taliban-Führern. Der Zusammenbruch der Taliban-Streitkräfte, die 90% des Landes unter ihrer Kontrolle hatten, geht rasant voran. Im Norden und Nordosten ergibt sich fast jeden Tag eine neue Stadt. Dann folgt Herat, und am 14. November steht die Nordallianz, unterstützt von US-Militärkräften, bereits vor Kabul. Die Stadt wird ohne Kampf eingenommen, an dem Tag, an dem die Shelter Now-Entwicklungshelfer aus dem Gefängnis entführt werden. Der endgültige Sieg über die Taliban Regierung ist dann der Fall der Stadt Kandahar.

International Security Assistance Force ISAF

Die Vereinten Nationen sicherten der afghanischen Übergangsregierung in Kabul Unterstützung beim Wiederaufbau zu und beschlossen am 20. Dezember 2001 die Entsendung der Militärmission ISAF nach Afghanistan. Aufgabe der ISAF war es, ein sicheres Umfeld für die Arbeit der afghanischen Institutionen und internationalen Organisationen in dem Land zu schaffen. Die ISAF ging dabei gemeinsam mit den afghanischen Sicherheitskräften militärisch gegen Taliban-Kämpfer und andere Aufständische vor. Zu den Aufgaben der ISAF gehörte auch die Ausbildung der afghanischen Sicherheitskräfte.

Die ersten ISAF-Soldaten trafen im Januar 2002 in Afghanistan ein. Zunächst beschränkte sich das Einsatzgebiet auf Kabul und Umgebung, wurde ab 2003 aber auf das ganze Land ausgeweitet. Seit August 2003 unterstand die ISAF dem Kommando der NATO. 2009 beschlossen die NATO-Staaten eine massive Aufstockung der ISAF-Truppen, weil sich die Sicherheitslage verschlechtert hatte. Ende 2010 waren rund 130.000 ISAF-Soldaten aus 48 Staaten in Afghanistan stationiert. Deutschland gehörte von Anfang an zu den größten Truppenstellern der ISAF.

Trotz anhaltender Gewalt beschlossen die NATO-Staaten bei ihrem Gipfel in Lissabon im November 2010, dass die Verantwortung für die Sicherheit in Afghanistan bis Ende 2014 an die einheimischen Sicherheitskräfte übertragen werden sollte. Ab Juli 2011 zogen die NATO-Staaten nach und nach Soldaten und Material aus Afghanistan ab. Ab dem 1. Januar 2015 sollten noch rund 12.000 NATO-Soldaten die afghanischen Sicherheitskräfte ausbilden, beraten und unterstützen, aber nicht mehr selbst militärisch zum Einsatz kommen.

Diese Zahl wurde 2017/2018 schrittweise auf 16.000 aufgestockt, da die afghanischen Sicherheitskräfte als überfordert gelten und die Nato-Ausbildungsmission als zu klein. Als Grund werden das Wiedererstarken der radikalislamischen Taliban und die Ausbreitung der Terrormiliz Islamischer Staat (IS) genannt.

Rückblick: Bomben und Gebete

An dem tragischen 11. September 2001 sind die Shelter Now-Entwicklungshelfer bereits 40 Tage inhaftiert. Während die US-Kräfte sich militärisch auf einen Vergeltungsschlag vorbereiten, steigert sich die Nervosität der Taliban von Tag zu Tag, und die Spannung zwischen manchen Taliban-Wärtern und den acht Ausländern wächst, besonders den beiden Männern gegenüber. Das steigert sich noch, als die US-Militärkräfte am 7. Oktober schlussendlich mit ihren Angriffen beginnen. Einer der Wärter bemerkte aggressiv: „Wenn wir hier fliehen müssen, dann werden wir zuerst die Ausländer umbringen."

In manchen Nächten konnten Georg Taubmann und Peter Bunch kaum schlafen, denn sie wussten: Je stärker die Taliban getroffen werden, desto gefährlicher werden sie. Georg verglich manche mit wilden Tieren, die, je stärker sie verwundet werden, umso unberechenbarer reagieren. Aus diesem Grunde gingen die beiden Männer an Tagen mit besonders zielsicheren Treffern sicherheitshalber nicht in den Gefängnishof. Die aggressive Stimmung hätte sich dort leicht an ihnen entladen können.

Der Gefängnisaufseher, Mullah Hamid, der Mitleid mit den Ausländern hatte, machte sich große Sorgen um ihre Sicherheit. Mehr als einmal sagte er besorgt zu Georg: „Mr. George, ich habe Angst, dass die gefürchteten Taliban von Kandahar, die Al Kaida-Kämpfer, herausfinden, dass ihr hier seid und euch entführen oder Rache an euch nehmen. Und dann weiß ich nicht, wie ich euch schützen kann."

***

Tag 66: 07. Oktober 2001
Auszug aus dem Buch „Gefangen in Kabul“

An einem Sonntagnachmittag ging es los. Georg Taubmann und Peter Bunch machten gerade ihre Runde über den Gefängnishof, als plötzlich überall in Kabul aus allen Rohren geschossen wurde. Es waren vor allem Luftabwehrgeschütze, aber auch einzelne Kalaschnikows, die in den Himmel ballerten, denn dort kreiste ein einziges kleines Flugzeug – offensichtlich eine Aufklärungsmaschine.

Das sinnlose Verpulvern der Munition war sicherlich das Abreagieren der großen Spannung, die sich während der vergangenen Wochen in den Taliban mehr und mehr aufgebaut hatte. Jederzeit erwarteten sie den angekündigten Vergeltungsschlag der US-Kräfte, denn Tag für Tag zog sich der Kreis um Afghanistan enger. In Pakistan und Tadschikistan standen Truppen; Flugzeugträger ankerten einsatzbereit im Indischen Ozean. Und niemand wusste, wo, wann und wie heftig die Truppen zuschlagen würden. Alle warteten mit Spannung und Furcht.

Ganze viereinhalb Wochen ließ sich die „Allianz gegen den Terror“ Zeit zur Vorbereitung des Gegenschlages, wodurch die Nerven der Taliban bereits ziemlich zermürbt waren.

***

Georg Taubmann: Gleich als die Ballerei losging, bat ich darum, zu den Frauen hinübergehen zu können, und zum Glück wurde es mir auch gestattet.

„Die Bombardierung von Seiten der US-Allianz hat noch nicht begonnen“, beruhigte ich sie. „Da kreist nur ein Aufklärungsflugzeug über Kabul und die Taliban spielen verrückt. Aber heute Nacht könnte es losgehen. Lasst uns beten, dass Gott uns bewahrt und die Amerikaner wissen, wo wir stecken.“

Wir hatten ernst zu nehmende Hinweise, dass es den amerikanischen Streitkräften bekannt war, wo wir uns befanden und sie sich bemühen würden, uns während ihrer Attacken zu verschonen.

Wie ich vermutet hatte, begann tatsächlich noch in der gleichen Nacht die Bombardierung ausgesuchter Objekte in Kabul. Während dieser Zeit waren wir Männer oben im ersten Stock eingesperrt. Wenn das Gefängnis getroffen worden wäre, hätte es für keinen von uns ein Entkommen gegeben. Wir wären alle umgekommen. Trotzdem herrschte unter den Gefangenen mehr Freude als Angst, denn für viele bedeutete der Anfang des Krieges auch die berechtigtere Hoffnung auf eine Befreiung.

„Wir beten fünfmal am Tag zu Allah, dass diese Regierung zerstört wird", beteuerten einige meiner Mitgefangenen mir gegenüber immer wieder.

Das Einschlagen der Bomben und die darauf folgenden Explosionen brachen in Wellen über Kabul herein. An allen Ecken und Enden blitzte es und die Treffer waren so heftig, dass das ganze Gebäude erzitterte. Wir rannten von einer Fensterseite zur anderen und beobachteten, was um uns herum geschah.

Die zweite Nacht war noch heftiger, da die Flieger Ziele ganz in unserer Nähe aufs Korn nahmen. Es rumste gewaltig und die Wände bebten, sodass mir hin und wieder die Luft wegblieb. Vor allem, wenn ich auf die verrammelte Stahltür schaute und mir bewusst machte, dass es kein Entkommen gab. Es war wie in einem hochexplosiven Käfig.

Ganz in unserer Nähe musste es einen gewaltigen Treffer gegeben haben, denn das Gebäude wackelte wie bei einem Erdbeben und vor den Fenstern wurde es durch die Explosion beinahe taghell. Am nächsten Morgen erfuhren wir dann, dass der in unmittelbarer Nähe stehende Sendeturm des Radio Schariat von einem einzigen Treffer exakt getroffen worden war.

In einer anderen Nacht wurden die Radaranlagen und der Fernsehturm weggeschossen. Der Turm hatte wie ein Wahrzeichen auf einem Berg mitten in Kabul gestanden. Als wir am nächsten Morgen aus dem Fenster schauten, sahen wir, wie die gesamte Spitze des Berges wie mit einem Messer wegrasiert worden war. Kein Turm und keine Radaranlage waren mehr zu sehen.

Durch einen ausländischen Sender erfuhren wir später, dass die Pilotin, die diese Glanzleistung vollbracht hatte, von Präsident Bush persönlich dafür geehrt worden war. Für die Taliban wiederum war es ein besonderes Ärgernis, dass eine Frau ihr Wahrzeichen zerstört hatte. In Kabul durfte eine Frau noch nicht einmal Auto fahren, und jetzt pustete ausgerechnet eine Pilotin diesen für sie so wichtigen Turm weg.

***

Katrin Jelinek: Also, die erste Bombennacht habe ich nicht als so schlimm empfunden, da bereits am Nachmittag der Kriegslärm mit dem Krach der Abwehrgeschütze begonnen hatte. Außerdem hatten Georg und Peter glücklicherweise zu uns rüberkommen können, um uns die Situation zu erklären. Am Abend folgten dann zunächst die Leuchtraketen, was mich sehr an Silvester erinnerte. Wir standen draußen und schauten uns das Spektakel an. Und erst in der Nacht, als wir bereits schliefen, ging das eigentliche Bombardement los.

Die zweite Nacht war jedoch wirklich heftig, denn da schlugen die Bomben so richtig in unserer Nähe ein. Deshalb verzogen wir uns alle – bis auf Silke – in den Flur, wo keine Fenster waren. In diesen Stunden hatte ich richtig Angst. Bei den vielen zischenden Geräuschen, den lauten Detonationen und diesem Rütteln im Fußboden verkrampfte sich mein Magen gewaltig. Nachts ist es ja außerdem noch schlimmer als tagsüber, denn da sieht man wenigstens, was um einen herum passiert. Ich betete immer wieder: „O Herr, verschone uns. Bring uns bitte unbeschadet hier heraus."

***

Margrit Stebner: Ich lag mit den anderen im Flur und schaute mir die Wände an, in denen ohnehin schon viele Risse waren. Im Grunde musste gar keine Bombe mehr auf unser Gefängnis fallen, es brauchte nur einmal so richtig zu wackeln, und alles würde in sich zusammenfallen.

Als dann immer mehr Bomben fielen und in unserer Nähe einschlugen, da packte mich die Panik. „O Gott, was mache ich nur?", durchfuhr es mich. „Ich kann ja gar nicht weglaufen. Ich kann hier überhaupt nicht raus!“

In diesem Moment war es mir jedoch plötzlich so, als würde mich jemand anstupsen und sagen: „Bleib ruhig. Dreh dich einfach um und schlaf. Es wird alles gut werden!“

Gott war die ganze Nacht über da! Das hat mich tief beruhigt. Ich bin der festen Überzeugung, dass man sich so etwas nicht einbilden kann. Entweder man erlebt es und kann ruhig bleiben oder man dreht durch.

***

Nachdem die amerikanische Luftwaffe wochenlang die wichtigsten militärischen Anlagen gezielt angegriffen und zerstört hatte, konzentrierte sie sich auf die Verteidigungslinie der Taliban gegen die Nordallianz, die zu dieser Zeit etwa 30 Kilometer nördlich von Kabul bei Shamalie lag. Die Gefangenen hörten die Flugzeuge über ihr Gefängnis rauschen und das dumpfe Grollen der Einschläge.

Was die Taliban besonders entsetzte, war das Auftauchen eines Flugzeuges aus heiterem Himmel, das gezielt ein einzelnes Gebäude in Kabul zerschoss und anschließend wieder verschwand. Die Präzision, wie einzelne Gruppen von Taliban-Führern ausgelöscht wurden, verblüffte sie und versetzte sie in Angst und Schrecken.

In den kommenden Wochen bis zu ihrer Entführung nach Kandahar wurden sie häufig über Nacht in ein anderes Hochsicherheitsgefängnis gebracht, das von den Gefangenen gefürchtete Riasat 3. Dies geschah eine Zeit lang jede Nacht, manchmal auch nur jede zweite oder dritte. Gegen 18 Uhr wurden sie dorthin gefahren und gegen 7 Uhr am anderen Morgen wieder zurückgebracht. Warum das passierte, konnten die acht nur ahnen. Ein Grund mochte sein, dass sie im Hochsicherheitsgefängnis vor den nächtlichen Bomben sicherer waren. Es war aber auch gut möglich, dass die Taliban befürchteten, ein Spezialkommando der US-Kräfte könnte sie gewaltsam befreien wollen.

***

Tag 81: 21. Oktober 2001

Georg Taubmann und Peter Bunch richteten sich in ihrer Zelle gerade für den Abend ein, als Georg plötzlich nach unten ins Büro gerufen wurde. Etwas erstaunt, was dieser Appell um diese Tageszeit sollte, ging er den dunklen Gang hinunter. Im Büro erwarteten ihn Mullah Hamid, der Gefängnisleiter, und dessen Boss Mullah Jussuf, der bestgehasste Mann im Gefängnis. Dieser ergriff gleich das Wort: „Packt eure Sachen. Ihr werdet für heute Nacht in ein anderes Gefängnis gebracht!"

Wieder setzte er diese rücksichtslose Überraschungstaktik ein und Georg musste sich sehr bemühen, seine Angst nicht erkennbar werden zu lassen. „Wieso müssen wir hier weg? Warum das Ganze?", protestierte er.

„Wir bringen euch an einen besseren Ort. Außerdem ist er sicherer, besonders wegen der Bomben in der Nacht."

Georg glaubte die Lügengeschichte nicht und antwortete: „Wir brauchen keinen besseren Ort. Hier ist es gut. Wir wollen hier bleiben."

Daraufhin wurde Mullah Jussuf aggressiv und antwortete scharf: „Wer gibt hier eigentlich den Ton an? Wer befiehlt hier? Du oder ich?"

„Natürlich du!"

„Dann holt eure Sachen, und seht zu, dass ihr runterkommt!"

Nach dieser Anfuhr gab Georg lieber klein bei und sagte Peter Bescheid. Schnell packten sie ein paar ihrer Sachen zusammen und verriegelten zuletzt von außen ihre Zellentür mit einem Vorhängeschloss. Als sie anschließend ihren Zellentrakt verließen, war ihnen gar nicht wohl zu Mute. Sie machten sich Gedanken: „Was machen die jetzt mit uns? Wo bringen sie uns hin?"

So seltsam es klingen mag, in den vergangenen fünf Wochen war dieses Gefängnis für sie irgendwie zu einem Zuhause geworden. Sie hatten Beziehungen aufgebaut, kannten die Wärter, wussten, wie das System funktionierte und fühlten sich in gewisser Weise sicher. Auch hatten die afghanischen Gefangenen ihnen immer wieder beteuert, dass sie sie schützen würden, sollte es zu Übergriffen radikaler Taliban kommen. Einige hatten sogar gesagt: „Wenn uns die Kämpfer der Nordallianz befreien, könnt ihr erst einmal bei uns unterschlüpfen. Unsere Häuser sind ganz in der Nähe.“

Jetzt waren sie entsetzt und fragten sich: „Was werden sie mit den Ausländern tun?“ Ihr Freund Mohammed Scharif ging ganz aufgelöst noch ein Stück mit ihnen den Gang entlang und blieb dann mit hängenden Schultern stehen. Er konnte ihnen nicht beistehen. Wieder war alles ungewiss und gefährlich. Sie waren Geiseln ohne Rechte, ohne Beistand.

Als die beiden Männer gemeinsam mit den Frauen in den Kleinbus stiegen, stand auch ihnen das Entsetzen ins Gesicht geschrieben. Sie hatten ebenfalls den Beteuerungen der Wächter, dass sie nur für eine Nacht weggebracht werden würden, nicht geglaubt und all ihr spärliches Hab und Gut zusammengepackt.

Als derjenige mit der besten Ortskenntnis achtete Georg wieder genau auf den Weg, den der Konvoi einschlug. Die Fahrt verlief nur durch die Innenstadt: Zuerst an der türkischen Botschaft, dann an der chinesischen Botschaft vorbei. Anschließend fuhren sie um die Kurve und hielten neben der ehemaligen DDR-Botschaft vor dem berüchtigten Riasat 3-Gefängnis des Geheimdienstes. Dort mussten sie aussteigen und wurden wieder voneinander getrennt. Die Frauen kamen in die erste Etage des Gebäudes und die Männer wurden in den Keller geführt.

***

Georg Taubmann: Peter und ich wurden einen finsteren Gang entlanggeführt, der an einer großen Stahltür endete. Dahinter ging es eine Treppe in den Keller hinunter. Was uns dort erwartete, war das Schlimmste, was ich je erlebt habe. Die ersten Gefangenen, die wir sahen, hatten ganz ausdruckslose, traurige Gesichter. Vielen sah man an, dass sie schwer traumatisiert oder geistesgestört waren. Diese Zuckungen in ihren Gesichtern, die Leere in den Augen – uns starrte die pure Hoffnungslosigkeit an. Mir raubte es die Luft zum Atmen. Die Atmosphäre ist kaum zu beschreiben: Die Luft war feucht und kalt, viele Männer krank und wie unter Schock. Überhaupt, dass wir unter der Erde in eine Zelle gesteckt wurden, bereitete mir, der ich schon einiges gewohnt war, zum ersten Mal Platzangst. Nur oben unter der Decke war ein kleiner Lichtschacht, der einen Meter unter der Erde nach draußen zeigte.

Fassungslos hockten wir uns auf unsere Matratzen und mussten wohl so ähnlich ausgesehen haben, wie die Gefangenen, die uns anstarrten.

Zwei der Inhaftierten, die nicht ganz so mitgenommen waren wie die anderen, sahen uns wohl an, dass wir unter Schock standen, und kümmerten sich erst einmal um uns. Der eine stellte sich als Mustafa vor, ein kluger Mann, wie ich bald feststellen sollte, mit dem ich schnell Freundschaft schloss. Er kochte erst einmal einen Tee und beschrieb uns das Gefängnis. Es war eines von den vielen Hochsicherheitsgefängnissen des Geheimdienstes.

„Es gibt in Kabul Riasat 1 bis hin zu Riasat 12“, erklärte er uns. „Hier sind viele, die zum Tode verurteilt sind, andere warten als Strafe auf eine Amputation. Die meisten sind unschuldig eingesperrt, nur wenige haben wirklich etwas verbrochen. Und es gibt noch einen Trakt in diesem Gefängnis, der wesentlich schlimmer ist als der hier.“

Peter und ich waren wirklich verzweifelt. Wir hockten in der Zelle und wussten nicht, was wir sagen sollten. Zum Glück hatten wir an diesem Tag vor dem Abtransport Post bekommen. „Jetzt lese ich die Briefe, um auf andere Gedanken zu kommen“, sagte ich mir.

Es waren einige Briefe von Marianne dabei, die nun so weit von mir entfernt war. Bis vor kurzem hatte ich noch gedacht, sie wäre mit den Kindern in Pakistan, aber sie hatten wegen der großen Gefahr nach Deutschland fliegen müssen. In dem Moment, als ich noch einmal darüber nachdachte, brach meine ganze Trostlosigkeit über mir zusammen. Es war furchtbar, sie so weit entfernt auf der Weltkugel zu wissen. In dem ersten Brief stand, dass ihr Vater verunglückt wäre, im zweiten, dass er im Koma liege und im dritten Brief erfuhr ich, dass er gestorben und beerdigt worden war. Wie hatte Marianne das nur überstanden? Wie konnte sie ihre Mutter trösten? Und meine Jungen? Für sie war es das erste Mal, dass jemand in der Verwandtschaft gestorben war. Was mochte bei der Beerdigung durch ihre Köpfe gegangen sein, wenn sie an ihren eigenen Vater dachten?

Dieser Gedanke gab mir den Rest! Ich wusste nicht mehr, was ich machen sollte. Ich schlug meine Bibel auf und fing an zu lesen. Dabei stieß ich auf Verse aus Psalm 91: „Du fürchtest dich nicht vor dem Schrecken der Nacht ... Denn du hast gesagt: Der Herr ist meine Zuflucht! Denn er bietet seine Engel auf, dich zu bewahren auf all deinen Wegen.“ Diese Worte trösteten mich ungemein. Nachdem ich sie immer wieder gelesen hatte, beteten Peter und ich gemeinsam für unsere Familien und schütteten unsere Herzen vor Gott aus.

In der Nacht konnte ich trotz zweier Schlaftabletten nicht schlafen, denn die Gerüche und Geräusche um mich herum waren zu fremdartig und unheimlich. Mit Entsetzen hatte ich bei meiner Ankunft gesehen, dass es unter den Gefangenen Männer gab, die in Ketten geschmiedet waren. Während ich vor mich hin döste, verfolgten mich die klirrenden, kratzenden Geräusche ihrer kleinen Schritte auf dem Gang.

***

Der Morgen kam und die Zeit verstrich, ohne dass sie wieder abgeholt wurden. „Haben die Taliban uns etwa tatsächlich angelogen? Müssen wir wirklich in diesem schrecklichen Gefängnis bleiben?“

Georg Taubmann und Peter Bunch liefen unruhig in dem Gang hin und her. „O Gott, hol uns hier heraus. Wir halten es hier nicht aus. Wir werden noch verrückt wie die anderen Gefangenen, wenn wir hier bleiben müssen! Bitte verändere die Herzen der Taliban, damit sie uns zurückholen!“, beteten die beiden verzweifelt.

Endlich kamen gegen elf Uhr die Wärter und befahlen kurz angebunden: „Nehmt eure Sachen und kommt mit!“

Georg und Peter war es fast so, als wären sie befreit worden. Zurück im alten Gefängnis waren sie sofort von den anderen Gefangenen umringt, die überglücklich waren, sie wieder bei sich zu haben. Es war wie ein Nachhause-Kommen!

***

Margrit Stebner: Das Riasat 3 war ein reines Männergefängnis. Wir waren in den Nächten die einzigen Frauen dort und in der ersten Etage untergebracht. Eigentlich war es ein Bürotrakt, der am Eingang mit einer großen Gittertür verschlossen war. Wir hatten zwei Zimmer: ein kleines für Silke und Katrin und ein größeres für uns restliche vier Frauen. Da wir schon Ende Oktober hatten, war es in den Nächten bitterkalt, denn die Fensterscheiben waren kaputt, und nur eine Plastikfolie gab notdürftigen Schutz.

Auf dem Flur saß ständig ein männlicher Wärter, was wir unverschämt fanden. Deshalb protestierten wir so lange, bis wir ein Vorhängeschloss bekamen, mit dem wir unsere Tür von innen verschließen konnten.

Die Atmosphäre in diesem Bau war unheimlich, was mich nachts einfach nicht schlafen ließ. Dazu kam, dass vor unserem Fenster eine Menge Fledermäuse kreischend umherflogen. Ihre Geräusche kann man gar nicht richtig beschreiben: Mal klang es wie Babygeschrei, dann wieder wie ein hässliches hohes Gekreische.

Die nächtlichen Bombardierungen waren dort im ersten Stock recht bedrohlich, denn es hätte für uns kein Entkommen gegeben, wenn eine Bombe eingeschlagen hätte. Aber unter der Erde, wie Georg und Peter, hätte ich deswegen auch nicht schlafen wollen.

Wenn ich so zurückdenke, dann waren diese düstere Atmosphäre und die Fledermäuse wirklich furchtbar.

***

Georg Taubmann: Wenn Peter und ich am Abend in das Hochsicherheitsgefängnis gebracht wurden, warteten unsere beiden Gefängnisfreunde schon auf uns. Sobald sie unseren Wagen kommen hörten, setzte Mustafa Tee auf, und wir hockten bis spät in die Nacht hinein beieinander und unterhielten uns.

Erst nach zwei Wochen traute ich mich, diesen unheimlichen Gefängnistrakt weiter zu erforschen. Gleich links, wenn man die Treppen hinunterkam, ging ein dunkler Gang noch tiefer in die Erde. Einmal wagte ich es, dort hineinzugehen, und entdeckte, dass dort die Gefangenen zu sechst in kleinen Zellen hausten. Auf jeder Seite dieser Räume waren drei

Bettgestelle aus Holzbrettern im Eigenbau übereinander gebaut. Sie hatten eine kleine Luke nach oben, durch die ein wenig Licht kam. Doch meist war es finster, denn der Strom fiel sehr oft aus. Wie die Menschen es in diesen Verliesen nur monatelang aushielten? Viele husteten beständig in der klammen Luft; einige hatten Tuberkulose.

Und es gab noch andere Zellen, in denen die Männer zu dritt eingepfercht waren und nur morgens und abends kurz zum Toilettengang hinausgelassen wurden. Viele von ihnen hatten Fußketten, wodurch sie nur ganz kurze Schritte machen konnte. In der Mitte der Fußkette war ein weiteres Kettenstück angebracht, dessen Ende der Gefangene in der Hand hielt. Dieses Ende zog er beim Gehen mit seinen Händen nach oben, damit er die Füße leichter voreinander setzen konnte und die Fußkette nicht so laut auf der Erde schleifte. Das ganze düstere Szenario erinnerte mich an die Verliese im Mittelalter.

Mein junger Freund Mohammed Scharif hatte mir schon vor einiger Zeit aus dem Bazar ein kleines Radio mit Kopfhörern besorgt, das ich sorgsam versteckt ständig am Körper trug. Wenn wir in unserem Nachtgefängnis ankamen, schlossen wir uns mit Mustafa in unserer Zelle ein und hörten heimlich die Nachrichten der ausländischen Sender. Wir mussten dabei sehr vorsichtig sein, damit wir nicht entdeckt wurden, denn unter den Gefangenen gab es Spitzel der Taliban. Mustafa hatte früher in der Armee gedient und kannte sich deshalb in der gesamten geographischen Lage Afghanistans sehr gut aus. Er erklärte uns, wo gerade gekämpft und welche Städte von der Nordallianz mit der Unterstützung der US-Kräfte eingenommen wurden. Geschickt zeichnete er eine Karte von Afghanistan, zeichnete die einzelnen Städte ein und erklärte uns die Kampfplätze. Ein sehr entscheidendes Ereignis war die Eroberung der stark umkämpften Stadt Masar-i-Sharif im Norden des Landes. Denn von diesem Zeitpunkt an ging die Truppenbewegung der Nordallianz rasant voran.

In der darauf folgenden Nacht erfuhren wir, dass die nächste Stadt erobert worden war und dann die nächste und die nächste. Innerhalb weniger Tage war fast der ganze Norden eingenommen worden bis hin nach Herat. Wie gebannt saßen wir vor dem kleinen Gerät und lauschten den Siegesnachrichten. Als dann die Linien der Taliban im Norden von Kabul in der Gegend von Shamalie angegriffen wurden, waren wir sicher, dass es nur noch wenige Tage dauern konnte, bis die Nordallianz in Kabul einmarschieren würde.

Ich machte mir jede Nacht Notizen, und wenn wir am Morgen mit den Frauen zu unserem Tagesgefängnis zurückgefahren wurden, steckte ich ihnen heimlich diese Zettel zu. Sie konnten dann nach dem Frühstück immer ihre „Zeitung" lesen.

***

An einem der nächsten Tage wurde es in dem Tagesgefängnis am Spätnachmittag auf einmal unruhig. Die Wärter liefen aufgeregt hin und her, waren gereizt, und es lag eine aggressive Anspannung in der Luft.

Gerade sollte eine Suppe vom Frauengefängnis zu Georg Taubmann und Peter Bunch herübergebracht werden, als plötzlich Mullah Hamid zusammen mit seinem Boss Mullah Jussuf in die Zelle stürmte und beide befahlen: „Los, aufstehen! Wir müssen euch sofort ins Nachtgefängnis bringen."

„Warum so eilig? Wir haben noch nicht einmal gegessen."

„Dann nehmt eure Suppe mit! Wir müssen sofort los!"

Es blieb den beiden Männern nichts anderes übrig, als zu gehorchen, und in großer Hektik wurden sie gemeinsam mit den Frauen in den Kleinbus gestopft und früher als sonst zu ihrem Nachtgefängnis gebracht. Dort angekommen stolperten Georg und Peter die düsteren Treppen in ihr Kellerverlies hinunter, wo sie bereits ein aufgeregter Mustafa erwartete.

„Es ist so weit", teilte er ihnen mit. „Heute Nachmittag habe ich in den Nachrichten gehört, dass die Truppen der Nordallianz ihren Angriff auf die Frontlinien von Shamalie begonnen haben und jetzt auf dem Vormarsch auf Kabul sind. Sie sind nur noch zehn Kilometer entfernt. Es kann nicht mehr lange dauern, bis sie in der Stadt sind."

Die Aufregung unter den Gefangenen war unheimlich groß, unruhig liefen sie in den Gängen hin und her. Wie würde die Eroberung Kabuls ausgehen? Würden sie von den Truppen der Nordallianz befreit werden oder würden die Wächter vorher noch einige von ihnen umbringen? Besonders die zum Tode Verurteilten fürchteten dieses Schicksal. Und was würde mit den gefangenen Entwicklungshelfern geschehen?

***

Dann stürmen schwer bewaffnete Taliban das Gefängnis und wollen sie als Geiseln nach Kandahar verschleppen, in die Hochburg der Al Kaida-Milizen und Residenz von Mullah Mohammed Omar - offenbar um Zugeständnisse von den amerikanischen Streitkräften zu erpressen.

Rückkehr mit Hindernissen

Georg war häufig mit seinen Gedanken bei den leidenden Menschen in Afghanistan, zu häufig, um hier in Deutschland zur Ruhe zu kommen. Ihn drängte es zurückzukehren, gerade, weil auch die unmittelbare Bedrohung durch den Sturz des Taliban-Regimes gemindert war. Die schriftliche Einladung der Stammesführer aus der Provinz Khost, die ihn Anfang Januar 2002 erreichte, freute ihn und zeigte, wie nötig ihre Aufbauhilfe war. Er schmiedete Pläne, wie ein Wiederaufbau gelingen könnte und betete viel.

Zunächst einmal wollte Georg wissen, wer von den Mitarbeitern bereit war, die Arbeit in Pakistan weiterzuführen oder mit ihm in Afghanistan neu aufzubauen. Alle westlichen Shelter Now-Mitarbeiter hatten Afghanistan und Pakistan verlassen und waren in der ganzen Welt verstreut. Die Arbeit in Pakistan, vor allem die in den großen Flüchtlingslagern, wurde in ihrer Abwesenheit von bewährten, einheimischen Mitarbeitern weitergeführt. Aber auch sie konnten Ermutigung und Unterstützung gebrauchen. So verschickte Georg einen Rundbrief mit der Einladung, zu einer Lagebesprechung in Swat im Norden Pakistans zu kommen, um alles Nötige zu besprechen. Als Termin nannte er April 2002. Er war gespannt, wer sich alles melden würde.

Trotz Einreiseverbot nach Pakistan

Zu dieser Zeit gab es noch keine direkten Flüge nach Afghanistan. Man musste über Pakistan einreisen. Deshalb beantragte Georg für sich und seine Familie die Visa in der pakistanischen Botschaft in Berlin. Da gab es zwar noch eine alte Geschichte mit einem Einreiseverbot für Georg nach Pakistan, aber er dachte, die hätte sich schon längst erübrigt. Die Tickets waren für einen Montag gebucht. Am Samstagmorgen kamen die Pässe zurück - ohne Visastempel. Sie wurden nicht genehmigt. Am Wochenende konnte nichts unternommen werden, aber gleich Montagfrüh eilte Marianne zum Einwohnermeldeamt und beantragte drei vorübergehende Pässe für sich und die beiden Jungen. Georg besaß ohnehin einen zweiten Pass.

Während seiner Zeit als Leiter von Shelter Now in Pakistan stellte Georg Taubmann einen Afghanen ein, der im Flüchtlingslager wohnte und dort in immer mehr verantwortungsvolle Aufgaben hineinwuchs. Unter anderem war er zuständig für die Verteilung von Lebensmitteln an Flüchtlinge. Nach einiger Zeit fand Georg heraus, dass er größere Mengen von Lebensmitteln veruntreute. Er wurde auf frischer Tat ertappt und zur Rede gestellt. Es ging hin und her, schließlich war der Mitarbeiter nicht mehr tragbar und musste entlassen werden. Der Mann kam von einem der gefährlichen Stämme Afghanistans, die für ihre kriminellen Aktivitäten bekannt waren. Seine Ehre war durch die Entlassung stark verletzt. Er ging zu seinem Stamm zurück und erklärte Georg kurze Zeit später seine Feindschaft und Rache. Er bedrohte Georg zwischendurch auch körperlich. Dann suchte er verschiedene Botschaften auf, er ging auch zur UN und zur pakistanischen Geheimpolizei und verbreitete die übelsten Geschichten über Georg. Unter anderem, Georg hätte ihm Geld angeboten, damit er sich zum Christentum bekehre. Das war natürlich eine der schlimmsten Verleumdungen. Daraufhin verlängerte die pakistanische Regierung Georgs Visum nicht mehr, und er musste das Land nach Ablauf seines Visums verlassen. Fortan stand er auf der schwarzen Liste.

Georg Taubmann: Mit der Verweigerung meines Visums nach Pakistan hatte ich gar nicht mehr gerechnet. Ich dachte, die Angelegenheit wäre Schnee von gestern. Aber wie sollte ich wieder zurück nach Kabul kommen, wenn nicht über Pakistan? Ich ließ mich nicht beirren und verfolgte meine Pläne hartnäckig weiter. Wir schafften es gerade noch rechtzeitig mit dem PKW zum Flughafen in München zu kommen. Mit uns reiste Silke, die wieder als Lehrerin für unsere Jungen nach Kabul zurückgehen wollte. Dort verhandelte ich mit der Fluggesellschaft - aber ohne Visum gab es keine Erlaubnis nach Pakistan zu fliegen. Sie erlaubten uns nur bis Dubai zu fliegen, und wir verschoben den Weiterflug von dort nach Pakistan für drei Tage. Die Visa wollte ich dann in Dubai beantragen.

Am nächsten Morgen eile ich zur pakistanischen Botschaft in Dubai. Der Botschaftsangehörige schaut sich unsere Unterlagen an. „Ich kann Ihnen keine Visa geben, denn Sie haben ja gar keine Aufenthaltsgenehmigung für Dubai. Tut mir Leid. Das hätten Sie in Berlin machen müssen." Er schiebt die Unterlagen zu mir zurück. „Aber hören Sie", beginne ich mit orientalischer Höflichkeit. „Sechzehn Jahre arbeite ich schon in Pakistan. Meine großartigen zwei Söhne sind in Ihrem Land in Peshawar geboren und fühlen sich dort wie zu Hause. Sie sind schon fast Pakistanis, eigentlich sollten sie einen pakistanischen Pass haben. Darf ich fragen, wo Sie in Pakistan zu Hause sind?" „Ich komme aus Rawalpindi." „Was, aus Rawalpindi! Die Stadt kenne ich sehr gut. Wir haben sie schon mehrere Male besucht. Es wäre so schade, wenn wir nicht mehr in dieses wunderbare Land zurückkehren könnten. Können Sie uns nicht doch ein Visum geben?"

Das Gespräch musste ihn so beeindruckt haben, dass er, ohne noch einmal unsere Daten in dem Computer zu überprüfen, begann die Anträge zu bearbeiten. „Ich werde sehen, was ich machen kann. Kommen Sie in drei Tagen wieder. Dann müsste alles fertig sein." „Oh, geht es nicht schon in zwei Tagen? Wissen

Sie, wir haben schon die Flugtickets und die dürfen nicht verfallen." „Nein, unmöglich, die Mitarbeiter benötigen mindestens drei Tage." „Aber, Sie sind doch ein Mann mit Autorität und haben hier so viel Einfluss..." Da fühlte er sich so geschmeichelt, dass ich am nächsten Vormittag alle Visa in der Hand hielt und dem Flug nach Islamabad nichts mehr im Wege stand.

Aber die Spannung war noch nicht vorüber. Was wird bei der Immigration geschehen, wenn sie dort in den Computer schauen und feststellen, dass ich noch auf der schwarzen Liste stehe? Ich machte extra langsam und reihte uns ganz hinten in der Schlange ein mit der Hoffnung, dass die Grenzbeamten zum Ende hin nachlässiger werden würden. Als ich beobachtete, wie vor mir von jedem Einzelnen Bilder gemacht und alle Daten akribisch in den Computer eingetippt wurden, da wurde mir schon mulmig. „Wie soll ich da nur heile durchkommen? Und wenn Sie mich zurückschicken oder gar verhaften?", stöhnte ich leise. Mir stand der Schweiß auf der Stirn. Marianne, den Jungs und Silke - allen war die kritische Situation bewusst. Wie gebannt schauten wir auf die voranrückende Schlange und beteten leise.

Da tritt von hinten ein Mann in ziviler Kleidung auf uns zu, spricht uns an und bittet uns, ihm zu folgen. „Oh, jetzt haben sie mich erwischt. Was werden sie mit mir machen?" Mir dreht sich der Magen um, aber ich laufe hinter ihm her. Was bleibt mir anderes übrig? Er geht zu einem der Schalter, die nicht besetzt sind. „Bitte geben Sie mir Ihre Pässe." Ich gebe ihm das ganze Bündel, auch den Pass von Silke. Er öffnet jeden einzelnen, sucht die Seite mit dem Visum heraus und setzt den Einreisestempel und seine Unterschrift darunter - den Computer neben sich beachtet er nicht. Freundlich winkt er uns durch und sagt, wir können weitergehen zur Gepäckaufnahme. Beim Anstehen zur Gepäckdurchleuchtung werden wir ebenfalls durchgewinkt. Ich kann es kaum fassen und muss sehen, dass ich den Mund wieder zubekomme. Silke beobachtet das alles und bemerkt trocken: „Sag mal, du hast wohl überall deine Verbindungen. War das wieder einer von deinen Freunden?" „Ich habe den Mann noch nie gesehen. Ich kenne ihn nicht, bin ihm noch nie begegnet", antworte ich total perplex. Und da waren wir drin in Pakistan!

***

Marianne Taubmann: Für Georg war es ja schon im Gefängnis klar, dass er zurückgehen würde, wenn er heile herauskommen würde. Den deutschen Frauen ging es ähnlich. Genauso war es auch für mich. Da mussten wir nicht erst groß diskutieren. Dennoch war es nicht so leicht für mich, da man einfach nicht weiß, was auf einen zukommt. Deswegen war es gut, dass wir zunächst in die vertraute Umgebung und zu unseren Freunden nach Pakistan gingen. Dort wollten wir uns mit unseren Mitarbeitern treffen und beraten, wie es weitergehen sollte. Die Jungen freuten sich von Anfang an auf ihre Freunde und die vertraute Umgebung. Natürlich ist schon Angst mitgeschwungen, wieder zurückzugehen, aber irgendwie habe ich in meinem Herzen gewusst, dass es dran ist. Dadurch, dass wir als Familie wieder zusammen waren und darüber reden konnten und auch andere wieder zurückgehen wollten, war schon ein gewisser innerer Friede da. Wie gesagt, es war enorm hilfreich, sich erst einmal in Pakistan zu sammeln.

Mitarbeitertreffen in Swat

An dem Treffpunkt etwas nördlich von Peshawar fanden sich etwa fünfzehn Leute ein. Es war eine Riesenfreude, sich endlich wiederzusehen. Greg Gilmore, der vorher die Arbeit in Pakistan geleitet hatte, war in der Zwischenzeit bei Verwandten in Europa gewesen und kam mit seiner Familie. Nach dem Anschlag auf das World Trade Center in New York am 11. September 2001 mussten er mit seiner Familie und auch alle anderen westlichen Mitarbeiter Pakistan aus Sicherheitsgründen verlassen. Für sie wurde das Leben dort extrem gefährlich. Auch Len und Diane Stitt, die vorher das Team in Afghanistan geleitet hatten, waren erschienen. Auf abenteuerliche Weise hatte Len nach der Gefangennahme der acht Shelter Now-Entwicklungshelfer den Rest des Teams auf dem Landweg nach Pakistan geführt. Als Amerikaner war das äußerst riskant, da die Taliban so viele US-Bürger wie möglich in ihre Hände bekommen wollten. Jetzt waren die beiden zurückgekommen und bereit, zusammen mit Georg und seiner Familie die Arbeit in Afghanistan fortzusetzen - ebenso Silke und eine weitere Amerikanerin. Mit dabei waren auch der Begründer von Shelter Now, Douglas Layton, der 1983 die Entwicklungsarbeit begonnen hatte und Udo Stolte, der Leiter von Shelter Now-Deutschland.

Bei diesem Treffen ging es nicht nur um die Wiederaufnahme der Arbeit in Afghanistan, es ging auch darum, die Projekte in Pakistan, die von einheimischen Mitarbeitern in Betrieb gehalten worden waren, wieder zu unterstützen und neue Projekte anzugehen. Darüber hinaus war es wichtig, sich erst einmal wieder zu finden und sich neu zu orientieren. Alle waren von der vergangenen Krise geschüttelt und mussten sich neu ausrichten. Die schöne gebirgige Landschaft im Swat-Tal war genau die richtige Kulisse dafür.

Georg im Burnout

Einerseits war Georg glücklich, die Mitarbeiter nicht nur wohlbehalten wiederzusehen, sondern auch noch voller Elan, die Arbeit mit ihm weiterzuführen, andererseits verspürte er eine starke Antriebslosigkeit und ein übermächtiges Ruhe- und Schlafbedürfnis. Nachts plagten ihn Albträume und tagsüber wollte er manchmal keinen Menschen sehen. Die klassischen Merkmale eines Burn-outs. Für einen außenstehenden Beobachter war das beinahe zu erwarten. Georg lebte stets am Limit. Es war schwer, ihm Ratschläge zu geben oder zu mehr Langsamkeit anzuhalten. Die Strapazen und Traumata der Gefangenschaft lagen ja gerade mal vier Monate zurück.

***

Georg Taubmann: Eigentlich habe ich mich immer gepusht und gepusht, bin von einem Termin zum nächsten gejagt. Ja, da war die Vorfreude auf die Mitarbeiter und den Neuanfang in Afghanistan; dann überfielen mich jedoch plötzlich Sorgen und Ängste, wie das alles bewältigt werden sollte. Auch die Spannungen, ohne eine Einreisegenehmigung an die Visa heranzukommen und nach Pakistan einzureisen, mussten an mir gezehrt haben. Je konkreter die Planungen wurden, umso schwieriger wurde es für mich emotional.

Und dann, bei diesem Treffen in Swat, da hat es mich einfach umgehauen. In diesem Ausmaß hatte ich so etwas bisher nicht durchgemacht. Ich erinnerte mich an das, was uns die Betreuer in Frankreich über die Stufen eines Burn-Outs und deren Symptome mitgeteilt hatten, und dass die Symptome auch wesentlich später eintreten können. Darin erkannte ich mich jetzt wieder. In der Regel benötige ich nicht sehr viel Schlaf, aber plötzlich war ich extrem müde und konnte endlos schlafen. Ich hatte keine Energie mehr, ich konnte mich auch nicht mehr richtig konzentrieren. Ich saß bei den Treffen dabei und bekam vieles nicht mit. Normalerweise überlege ich genau, mit wem ich bei den Mahlzeiten zusammensitzen will und etwas besprechen möchte oder mit wem ich die Pausen verbringe. Und was tat ich jetzt? Ich schlich am Speisesaal vorbei, um möglichst nicht erkannt zu werden. In unserem Zimmer legte ich mich gleich aufs

Bett, um auszuruhen. Dann schleppte ich mich wieder in die Sitzung und versuchte mitzumachen so gut es ging.

Nach dem Treffen ging es zurück nach Peshawar. Udo Stolte war noch einige Tage bei uns. Er war voller Begeisterung über die Ergebnisse des Treffens und die Weiterarbeit in Afghanistan. Er drängte mich, doch eine kurze Reise nach Kabul zu machen, um zu schauen, wie die Situation dort so ist. In mir sträubte sich alles dagegen. Ich sagte nur: „Ich kann nicht, Udo. Ich habe einfach keine Kraft." Ich verspürte nur diese enorme Müdigkeit. Dieser Zustand hielt dann noch eine Weile an. Selbst als wir in Kabul waren, litt ich noch darunter.

***

Marianne Taubmann: So kannte ich Georg überhaupt nicht. Das hatte ich in unseren neunzehn Ehejahren noch nicht erlebt. Ich war besorgt und schockiert. Georg ist sonst ein sehr beziehungsorientierter Mensch, der immer, in jeder Pause und bei jeder Mahlzeit, mit irgendwelchen Leuten spricht, immer am Planen ist und sich mit Mitarbeitern trifft... und auf einmal war er völlig anders. Mir war total fremd, dass er plötzlich niemanden sehen wollte und nur in unserem Zimmer hockte. Ich musste ihn zu jeder Mahlzeit aus dem Zimmer locken. Ich habe mich hilflos und unsicher gefühlt und wusste nicht, wie ich das einordnen sollte. Einfach nur zu wissen, dass es wohl ein Burnout sein musste. Ich bin auf ihn eingegangen und habe getan, was er gesagt hat. Ich sollte ihm dieses und jenes bringen, aber er wollte keine Leute sehen und sprechen. Er kam nur zu den Veranstaltungen und war danach gleich wieder weg. Er wollte nur für sich sein, meditieren und auch beten. Einfach nur zur Ruhe kommen, waren seine Worte. Das war für mich sehr, sehr befremdend und machte mir Angst.

Zurück in Peshawar hatten wir noch so etwas wie ein Vorstandstreffen mit Udo. Udo schwärmte: „Lass uns schon einmal rübergehen nach Afghanistan, mal gucken, wie es da ist und den Len treffen…“ Georg war voller Ablehnung und nicht in der Lage, etwas Neues anzupacken und sich den Herausforderungen zu stellen. Da habe ich gewusst, wir müssen uns Zeit lassen. Wir brauchen einfach Muße, uns wieder einzufinden und klarzukommen. Einfach Alltag leben. Mit der Zeit hat sich Georg dann auch wieder mit den Mitarbeitern und den Afghanen in Peshawar getroffen. Aber das war dann ohne Zeitdruck und ohne ständig wichtige Entscheidungen treffen zu müssen. Hilfreich war natürlich auch, dass wir uns jeden Tag im Team zum Gebet getroffen haben. Wir waren etwa zwei Monate in Pakistan und fast die ganze Zeit litt Georg unter dem Burn-Out. Langsam erholte er sich davon und konnte es wagen, nach Kabul zurückzukehren.

***

Udo Stolte: Während des Treffens in Swat war Georg kaum zu sehen und anzusprechen. Er kam zu den Hauptveranstaltungen, war beim Essen dabei und danach gleich wieder verschwunden. Da dachte ich mir schon: „Mann, der muss ja fix und fertig sein.“ Nach dem Treffen verbrachte ich noch einige Tage in Peshawar mit ihm und Marianne. Ich war voller Tatendrang und wäre so gern mit ihm mal schnell nach Kabul gefahren, um dort die Lage zu sondieren. Georg hatte einen engen afghanischen Freund, der einen guten Draht zu Karsai hatte, dem Übergangspräsidenten. Jetzt Kontakte zu vertiefen und sich mit den Leuten zu treffen, könnte für Shelter Now doch nur förderlich sein. Aber nein, bei dem Thema Kabul reagierte Georg abweisend und zog sich in sein Schneckenhaus zurück.

***

Freunde in Peshawar

Georg Taubmann: In Peshawar hatte ich aber auch ein sehr, sehr ermutigendes Erlebnis. Nun lebten und arbeiteten wir ja schon sechzehn Jahre in Peshawar, und mit den Jahren wuchsen dort sehr enge Freundschaften mit pakistanischen Christen und auch muslimischen Familien. Das war wie eine große interkulturelle Familie. Besonders eine der pakistanischen christlichen Kirchengemeinden stand uns sehr nahe. Während wir im Gefängnis waren, hatten sie sehr viel für uns gebetet, und jetzt, als wir wieder in Peshawar waren, veranstalteten sie in ihren Gemeinderäumen ein Riesenfest für uns. Es ging über den ganzen Tag, ständig wollten sie unsere Geschichte über die Gefangennahme, die Bewahrungen und die Befreiung hören, und ich erzählte und erzählte. Der Gemeinderaum wurde in einen Speisesaal umgewandelt, und wir schmausten ein wunderbares Festessen. Jede Arbeitsgruppe der Kirchengemeinde, die Kinder, die Jugend, die Senioren, kamen zu uns nach vorne und hängten Marianne, mir, den Kindern und Silke Blumengirlanden um. Diese türmten sich um unsere Hälse, sodass wir kaum noch darüberschauen konnten. Und dann brachte uns jede dieser Gruppen Geschenke. Dies waren schlichte Christen, die zum Teil sehr arm sind. Sie konnten unsere Verluste durch die Beraubung von den Taliban sehr gut nachvollziehen. Jetzt schenkten sie uns ganz praktische Dinge wie Teller, Tassen und Töpfe - alles, was wir für unseren neuen Hausstand in Kabul benötigten. Dies bewegte mich sehr, vor allem, weil ich wenige Wochen zuvor bei unserer Ankunft in Pakistan einem afghanischen Freund alle unsere Barschaften geliehen hatte. Angeblich nur für kurze Zeit für einen Notfall, aber in Wahrheit bekam ich das Geld nie wieder zurück. Wir waren finanziell am Ende, und jetzt halfen uns diese lieben Christen, unseren Hausstand aufzubauen.

Pläne für Kabul

Die Zeit in Peshawar tat der ganzen Familie Taubmann sehr gut. Sie konnten Freundschaften festigen und die Mitarbeiter ermutigen. In Pakistan würde die Arbeit gut weitergehen, und so setzten sie sich einen Termin für die Abreise nach Kabul. Len Stitt war schon dort und fragte ungeduldig an: „Wann kommt ihr endlich? Ich warte auf euch. Ich brauche euch." Georg mietete einen LKW, und sie luden ihre Sachen und die Geschenke der pakistanischen Christen ein, bereit loszufahren.

***

Udo Stolte: Ich war schon eine Weile aus Pakistan zurück und saß in meinem Büro, als ein Anruf aus dem Auswärtigen Amt eintraf. „Herr Stolte, wir haben erfahren, dass Herr Taubmann wieder zurück nach Kabul will", sagte der leitende Beamte. „Aber wir wissen aus sicherer Quelle, dass der neue oberste Richter Shinwari beabsichtigt, den Prozess wieder aufzugreifen, wenn die Shelter Now-Leute zurückkehren sollten. Herr Stolte, was machen wir nur? Ich bitte Sie inständig, Ihren ganzen Einfluss einzubringen, um ihn umzustimmen. Halten Sie ihn zurück!". „Ja, ich werde tun, was Sie sagen. Ich werde mit ihm reden", erwiderte ich. „Aber ich kann Ihnen jetzt schon seine Antwort geben. Er wird nicht auf mich hören."

Während des Anrufs betritt unser Pastor das Büro und bekommt mit, worum es geht. Wir beschließen, gemeinsam mit Georg zu reden.

***

Georg Taubmann: Wir waren fleißig am Packen, da kommt ein Anruf aus Braunschweig von Udo Stolte und dem Pastor meiner dortigen Kirchengemeinde. „Georg, wir haben gerade einen Anruf vom Außenministerium aus Berlin bekommen. Dem ist die Nachricht zugespielt worden, dass der neue oberste Richter geäußert hat, die acht Entwicklungshelfer wieder vor Gericht zu stellen, falls sie nach Afghanistan zurückkehren würden." „Bitte, Georg", drängte mein Pastor, „bedenke die Gefahrenlage und bleibe, wo du bist. Undenkbar, wenn du wieder verhaftet werden würdest." Ihm stand sicherlich noch der ganze Stress und Journalistenrummel vor Augen, den sie als Kirchengemeinde in Braunschweig durchmachen mussten.

Aber wir saßen auf gepackten Sachen, und Len erwartete dringend unsere Unterstützung. „Ich verstehe eure Sorgen sehr gut", erwiderte ich, „gebt uns bitte einen Tag Bedenkzeit. Wir werden beten und beraten." Ich nahm die Warnung sehr ernst. Allein der Gedanke, wieder eingesperrt zu werden, war kaum zu ertragen. Wir beteten als kleines Team, und das Unglaubliche geschah: Gegen jede Erwartung und trotz aller berechtigten Ängste hatten wir alle einen tiefen Frieden und die Gewissheit: „Geht, Gott ist mit euch!"

Gleichzeitig mussten wir Len informieren, dass sich unsere Ankunft in Kabul verzögern würde. Er signalisierte zurück: „Wenn ihr nicht kommen könnt, komme ich zurück. Allein packe ich es hier nicht." Da wusste ich umso deutlicher: Wenn wir uns jetzt nicht aufmachen, dann würde es in absehbarer Zeit oder vielleicht nie einen Wiederaufbau der Shelter Now-Projekte in Afghanistan geben.

Oberster Richter Faisal Ahmad Shinwari

Als die neue afghanische Übergangsregierung zusammengestellt wurde, hatte man den unterschiedlichen Parteien beziehungsweise Volksgruppen, die gegen die Taliban gekämpft hatten, Regierungsposten gegeben. Die Nordallianz, welche die größte Gruppe stellte, bekam die meisten Posten, zum Beispiel das Verteidigungsministerium und das Außen- sowie das Innenministerium. Eine islamisch konservative Gruppe beanspruchte das Justizministerium. Sie setzten Shinwari als obersten Richter ein, eine umstrittene Persönlichkeit mit islamisch radikalen Ansichten. Er vertrat u.a., dass die Scharia wieder eingeführt werden sollte, das Fernsehen verboten und Frauen wie in der Zeit unter den Taliban eingeschränkt werden müssten.

Auf die Frage eines Journalisten nach Religionsfreiheit im neuen Afghanistan erwiderte Shinwari, er wolle die Scharia wieder einführen, nach der es keine Religionsfreiheit gäbe und Missionsversuche bestrafen. In diesem Zusammenhang erwähnte er, wenn die befreiten Entwicklungshelfer zurückkämen, würden sie von ihm wieder vor Gericht gestellt werden, weil das laufende Gerichtsverfahren aufgrund deren Flucht nicht abgeschlossen werden konnte.

Das war eine ungeheuerliche Aussage. Man stelle sich nur einmal vor, dass ein im Naziregime zu Unrecht Verurteilter, der vor Ende des Zusammenbruchs entkommen konnte, dann in der nach dem Krieg gebildeten Bundesrepublik Deutschland von einem Richter wieder verhaftet und vor Gericht gestellt wird, um den unterbrochenen Naziprozess fortzuführen. So wollte dieser Richter mit den Shelter Now-Entwicklungshelfern verfahren, obwohl erwiesen war, dass sie von den Taliban als Geiseln gefangen gehalten worden waren. Ein irrsinniges

Rückblick: Vor dem obersten Gericht

Das war eine unverhüllte Drohung an die Shelter Now-Entwicklungshelfer, die der oberste Richter der neuen Übergangsregierung Shinwari bei dem Interview aussprach: Wenn die befreiten Entwicklungshelfer zurückkämen, würden sie von ihm wieder vor Gericht gestellt werden, weil das laufende Gerichtsverfahren aufgrund deren Flucht nicht abgeschlossen werden konnte.
Was hatte sich ein halbes Jahr zuvor, nach 37 Tagen Gefängnishaft, vor dem „Supreme Court", dem „Obersten Gericht" des Taliban-Regimes, abgespielt? Wie verlief das Gerichtsverfahren? Was waren die Anklagepunkte?

***

Nach der Scharia verurteilt!

Tag 37: 8. September 2001

Auszug aus dem Buch „Gefangen in Kabul"

„Raus, raus, aber schnell! Ihr werdet weggebracht!"

Ein Taliban-Wärter stürmte in Georg Taubmanns und Peter Bunchs Zelle und drängte sie, nach draußen zu kommen. Es war Samstag, der 8. September gegen zehn Uhr, und die beiden saßen gerade wie gewohnt zusammen und sprachen miteinander.

„Was ist los? Wo geht es hin?", wollte Peter wissen.

Er bekam keine Auskunft, nur ein: „Schnell, schnell!"

Das war die nervenaufreibende Praxis der Taliban: stets Hektik zu verbreiten, Unsicherheit und böse Vorahnungen zu nähren. Georg fand noch nicht einmal die Zeit sich zu kämmen, geschweige denn seine zerknitterte

Salwar Kameez zu wechseln. Er konnte einzig beim Hinausgehen gerade noch eine Weste überziehen.

Als sie den Innenhof betraten, stand dort schon eine Schar von Taliban um einen Kleinbus herum. Kurz darauf wurden auch die Frauen hereingeführt. Überrascht schauten sich die Männer und Frauen an. Was hatten die Taliban nur mit ihnen vor?

Gemeinsam mussten sie in das Auto steigen und ab ging die Fahrt. Angeführt wurde die Eskorte von dem Gefängnisleiter in einem Jeep und hinter dem Kleinbus folgte ein offener Pick-up mit mindestens sechs bewaffneten Taliban. So ging es schwer bewacht durch die Stadt.

„Wo bringen die uns nur hin?", fragten die anderen Georg.

„Keine Ahnung!" Georg schaute angestrengt aus dem Wagenfenster, um sich an der vorübergleitenden Umgebung zu orientieren.

Im Kleinbus herrschte eine Gefühlsmischung von Unsicherheit, sich anbahnender Panik und Neugierde. Diese wurde ein wenig von der Freude überdeckt, etwas von der Umgebung zu sehen und endlich wieder einmal zusammen zu sein. Schnell wurden Neuigkeiten ausgetauscht und sich erkundigt, wie es den Einzelnen ginge.

Es war schön, aus der Enge der Gefängniszellen herauszukommen und das Leben in den Straßen Kabuls zu beobachten. Den Inhaftierten war die Gegend vertraut, denn die Wagen fuhren Richtung Wazir Akbar Khan, dem Stadtteil, in dem die Häuser fast aller Shelter Now-Entwicklungshelfer standen. Georg konnte im Vorüberfahren sogar in seine Straße spähen und in der Ferne sein Haus erkennen. Dann bogen die Wagen an dem großen Kreisverkehr der Hauptstraße plötzlich in Richtung Flughafen ab.

„Bringen die uns etwa zum Flughafen und lassen uns dann einfach ausreisen?", durchfuhr es Georg freudig.

Er wusste nicht, dass sich in dieser Straße gleich rechter Hand der „Supreme Court", das „Oberste Gericht" Afghanistans, befand. Der Konvoi wurde langsamer, hielt am Straßenrand an und die Shelter Now-Mitarbeiter starrten auf eine riesige Gruppe von Reportern und Kameraleuten. Blitzlichter zuckten und Filmkameras surrten. Sie wussten nicht, was mit ihnen geschah.

Verwundert und ein wenig nervös stiegen sie aus. Sie wurden gleich die Treppe hoch in den Vorraum des Gerichtssaals geführt. Erst jetzt verstand auch der Letzte von ihnen, dass sie sich tatsächlich im „Supreme Court", dem „Obersten Gericht" befanden, in dem nur die wirklich wichtigsten Fälle und die schwersten Verbrechen verhandelt wurden.

***

Margrit Stebner: Die Taliban, die uns bisher verhört hatten, hatten niemals verlauten lassen, dass wir vor ein Gericht gestellt werden würden. Sie nährten vielmehr die Hoffnung in uns, bald entlassen oder des Landes verwiesen zu werden. Lediglich Daynas Mutter deutete bei ihren Besuchen an, dass es eventuell ein Gerichtsverfahren geben könnte.

Als uns die Wächter am Morgen in das Auto verfrachteten, hatten wir keine Ahnung, wo es hinging. Der Anblick des Gerichtsgebäudes war schon ein Schock für uns, hinzu kam unser Erstaunen über den Aufmarsch der Presseleute.

***

Die Shelter Now-Entwicklungshelfer mussten etwa 20 bis 30 Minuten im Nebenraum warten, bis sie zur Verhandlung zugelassen wurden. Währenddessen war eine Wärterin bei ihnen, die auf die „Ehre" der Frauen zu achten hatte. Da sie kein Englisch beherrschte, war es möglich, dass die Frauen und Männer ungestört miteinander sprachen. Es war für sie die erste Gelegenheit, voneinander zu erfahren, was ihnen bei den Verhören vorgeworfen worden war. Auch konnten sie die Unterstellungen und Lügen aufdecken, die die Taliban den Einzelnen erzählt hatten.

Georg zum Beispiel war von den Taliban gesagt worden, Heather und Dayna hätten eingestanden, sie hätten die afghanischen Frauen, denen sie den Film gezeigt hatten, zum Christentum bekehrt. Nun erfuhr er, dass dies keineswegs zutraf.

Den Frauen wiederum war erzählt worden, Georg hätte Katrin wütend entlassen und für sie jemand anderen angestellt. Außerdem hätte er alles

Mögliche eingestanden, zum Beispiel, dass sie in ihren Häusern und Büros haufenweise Bibeln, christliche Videos und CDs in afghanischer Sprache versteckt gehalten hätten. Georg hätte sich angeblich sogar bei den Taliban für die Missionierung entschuldigt.

Doch das waren alles nur Lügen gewesen, um sie gegeneinander auszuspielen und zu falschen Geständnissen zu bewegen.

„Ja, wir zeigten der afghanischen Familie die Dokumentation über das Leben Jesu", erzählte Dayna, „aber ich hatte schon ein komisches Gefühl dabei, weil die afghanischen Frauen uns so aufdringlich dazu gedrängt hatten. Und warum der Junge schon beinahe unverschämt nach dem Buch verlangt hat, kann ich mir jetzt auch besser erklären."

„Während der Verhöre wollten wir dann die afghanische Familie schützen und erklärten, wir hätten sie aus eigenen Stücken besucht und ihnen die Kopie des Buches geschenkt", ergänzte Heather. „Ich vermute, sie sind gezwungen worden, uns einzuladen. Wir haben eingestanden, über religiöse Dinge gesprochen zu haben, wie es ja überall üblich ist. Aber mehr ist nicht gelaufen!"

Bei Katrin war es ebenfalls um den Film und das Kinderprojekt gegangen, das angeblich illegal betrieben worden sein sollte. Auch sie hatte sich während der Verhöre wacker geschlagen.

Den anderen vier – Peter, Diana, Margrit und Silke – war nichts vorzuwerfen. Ihnen wurden jedoch einige Dinge unterstellt, wie die Mitarbeit beim Kinderprojekt, verbotene Literatur und der Besitz von Radiokarten. Da das nicht zutraf, hatten sie nichts unterschrieben, was sie irgendwie belasten konnte. Da war wirklich nicht viel, was das Gericht den Shelter Now-Mitarbeitern vorwerfen konnte. Deshalb waren sie gespannt, was auf sie zukommen würde.

Endlich wurden sie in den Gerichtssaal geführt, der weniger groß war, als sie es erwartet hatten. Dafür war er vollgestopft mit umso mehr Menschen. Die Inhaftierten mussten in der ersten Reihe Platz nehmen. Dahinter saßen die Diplomaten, die von dieser Gerichtsverhandlung erst in letzter Minute und zudem mehr zufällig erfahren hatten. Sie waren es auch gewesen, die die Presse in aller Welt informiert hatten. Den Rest des Raumes nahmen unzählige Reporter ein, die zwar zugegen sein, jedoch keine Bilder machen durften.

Die Shelter Now-Entwicklungshelfer vor dem Obersten Gericht. Zeichnung von Silke Dürrkopf

Silke Dürrkopf: Ich schaute mir den Raum und die Leute genau an. Vorne an der Stirnseite befand sich ein riesiger Schreibtisch, auf dem sich die „weisen" Bücher türmten. An der Wand dahinter hing ein großes gerahmtes Bild mit Koransprüchen. Rechts und links davon waren Schwerter befestigt. Außerdem war da noch eine Lederpeitsche, die die Religions- und Sittenpolizisten ständig bei sich trugen. Die Peitsche hatte einen kurzen Stiel, an dem ein mit Leder bezogenes Stahlkabel befestigt war.

Der vorsitzende Richter Nur Mohammed Sakib saß mit einem weißen Turban und einer schwarzen Weste bekleidet mit abweisender Miene hinter diesem Schreibtisch auf einem wuchtigen Stuhl. Rechts und links neben ihm reihten sich an die zwanzig weitere Richter auf, alle mit riesigen Turbanen und langen Bärten. Die meisten waren sehr alt mit äußerst ernsten, auf mich bedrohlich wirkenden Gesichtern. Links neben dem Schreibtisch hockten noch weitere Männer auf dem Boden, die alles mitschrieben, was gesagt wurde. Mir kam es vor wie eine Szene aus einem mittelalterlichen Film. Rechts neben dem Tisch stand der Übersetzer, der sich bemühte, die Rede des Richters auf Englisch zu übersetzen, wobei ihm viel Hilfe aus dem Publikum zugetragen werden musste.

***

Die Sprache im Gerichtssaal war Paschtu, weshalb Georg Taubmann einen guten Teil der Rede verstehen konnte. Außerdem war von dem Übersetzer nicht allzu viel zu erwarten, zumal der Richter Nur Mohammed Sakib in extrem langen Sätzen sprach, wodurch wiederum die englische Übersetzung lediglich eine lückenhafte Zusammenfassung ergab.

Die Rede des Richters war im Wesentlichen ein Loblied auf die Scharia, das islamische Gottesgesetz aus dem Mittelalter. Er betonte dabei, dass die Strafe für ihre „Verbrechen" entsprechend dem islamischen Recht, der Scharia, ausfallen würde, was sowohl Gefängnishaft als auch Geldstrafen und sogar eine Exekution bedeuten könne. Derzeit seien die Taliban-Richter dabei, das islamische Recht bezüglich des aktuellen Falles zu studieren; sie würden eine gerechte Strafe verhängen. Das letzte Wort hätte allerdings das Oberhaupt aller Gläubigen, Mullah Mohammed Omar. Die Angeklagten hätten das „volle Recht", sich zu verteidigen und auch einen Anwalt ihrer Wahl zu nehmen.

Richter Nur Mohammed Sakib sagte wörtlich: „Sharia Law is full of mercy and justice", zu Deutsch: „Das Scharia-Gesetz ist voller Gnade und Gerechtigkeit." Später, nachdem die Shelter Now-Mitarbeiter ihren ersten Schock verarbeitet hatten, lachten sie voller Galgenhumor über diesen Spruch.

Anschließend an diese Rede durften sich die Angeklagten und die - Diplomaten zu Wort melden. Georg Taubmann nutzte diese Gelegenheit, sich vor dem Richter und der Weltpresse äußern zu können: „Drei Wochen lang werden wir nun schon verhört. Niemand hat uns bisher gesagt, welche Anklage gegen uns besteht und warum wir eingesperrt sind. Was haben wir denn verbrochen?", beschwerte er sich. „Vier unserer Mitarbeiter haben mit diesem Fall überhaupt nichts zu tun und sitzen vollkommen unschuldig in Haft. Warum wurde uns kein Kontakt zur Außenwelt erlaubt? Wir durften bis jetzt noch nicht einmal mit unseren Familien sprechen."

Der Richter würdigte Georg Taubmann während seiner heftigen Beschwerde keines Blickes und gab auch keine Antwort.

„Sie sagten, wir hätten uns einen Anwalt unserer Wahl nehmen können, aber wie hätten wir das tun sollen, wenn wir noch nicht einmal etwas von diesem Gerichtstermin wussten oder mit unseren Diplomaten reden dürfen?", fuhr Georg Taubmann deshalb mit seiner Rede fort.

Anschließend erhob sich der deutsche Diplomat Helmut Landes und forderte bessere Kontaktmöglichkeiten zu den Inhaftierten, um ihnen bei der Vorbereitung ihrer Verteidigung helfen zu können.

Der vorsitzende Richter vertagte die Verhandlung: Das hohe Gericht müsse die Anklagen noch weiter untersuchen, aber er wolle die Behörden unterrichten, um die Suche nach Anwälten zu erleichtern. Erst wenn ein Anwalt gefunden und die Untersuchungen abgeschlossen seien, werde ein neuer Prozesstermin anberaumt werden.

Sogleich wurden die Angeklagten wieder nach draußen geführt und in den bereits wartenden Kleinbus verfrachtet. Das alles ging so schnell, dass die Reporter kaum Bilder machen, geschweige denn Fragen an die Inhaftierten stellen konnten.

***

Georg Taubmann: Am darauf folgenden Tag hatte mein Vater Geburtstag. Es war mir ein sehr großes Bedürfnis, ihm an diesem Tag einen Gruß zukommen zu lassen, ihm klar zu machen, dass es mir gut ginge, und er sich keine Sorgen um mich machen müsse. Es quälte mich, dass meine Eltern überhaupt nichts über mich wussten. Wie mochten sie meine Inhaftierung seelisch verkraften? Das alles musste schrecklich für sie sein.

Wir sind eine große Familie, ich habe sieben Geschwister und wir haben einen wunderbaren Zusammenhalt. Deshalb ist bei uns ein Geburtstag auch immer ein wichtiges Ereignis. Ganz gleich, wo ich mich gerade in der Welt befand, zu seinem Geburtstag rief ich meinen Vater immer an. Und jetzt konnte ich meinem Vater weder schreiben noch mit ihm telefonieren. Aber da standen all die Presseleute vor unserem Wagen. Also schob ich schnell das Seitenfenster auf, beugte mich hinaus, winkte und rief: „Bitte, informiert unsere Eltern, dass sie sich keine Sorgen machen sollen. Uns geht es gut!“ Und dann lächelte ich, in Gedanken ganz bei meinem Vater, bewusst in die surrenden Kameras. Den Wächtern war diese kurze Vorstellung gar nicht recht, aber es war zu spät, um sie noch unterbinden zu können.

Georg Taubmann nutzt die Gelegenheit, der Presse zu sagen, dass es den Gefangenen gut geht

Unter schwerer Bewachung wurde die Gruppe zum Gefängnis zurückgebracht. Sie hockten mit gemischten Gefühlen in dem Kleinbus und mussten die vergangenen Stunden erst einmal verarbeiten. Der Aufmarsch an Reportern und Kameraleuten hatte sie verwirrt. Sie hatten nicht gewusst, dass sie so sehr in der Weltöffentlichkeit standen. War das positiv zu bewerten? Würde sich die Welt jetzt stärker für ihre Freilassung einsetzen? Was wurde in den Zeitungen überhaupt über sie geschrieben? Oder war das ganze Theater nur ein Teil eines Schauprozesses der Taliban, mit dem ihr Regime in das öffentliche Interesse gerückt und das Christentum diffamiert wurde?

Es beunruhigte sie zutiefst, dass das „Oberste Gericht“ eingeschaltet worden war und sie nach islamischem Recht verurteilt werden sollten. Dass die Todesstrafe in Erwägung gezogen worden war, hatte sie regelrecht geschockt. Mit solch einer Härte hatten sie nicht gerechnet.

Der vorsitzende Richter war Georg nicht unbekannt. Als ein enger Vertrauter von Mullah Mohammed Omar war Nur Mohammed Sakib ein gefürchteter Mann. Er war ein Hardliner. Wegen der vielen von ihm verhängten Todesurteile war er stets von Bodyguards umgeben. Von Nur Mohammed Sakib hatten sie keine Gnade zu erwarten!

Sie brauchten in dieser prekären Situation unbedingt einen Rechtsanwalt, möglichst einen, der sich in der Scharia auskannte. Daran bestand kein Zweifel mehr. Die ganze Prozedur würde sicherlich viel Zeit in Anspruch nehmen. Und an eine baldige Freilassung war nun nicht mehr zu denken.

Das waren deprimierende Aussichten!

***

Zwei Tage später durften die Diplomaten die Shelter Now-Entwicklungshelfer im Gefängnis besuchen, um über die Wahl eines Anwaltes zu beraten. Ein Richter und ein Vertreter des afghanischen Auswärtigen Amtes waren bei der Besprechung zugegen. Die Diplomaten schlugen den pakistanischen Anwalt Atif Ali Khan aus Peschawar vor. Er wäre zwar noch recht jung, hätte aber unter anderem das Recht der Scharia studiert und würde sie sicherlich gut vertreten können. Die Mitarbeiter willigten ein.

Es sollte aber noch zwei Wochen dauern, bis die Gefangenen ihn das erste Mal treffen konnten, denn einen Tag später, am 11. September, geschah ein Ereignis, das nicht nur New York und die gesamte westliche Welt erschütterte, sondern auch die Situation der acht Inhaftierten dramatisch gefährdete.

***

Tag 40: 11. September 2001

Georg Taubmann: Ich saß in unserer Zelle und las gerade, als die Tür aufgerissen wurde und zwei befreundete Taliban-Wächter aufgeregt hereinstürzten: „Mr. George, wir haben eben gerade im Radio gehört, dass zwei Flugzeuge in New York ins World Trade Center geflogen sind. Die zwei Türme sind zusammengestürzt, es soll Tausende von Toten gegeben haben. Man sagt, es sei ein Terroranschlag und Osama bin Laden solle dahinterstecken."

Die beiden Taliban zeigten sich wirklich bestürzt, und sie gingen ein großes Risiko ein, indem sie mir das erzählten. Ich hatte in den letzten Wochen einige Freunde unter den Wächtern gewonnen, die mir stets die neuesten Nachrichten erzählten und auch Briefe zwischen den Frauen und uns hin und her schmuggelten. Aber es wurde für sie immer gefährlicher, denn ihre linientreuen Kollegen beäugten sie misstrauisch. Unter diesen herrschte natürlich eine riesige Freude, dass den verhassten Amerikanern endlich eins ausgewischt worden war. Sie bejubelten ihren Helden Osama bin Laden und waren stolz auf ihn.

Vor meinen Augen lief eine Art Horrorfilm ab. Mir war sofort klar, was dieser Terroranschlag für uns Gefangene bedeuten konnte und was als Nächstes passieren würde:

Osama bin Laden war mit Mullah Omar eng befreundet und befand sich in Afghanistan, wo ohnehin seine Al Kaida-Kämpfer ausgebildet wurden und an der Seite der Taliban kämpften. Die USA würden die Auslieferung Osama bin Ladens fordern. Mullah Omar würde dies verweigern, worauf die Amerikaner mit militärischen Vergeltungsschlägen reagieren würden. Das konnte sich zu einem Krieg ausweiten. Alle Ausländer würden Afghanistan verlassen, einschließlich unserer Diplomaten. Wir würden als einzige Ausländer zurückbleiben und künftig Geiseln in der Hand der Taliban sein. Bei Angriffen konnte man uns ohne weiteres als menschliche Schutzschilde einsetzen. Auf jeden Fall waren wir künftig der Wut der Taliban gegen Ausländer wehrlos ausgesetzt.

Dieser Gedanke erschütterte mich bis ins Mark. In den letzten 17 Jahren hatte ich bereits mehrere Male die rasende Wut von extremen Moslems und ihre Aggressionen gegen Ausländer miterlebt. Den Anblick eines fanatischen Mobs, der plündernd und drohend durch die Straßen zieht, kann man kaum wieder vergessen. Ich war mir sicher, nach diesem 11. September würde die Welt nicht mehr so sein wie bisher, und wir Shelter Now-Leute steckten im Zentrum des Sturms.

***

Am 13. September verließen die meisten Ausländer Afghanistan: die UN-Mitarbeiter, die Angestellten anderer ausländischer Hilfswerke, ausländische Geschäftsleute und Experten und auch die Diplomaten der Inhaftierten und der Vater von Heather Mercer sowie die Mutter von Dayna Curry. Innerhalb der nächsten Tage folgten die restlichen Ausländer.

Georg Taubmann und Peter Bunch kannten die Fluggeräusche der kleinen Maschinen des Roten Kreuzes und der Hilfsorganisation PACTEC sehr gut, die die Ausländer an Bord hatten – schließlich waren sie oft genug mit ihnen geflogen. Sie hörten, wie sie immer wieder nach Kabul hinein- und wieder herausflogen.

„Jetzt sind wir von allen verlassen“, dachte Georg enttäuscht. „Jetzt kann uns nur noch Gott beistehen!“

Unter den Taliban-Wächtern breitete sich Unsicherheit und Spannung aus. Irgendetwas würden die Amerikaner unternehmen, um sich zu rächen, da waren sich alle sicher. Von den mit ihm befreundeten Wächtern hörte Georg, dass die USA im Begriff waren, eine weltweite Allianz gegen den Terrorismus aufzubauen. Und es war keine Frage, dass die gesamte Weltaufmerksamkeit auf Afghanistan gerichtet war. Georg erfuhr, dass sich Pakistan an die Seite Amerikas gestellt hatte und dass die ersten Flugzeugträger bereits unterwegs waren.

Den von ihnen befürchteten Ausländerhass bekamen die Inhaftierten dann auch von einigen Wärtern immer stärker zu spüren. Dieser Hass zeigte sich durch ihre strengere Bewachung und in den Drohungen, die sie zu hören bekamen, als wären sie für die Misere verantwortlich.

„Hier braut sich etwas ganz Gefährliches zusammen. Hoffentlich geschieht nichts Unüberlegtes“, sagte sich Georg.

Obwohl es einige Zeit dauerte, bis er alle Hürden überwunden hatte, fand der pakistanische Anwalt Atif Ali Khan trotz der angespannten Situation den Weg zu den Inhaftierten. Er wurde von seinem Kollegen Nadschib begleitet. Nadschib war Paschtune und kam ausgerechnet aus dem gleichen Stammesgebiet wie der Gefängnischef. Dieser Umstand besänftigte die Taliban ein wenig, denn sie waren gar nicht erfreut, dass sich ihre Gefangenen tatsächlich einen Anwalt genommen hatten und dann auch noch einen, der angab, sich im Scharia-Recht gut auszukennen. Darüber hinaus hatte Nadschib in einer Madrassa studiert, in der ihr Richter Nur Mohammed Sakib eine Weile unterrichtet hatte.

Zunächst hörte der Anwalt Atif Ali Khan seine Mandanten an. Er war ein zutiefst überzeugter Moslem und deshalb voller Vorurteile gegenüber seinen Mandanten. Kein Wunder, denn er hatte bis dahin nur Schlimmes über sie gehört: Sie hätten in Afghanistan haufenweise christliche Literatur und Bibeln verteilt und Menschen durch ihre Hilfsprojekte zum Christentum bestochen.

Als Georg Atif Ali Khan anfangs zur Seite nahm und fragte, mit was für einer Strafe er und sein Team wohl rechnen müssten, antwortete er deshalb kühl: „Bei dem, was ich über euch gehört habe, rechne ich mit einer Gefängnis- oder sogar Todesstrafe.“ Aber die Scharia kenne ja auch das Prinzip der Gnade und er würde sich schon entsprechend für sie einsetzen. Das war für Georg eine erschütternde Botschaft, die er lieber für sich behielt.

Je mehr sich der Anwalt jedoch mit seinen Mandanten befasste und nach Beweismaterialien forschte, umso erstaunter beziehungsweise entsetzter wurde er, wie böse den Ausländern von den Taliban mitgespielt worden war. Dennoch glaubte er an einen gerechten Prozess und dass er seine Mandanten freibekommen würde.

Doch mit ihrem Anwalt kamen nicht nur Schreckensbotschaften zu ihnen ins Gefängnis, er schaffte es auch, Briefe, Zeitungen und Lebensmittel von der deutschen Botschaft und dem Shelter Now-Team aus Pakistan mitzubringen. In den Paketen waren Strickjacken, warme Unterwäsche, Socken, Decken, Kosmetikartikel, Schokolade und Knabbergebäck. Das war natürlich eine besondere Überraschung und Anlass zu großer Freude.

Die deutschen Mitarbeiter bekamen erst jetzt, nach sechs Wochen Haft, erstmalig Post ausgehändigt. Denn bislang war sie ihnen von dem Gefängnischef unterschlagen worden.

***

Georg Taubmann: Als Peter und ich zurück in unserer Zelle waren, öffnete ich meine Briefe mit zittrigen Händen. Die Handschrift meiner Kinder zu sehen, von Marianne zu lesen, dass es ihnen gut geht – das hat mich sehr tief bewegt, aber gleichzeitig auch den Schmerz der Trennung hochgespült. Gut, dass wenigstens Peter bei mir war. Er nahm mich gleich in den Arm, tröstete mich und betete für mich.

Zu den Sachen, die der Anwalt mitgebracht hatte, gehörte auch ein dicker Umschlag mit einer Sammlung von internationalen Presseartikeln der vergangenen Wochen, die besonders von unserer Gefangennahme berichteten. Als ich diese studierte, begriff ich zum ersten Mal die Dimension unserer Inhaftierung und das große Weltinteresse, in dem wir standen. Solch einen Rummel hatte ich nicht erwartet.

Es enttäuschte mich allerdings zutiefst, wie wir direkt nach unserer Inhaftierung in den Artikeln mancher Zeitungen dargestellt wurden: Als ein kleiner Haufen fanatischer Christen, die in Afghanistan rücksichtslos missioniert hätten. Wir hätten nicht nur selbst Schuld an unserer Misere, sondern zudem noch andere Hilfsorganisationen in Gefahr gebracht.

Warum glaubten die Reporter plötzlich so vorbehaltlos den Übertreibungen und Lügen der Taliban? Die angeblichen Beweise auf den Pressefotos – wie zum Beispiel das Kruzifix, die Audio-Kassette und die Bibel – stammten gar nicht von uns und außerdem war es einfach lächerlich, jemanden deswegen mit dem Tode zu bedrohen.

Die Journalisten wussten doch, wie die Taliban grundsätzlich mit den Menschenrechten und Andersgläubigen umgingen! Sie hatten die einheimischen Frauen jeglicher Rechte beraubt, die historischen Buddha-Statuen zerstört und scherten sich einen Dreck um den Protest der Weltöffentlichkeit. Sie wollten die Hindus aus ihrem Land vertreiben und sie zwingen, zu ihrer besseren Erkennung gelbe Stofffetzen zu tragen – eine makabre Parallele zum Nazideutschland Hitlers, als die Juden gezwungen worden waren, den gelben Judenstern zu tragen. Die Taliban drangsalierten nicht nur uns, sondern hatten bereits vielen anderen Hilfsorganisationen Schwierigkeiten bereitet und Projekte wegen geringfügiger „Vergehen" geschlossen.

Warum, fragte ich mich, machten sich so wenige Reporter die Mühe, auf den Erfolg unserer achtzehnjährigen Entwicklungshilfe sowohl in Pakistan als auch in Afghanistan hinzuweisen? Warum schrieben nur wenige, unter welchen Gefahren wir den Flüchtlingen geholfen haben und wie sehr wir und unsere Arbeit anerkannt waren? Schließlich waren wir von hochstehenden Taliban gebeten worden, in den verschiedenen Regionen Afghanistans zu arbeiten. Sie hatten uns sogar für unsere Arbeit kostenlos Grundstücke und Häuser zur Verfügung gestellt. Viele bekannte Hilfsorganisationen, verschiedene UN-Einrichtungen (wie UNDP, UNCHS und WFP) sowie Regierungen westlicher Länder unterstützten unsere Projekte mit großen finanziellen Zuwendungen und drückten damit unserem Einsatz eine hohe Anerkennung aus.

Auch wenn zwei Mitarbeiterinnen unserer Organisation aufgrund des Wunsches afghanischer Freunde einen Jesusfilm gezeigt hatten, rechtfertigte es noch lange nicht die Zerstörung unseres Hilfswerkes und unsere Gefangennahme. Da hätten wir uns von einigen Vertretern der westlichen Presse mehr Rücksichtnahme und Achtung gewünscht.

Ich brauchte einige Zeit, um diese Zeitungsberichte zu verkraften!

***

Tag 59: 30. September 2001
Am 30. September, exakt drei Wochen nach der ersten Anhörung vor dem „Obersten Gericht", wurden die Shelter Now-Entwicklungshelfer wieder zum Gerichtsgebäude gefahren. Natürlich ohne jede Vorinformation und in großer Hektik. Wohin die Fahrt ging, wurde ihnen auch jetzt wieder nicht gesagt.

***

Georg Taubmann: Was ich dieses Mal so schrecklich fand, war, dass sie einen großen Umweg machten. Meine Vermutung, es ginge zum Gericht, wurde damit zunächst einmal zunichte gemacht. Sie fuhren die Hauptstraße entlang direkt auf den „Ariana Chowk" zu, diesen berüchtigten Platz, auf dem viele Hinrichtungen stattgefunden hatten. Bei jeder öffentlichen Hinrichtung war dieser Platz mit Schaulustigen überfüllt.

„Die wollen uns doch nicht etwa ...?" Mir ging es wie ein Stich ins Herz. Dem Team sagte ich nichts von meiner grauenhaften Befürchtung. Ich zog den Kopf ein und lugte angespannt aus dem Frontfenster. „Wenn da jetzt eine große Menschenmenge steht, dann weiß ich, was passieren wird!"

Der Platz kam in Sicht. Keine Menschenmenge! Ich war unendlich erleichtert. Es war gemein, wie sie mit unseren Gefühlen spielten!

***

Als dann die Gruppe schließlich beim „Obersten Gericht" ankam, erwartete sie keine große Presseschar. Lediglich ein Reporter des arabischen Senders Al Dschasira filmte sie mit einer kleinen Videokamera.

Die Verhandlung verlief für sie leider enttäuschend. Und die Feindseligkeit der Taliban gegen die Ausländer war förmlich zu spüren, denn die angedrohte Bombardierung durch die USA konnte jederzeit beginnen.

Als Erstes mussten die Shelter Now-Mitarbeiter ihren Anwalt formal bestätigen. Sie waren gespannt auf die Anklage, um endlich zu wissen, woran sie waren. Die Ansprache und die Anklage wurden in Dari verlesen. Es gab jedoch keinen Übersetzer für die Angeklagten, und auch der Anwalt konnte nichts davon verstehen, weil er nur Paschtu sprach.

„Wir wollen einen Übersetzer. Wenn wir nichts verstehen, können wir uns nicht dazu äußern", protestierte Georg Taubmann stellvertretend für die Gruppe.

Sein Einwand wurde vollkommen ignoriert. Für die Richter war es also offensichtlich nur noch ein Scheinprozess.

„Wir brauchen eine englische Kopie der Anklageschrift", hakte der Anwalt nach.

Diese wurde dann nach vier Tagen tatsächlich ausgestellt, sie war jedoch verwirrend ungenau: Namen waren vertauscht und zum Teil war die englische Übersetzung so schlecht, dass man nicht herauslesen konnte, was eigentlich gemeint war.

Der Anwalt bekam daraufhin vom Gericht 15 Tage Zeit für seine Verteidigungsschrift. Die Shelter Now-Entwicklungshelfer, die ohnehin nie an ein faires Urteil geglaubt hatten, wussten nun umso klarer, dass sie im Grunde Geiseln waren. Ganz gleich, was ihr Anwalt Atif Ali Khan zu ihrer Verteidigung vorbringen würde, die Taliban würden mit ihnen anstellen, was sie wollten.

***

Margrit Stebner: Das ganze Verfahren vor dem Gericht war ein Witz. Zum Beispiel wurden zur formalen Bestätigung unseres Anwaltes alle unsere Fotos in ein dickes Buch geklebt und jeder von uns musste seinen Daumenabdruck unter sein Bild setzen.

Der Verlesung der Anklageschrift in Dari konnten wir nicht folgen, und als wir vier Tage später die englische Übersetzung in den Händen hielten, hatten wir den Eindruck, dass die Richter uns vier – Peter, Diana, Silke und mich – bislang gar nicht richtig zur Kenntnis genommen und sogar miteinander verwechselt hatten. Wir lasen zum ersten Mal, weswegen wir überhaupt angeklagt waren, und waren empört über die lächerlich geringen und erfundenen Anklagepunkte. Für so etwas saßen wir bereits neun Wochen in diesen trostlosen Gefängniszellen?

***

Der Anwalt Atif Ali Khan setzte sich mit den Inhaftierten zusammen und ging mit ihnen Punkt für Punkt der Anklage durch und jeder von ihnen gab dazu seine Stellungnahme ab.

Die meisten der Anklagepunkte waren verdreht oder erfunden. Die wenigen zurückgelassenen persönlichen Gegenstände eines ehemaligen Mitarbeiters als Beweisstücke für eine Missionierung von Seiten des Hilfswerkes aufzuführen, war lächerlich. Es traf auch nicht zu, dass keine Erlaubnis für das Kinderprojekt vorlag. Dayna Curry verschenkte weder ein Radio noch gab sie der afghanischen Familie eine Radiokarte. Diana Thomas den Besitz einer Radiokarte unterzuschieben, war eine Frechheit, denn sie hatte das genaue Gegenteil in das Verhörprotokoll geschrieben. Peter Bunch und Margrit Stebner waren definitiv nicht in das Kinderprojekt involviert gewesen. Für die beiden und Silke Dürrkopf reichte als Anklage offensichtlich aus, bei dem Hilfswerk angestellt zu sein.

Atif Ali Khan versprach, zügig an der Verteidigungsschrift zu arbeiten und sie dann beim Gericht einzureichen. Angesichts der kläglichen Anklagepunkte gab er sich optimistisch, dass sie bald freigelassen werden würden.

Darüber hinaus hatte der Anwalt von der Deutschen Botschaft in Islamabad die Kopie eines Schreibens von Mullah Omar in die Hand bekommen, das sich mit der Missionierung durch Ausländer befasste. Laut dieses Schreibens sollten Ausländer, die versucht hätten, einen Moslem zum Christentum zu bekehren, bis zu höchstens zehn Tage inhaftiert und dann des Landes verwiesen werden, wenn die Anklage zu Recht bestand. Die Shelter Now-Entwicklungshelfer waren mittlerweile jedoch schon über zwei Monate inhaftiert, ohne dass ihnen die Bekehrung von Moslems in Afghanistan nachgewiesen werden konnte. Als der Anwalt dieses klare Gebot von

Mullah Mohammed Omar den Richtern vorlegte, interessierte es sie jedoch reichlich wenig.
Überhaupt wurden Atif Ali Khan bei seiner Arbeit alle möglichen Hindernisse in den Weg gelegt. So verwehrte ihm der Gefängnischef zum Beispiel den Zugang zu seinen Mandanten. Als der Anwalt sich daraufhin im „Obersten Gericht“ darüber beschweren wollte, ließ man ihn nicht zu den Richtern vor. Beamte ließen sich verleugnen und bearbeiteten wichtige Unterlagen nicht.

Schließlich verließ Atif Ali Khan genervt und überstürzt Kabul, angeblich um in Peschawar in Ruhe über den Unterlagen arbeiten zu können, wahrscheinlicher war jedoch, dass er Angst vor den Bombenangriffen bekam, mit denen die Amerikaner bereits begonnen hatten.

Als der Anwalt nach einer Woche wieder zurückkehrte, legte er den Mitarbeitern seine Verteidigungsschrift vor. Gemeinsam verbesserten und änderten sie noch einige Punkte daran. Als diese Arbeit abgeschlossen war, fuhr Atif Ali Khan zum „Obersten Gericht“, um die Verteidigungsschrift einzureichen, doch dort erreichte er niemanden. Der vorsitzende Richter Nur Mohammed Sakib ließ dem Anwalt lediglich ausrichten, das hohe Gericht hätte jetzt Wichtigeres zu tun, als sich um die Angeklagten zu kümmern.

Zutiefst deprimiert fuhr Atif Ali Khan zu seinen Mandanten ins Gefängnis zurück. Seine mühevoll ausgearbeitete Verteidigungsschrift war noch nicht einmal zur Kenntnis genommen worden.

„Hier geht es nicht um ein gerechtes Gerichtsverfahren“, hatte ihm Georg Taubmann schon vor langem gesagt. „Ganz gleich, was du den Richtern vorlegst, sie werden mit uns machen, was sie wollen. Wir sind für sie lediglich Geiseln. Es hat keinen Sinn, auf das Ende der Gerichtsverhandlungen zu warten. Es ist reine Zeitverschwendung. Wir müssen etwas anderes unternehmen!“

Jetzt glaubte ihm Atif Ali Khan. „Georg, die treiben hier wirklich ein übles Spiel mit euch. Wir stecken in einer Sackgasse. Jetzt hilft nur noch massiver Druck von Seiten der westlichen Länder!“, meinte er vollkommen desillusioniert.

Danach fuhr er geschlagen und enttäuscht nach Pakistan und kehrte auch nicht wieder nach Kabul zurück. Die Taliban verwehrten ihm ohnehin jeden weiteren Kontakt mit seinen Mandanten.

***

Wenige Tage später brach schließlich jeglicher Kontakt der Außenwelt zu den Inhaftierten ab. Die Weltöffentlichkeit wusste nicht mehr, wie es den Entwicklungshelfern ging und was mit ihnen geschah.

Zurück in Kabul

Trotz der Drohung des Richters Shinwari, die Shelter Now-Mitarbeiter bei einer Rückkehr nach Afghanistan wieder vor Gericht zu stellen, hatten alle im Team in Peshawar nach der Bedenkzeit einen Tag später den inneren Frieden und die Gewissheit, dass es richtig wäre, loszufahren. So luden sie das letzte Gepäck auf, stiegen in die Autos - Georg, Marianne, die beiden Jungs sowie Silke und eine amerikanische Mitarbeiterin - und fuhren nach Kabul. Anfang Juni 2002 trafen sie ein - ein gutes halbes Jahr nach ihrer Befreiung in Ghazni.

Len war sehr erleichtert, dass er endlich Verstärkung bekam und Georg mit seiner langjährigen Erfahrung und mit der Unterstützung von Marianne die Leitung des Teams übernahm. Für Georg war es eine große Herausforderung. Sein ausklingender Burn-Out machte ihm noch zu schaffen, und er hatte nicht erwartet, dass die Konfrontation mit der alten Umgebung ihm emotional so zu schaffen machen würde.

Flashbacks und Freudentaumel

Georg Taubmann: Auf der einen Seite freute ich mich riesig, wieder in Kabul zu sein, auf der anderen Seite begegnete ich wieder den Orten, die mir Schauer verursachten. Während meiner Gefangenschaft war ich in fünf verschiedenen Gefängnissen eingesperrt. Jetzt musste ich häufig an ihnen vorüberfahren.

Als Erstes musste alles wieder aufgebaut werden. Es war nichts mehr da. Das alte Büro war geplündert, und die Miete war inzwischen so sehr angestiegen, dass wir die Räume nicht wieder nehmen konnten. So mussten wir uns neue Büroräume suchen und neu einrichten. Jetzt erst erfuhren wir, dass unser altes Büro direkt gegenüber dem Grundstück gelegen hatte, in dem Osama bin Laden gewohnt hatte. Ohne es zu wissen, hatten wir aus unseren Bürofenstern auf die Häuser geschaut, in denen er und seine Getreuen wohnten.

Jeden Tag, wenn ich von unserem neu gemieteten Haus ins Büro fuhr, musste ich an dem Gefängnis vorbeifahren, in dem ich wochenlang verhört wurde. Unser neues Haus befand sich in der Nähe dieses Gefängnisses. Schaute ich bei uns aus dem Wohnzimmerfenster, erblickte ich einen Hügel mit einem wie eine Festung gesicherten Haus auf der Spitze. Das gleiche Gebäude hatte ich vom Innenhof des Gefängnisses auch gesehen - nur von der anderen Seite. Wenn ich darauf schaute, waren sofort die gleichen Gefühle da, die ich im Gefängnis hatte. Plötzlich war ich wie getriggert. Manchmal erzeugten gewisse Geräusche oder Gerüche nicht steuerbare Flash-backs und mir standen schreckliche Situationen vor Augen, die ich einfach nicht wegwischen konnte. Damit musste ich erst einmal umgehen lernen.

Wir hatten auch sehr viele Gäste. Leute besuchten uns und wollten natürlich die Plätze sehen, an denen wir gefangen waren. Ich hatte mich bereit erklärt, mit einem amerikanischen Filmteam eine Dokumentation unserer Gefangennahme und Befreiung zu drehen. Zu diesem Anlass suchten wir alle Gefängnisse auf, in denen wir gefangen gehalten und verhört worden waren. Wir fuhren die Strecke Richtung Ghazni und fanden tatsächlich genau den Container wieder, in dem wir eine grausige, kalte Nacht verbracht hatten. Diese Sachen wühlten mich emotional furchtbar auf. Andererseits war es gut, dass ich es zuließ, denn mit der Zeit lernte ich mehr und mehr damit umzugehen, und die Flashbacks nahmen ab.

Das größte Gegengewicht zu den negativen Gefühlen, die immer wieder aufbrachen, war die unglaubliche Freiheit und Leichtigkeit, der ich auf den Straßen Kabuls begegnete. Da drang

Musik aus den Geschäften, die Menschenmassen schoben sich fröhlich lachend durch die Bazare. Irgendwie fühlte man sich sicher und zusammengehörig. Kaum mehr Frauen in Burkas, dafür mit bunten Kopftüchern, waren zu sehen. Wedding-halls, Hochzeits-Ausrichtungs-Häuser schossen aus dem Boden. Die Restaurants umwarben ihre Gäste und boten sogar alkoholische Getränke an. Es schien, als wollten die Leute alles nachholen, was sie vermisst hatten - es kam mir schon fast ein wenig übertrieben vor. Das Leben in der Stadt Kabul war völlig verändert.

***

Marianne Taubmann: Mir ging es genauso wie Georg. Wir kannten die Zeit unter den Taliban, zu der es sehr viel Bedrückung in der Stadt Kabul gab. Mir kam es vor wie unter einem Deckel ohne Leben. Überall waren bettelnde Kinder und Frauen. Als wir Mitte des Jahres 2002 zurückkamen, war es eine völlig andere Stadt. Leute hatten in den Geschäften Musik an, überall sah man Bilder ausgehängt. Man spürte und sah wirklich eine Atmosphäre von Leben und Hoffnung. Als wir einmal abends durch die Stadt fuhren, tanzten die Leute auf der Straße. Ein Unterschied wie Tag und Nacht! Vorher war Bedrückung, Schwere und Depres-

Wenige Jahre später sah es schon wieder ganz anders aus. Die Anschläge nahmen zu, und immer mehr Leute, vor allem Ausländer, verließen das Land. Da, wo vorher Freiheit und Hoffnung war, sind wieder Bedrückung, Hoffnungslosigkeit und Angst eingezogen. Man sieht viele Barrikaden und Sicherheitsvorkehrungen, fast täglich gibt es Verletzte oder Tote. Die Menschen trauen sich kaum in Restaurants zu gehen oder größere Veranstaltungen zu besuchen, weil man immer Angst haben muss, Opfer eines Anschlags zu werden.

sion, und dann auf einmal alles wie weggeblasen: Die Stadt war voll Leben und voll Hoffnung. Man konnte auch viel Initiative beobachten: Häuser wurden gebaut, Straßen erneuert. Mädchen kamen aus den Schulen herausgeströmt mit ihrer Mädchenuniform: schwarzer Mantel, weißes Kopftuch. Das hatte es vorher nicht gegeben. Die Taliban hatten keine Mädchenschulen zugelassen. Die Restaurants während der Taliban-Zeit konntest du beinahe an einer Hand abzählen, und es war auch unangenehm Essen zu gehen. Wenn Al Kaida Leute hereinkamen, beschimpften und bedrohten sie die Gäste. Und jetzt schossen die Restaurants wie die Pilze aus dem Boden.

***

Georg berichtete, wie er bei seinen Fahrten durch Kabul immer wieder an Orten des Schreckens vorbeifahren musste. Vor allem bereitete ihm der Anblick der Gefängnisse Qualen, in denen er Schreckliches beobachtet und selbst erlebt hatte.

Die ersten drei Wochen vegetierten Georg und sein australischer Mitarbeiter Peter Bunch in einer kleinen Zelle in Isolationshaft vor sich hin. Sie durften keine Post empfangen und konnten keine Briefe versenden. Und sie wussten von nichts, was draußen geschah. Insgesamt verbrachte er seine Haftzeit in fünf verschiedenen Gefängnissen.

Rückblick: Erinnerungen an die Zeiten im Gefängnis

Auszug aus dem Buch „Gefangen in Kabul"

Tag 3: 5. August 2001

Georg Taubmann: Als die Taliban uns am Sonntagnachmittag in die Zelle des Gefängnisses der Religions- und Sittenpolizei führten, waren wir erst einmal geschockt. Ich war bis dahin noch nie in einem Gefängnis gewesen. So etwas kannte ich nur vom Hörensagen. Wir waren in einem kleinen Raum mit den Maßen von etwa 2,5 x 3 Metern eingesperrt. Da gab es keinen Stuhl, keinen Schrank, nur zwei dünne, verdreckte Matratzen auf dem Boden. Wir hatten kein Kissen, keine Decken, nur die Kleidung, die wir auf dem Leib hatten.

Dort angekommen, hockten wir uns erst einmal hin und waren eine ganze Weile stumm. Wir saßen da und konnten es einfach nicht begreifen. Die Verhaftungen hatten uns getroffen wie ein Schlag.

Es war heiß in dem Gefängnis, die Luft roch stickig nach Essensresten und wahre Heerscharen von Fliegen surrten um uns herum.

Nach einer Weile stand ich auf und versuchte mich in dem Halbdunkel zu orientieren. An der Decke hing eine nackte Glühbirne, die ein spärliches Licht von sich gab. An der Seite gegenüber der Tür befanden sich Fenster, doch die zeigten zur Küche, in der für die Taliban gekocht wurde. Daher also der eklige Küchengeruch und der ständige Lärm. In der Zelle gab es außerdem noch eine zweite, kleinere Fensterluke, die mit einem Stück Stoff verhangen war. Dieser wurde immer mal wieder zur Seite gezogen und ein neugieriger Talib starrte uns finster an.

Die Wände hatten Löcher, der Fußboden war mit Dreck übersät. Ich bekam ziemliche Angst vor dem Ungeziefer, denn es war durchaus möglich, dass es dort auch Schlangen oder Skorpione gab. Die Matratzen waren jedenfalls mit Bettwanzen verseucht, die den armen Peter recht bald überfielen. Er lief von da an nur noch mit Schwellungen am ganzen Körper herum.

Es ist wirklich schrecklich, gefangen zu sein. Man sitzt oder liegt, geht ein paar Schritte hin und her und kann nichts tun. Noch nicht einmal richtig schlafen kann man bei dem ewigen Lärm aus der Küche und dem ständigen Beobachtet-Werden.

Und dann wanderten meine Gedanken immer wieder zu meinem Team. Wer war eigentlich alles verhaftet worden? Von Heather und Dayna und einigen afghanischen Angestellten wusste ich es, aber wer noch? Wie viele waren es? Wie mochte es ihnen gehen?

Und was war mit meiner Frau Marianne und meinen beiden Jungen? Hatten die Taliban unser Haus durchsucht? Waren Marianne und die Kinder etwa auch eingesperrt? Die Sorgen waren nicht auszuhalten!

Gut, dass Peter bei mir war, dass ich nicht alleine sein musste. Das war ein echter Trost. Gemeinsam schütteten wir unser Herz vor Gott aus, was so ähnlich klang, wie man es aus den Klagepsalmen in der Bibel kennt.

***

Tag 4: 6. August 2001

Die erste Nacht der beiden Männer war kurz – Georg döste in der fremden Umgebung mehr vor sich hin, als dass er schlafen konnte. Da hatte es Peter schon besser. Er konnte immer und überall fest schlafen.

Kurz vor 4 Uhr morgens schlurften bereits die ersten Taliban zu ihrer zeremoniellen Waschung an ihrer Zelle vorbei zur Toilette, denn um Punkt vier erscholl der Gebetsruf des Mullah. Anschließend an dieses erste Morgengebet wurden die beiden dann von weiteren religiösen Gesängen aus der Madrassa wach gehalten. Darüber hinaus roch und lärmte es aus der Küche, und hin und wieder begaffte sie ein Talib durch das Fenster. Gegen 7 Uhr bekamen sie dann ihr Frühstück: Naan, ein Fladenbrot, und grünen Tee.

***

In den nächsten Tagen verweigerte Georg jegliche Nahrung. Er ließ sich lediglich von einem Wärter abgefülltes Wasser aus dem Bazar kommen. Ein wenig Geld dafür hatte er glücklicherweise bei sich.

„Mr. George, warum isst du nichts?“, wurde er immer wieder gefragt.

Als Antwort darauf beschwerte sich Georg jedes Mal lautstark: „Dies ist ein menschenunwürdiger Ort. Bringt uns woanders hin. Der Küchengestank, die Hitze, der Lärm, die Dunkelheit – das ist nicht zum Aushalten! Und überhaupt: Warum sind wir eigentlich hier? Wir haben nichts verbrochen. Lasst uns endlich frei!"

Offensichtlich beschwerte er sich jedoch bei den falschen Leuten. Denn fast eine Woche lang änderte sich an diesem erbärmlichen Zustand nichts.

Tag 8: 10. August 2001

Für Georg Taubmann und Peter Bunch verstrichen die ersten Tage im Gefängnis der Religions- und Sittenpolizei voller Ungewissheit, Langeweile und bangem Fragen, wie es wohl weitergehen würde.

Am Freitagmorgen wurde es dann plötzlich hektisch.

„Raus, raus! Nimm deine Sachen und komm mit!", wurde Georg hastig aus der Zelle gerufen. Es gehörte zur Verunsicherungstaktik der Taliban, die Gefangenen unvorbereitet mit neuen Situationen zu konfrontieren.

Peter blickte Georg irritiert nach und musste alleine zurückbleiben.

„Wo geht es hin? Warum kann Peter nicht mitkommen?", fragte Georg besorgt.

Ohne ihm etwas zu sagen, fuhren die Wächter Georg zu seinem ersten Verhör, das vom Vormittag bis spät in die Nacht dauern sollte, in die Umerziehungsanstalt – in der bereits die sechs Frauen inhaftiert waren, doch dies war ihm zu diesem Zeitpunkt noch nicht bewusst. Anschließend machten sich die Männer nicht die Mühe, ihn wieder zurückzufahren. Stattdessen wurde er gleich dort in eine Zelle gesteckt, durfte ein paar Stunden schlafen, und am Morgen wurde das Verhör fortgesetzt.

Die neue Zelle, in der Georg die nächsten drei Tage zwischen den Verhören alleine hausen musste, bis endlich auch Peter dorthin verlegt wurde, war genauso klein wie die andere, jedoch ein wenig komfortabler. Sie war nicht ganz so dreckig, es gab weniger Lärm, vor allem keine Küchengerüche. Aber wieder nur zwei dünne Matratzen auf dem Boden und kein einziges Möbelstück. Der Schrank an der Wand gehörte den Wachhabenden, die laufend hereinkamen, um sich etwas daraus zu holen. Das Fenster befand sich an der Nordseite und dahinter stand gleich eine Mauer. Sonne bekamen sie also nie zu sehen. Die Tür war nicht verriegelt, so konnten sie eigenständig zur Toilette gehen, die sich neben ihrer Zelle befand. Nur im Gang saß natürlich ständig eine Wache.

Die Beamten, insgesamt vier bis fünf Männer, lösten sich beim Verhör ab. Zwei von ihnen waren offensichtlich für diese Tätigkeit etwas ausgebildet worden. Einer von ihnen, der besonders aggressiv war, bekam von den Gefangenen später den Spitznamen „long nose" verpasst. Ab und zu, wenn es um religiöse Dinge ging, kam zu den Verhören außerdem der Mullah der angrenzenden Madrassa hinzu.

Durch die verschiedenen Sprachen und die komplizierte Prozedur verliefen die Verhöre sehr langatmig. Zunächst schrieb ein Übersetzer die Frage des Beamten auf Englisch auf. Darauf antwortete Georg in Englisch, was wiederum mündlich in Paschtu übersetzt wurde. Anschließend musste Georg seine Antwort selbst in Englisch aufschreiben und sie mit Datum versehen unterzeichnen.

***

Georg Taubmann: Dieses Unterschreiben war für mich das Kritische! Die Verhandlungen erforderten von mir eine Wahnsinnskonzentration, denn ich musste sehr aufpassen, was ich antwortete, vor allem bei Wiederholungsfragen. Ständig versuchten sie bei ihren Beschuldigungen falsche Geständnisse aus mir herauszuquetschen. Ich war nach jeder Frage-und-Antwort-Prozedur total ausgelaugt und erschöpft. Je länger so eine Verhandlung dauerte – einmal ganze sechzehn Stunden an einem Stück –, umso schwieriger wurde es für mich, bei der Sache zu bleiben.

Zu Beginn gaben sich die Beamten einigermaßen freundlich, aber ihre Stimmung und Fragetechnik konnte schnell umschlagen. Manche Verhöre waren sehr aggressiv und bedrohlich. Ich war ihnen total ausgeliefert. Geschlagen wurde ich zwar nicht, aber oftmals verbal fertig gemacht.

Am Anfang ging es im Wesentlichen um die Hilfsorganisation: Welche Projekte wir betrieben? Wie viele ausländische Mitarbeiter wir hatten?

Wie viele Afghanen beschäftigt waren? Sie wollten genau wissen, wo unsere Häuser standen. Wie lange wir die Miete im Voraus gezahlt hätten? Selbst unsere Mietverträge wollten sie sehen.
Ein besonders kritisches Thema war unser Kinderprojekt. Die Taliban behaupteten, wir betrieben dieses Projekt illegal und hätten heimlich eine Madrassa eingerichtet, um Kinder im Christentum zu unterrichten.

Natürlich hatten wir das Projekt mit dem Planungsamt abgesprochen und auch eine Erlaubnis dafür erhalten, nur wollten sich die Angestellten des Planungsamtes nicht mehr daran erinnern, weil sie Angst vor der Religions- und Sittenpolizei hatten. Das entsprechende Schriftstück war interessanterweise verschwunden.

„Und wie viele Lehrer habt ihr angestellt? Wie heißen sie? Wo wohnen sie?", fragten sie zu jeder Gelegenheit penetrant nach.

„Wir haben nicht illegal gearbeitet, denn wir hatten eine Erlaubnis. Wir haben auch keine Madrassa und keine Lehrer gehabt. Wir haben keine Kinder unterrichtet. Wir haben lediglich Essen an sie ausgeteilt und sie eine Stunde am Tag basteln lassen, damit sie sich etwas Geld verdienen können", wurde ich nicht müde zu antworten.

„Nein, nein, das stimmt nicht! Wir haben Informationen, dass dort christlicher Unterricht gegeben worden ist. Du als Direktor musst doch darüber Bescheid wissen."

Damit logen sie, dass sich die Balken bogen, und versuchten mich mit allen Mitteln zu einem Geständnis zu bringen.

Ein weiterer Vorwurf war unsere angebliche christliche Missionierung. Die Vorführung der Jesus-Dokumentation war für sie ein willkommener Grund. Bei dieser Verhandlung war natürlich der Mullah der Madrassa mit dabei.

„Als Direktor bist du für alles verantwortlich!", fuhren sie mich aggressiv an. „In unserem Land ist es eine kriminelle Handlung, so einen Film zu zeigen."

„Ich kann nicht für alles verantwortlich gemacht werden, was meine Mitarbeiter in ihrer freien Zeit machen", antwortete ich. „Außerdem wurde dieser Film bereits in vielen moslemischen Ländern öffentlich im Fernsehen gezeigt. In Pakistan haben ihn sich viele Moslems angeschaut. Jesus ist doch auch bei euch ein großer Prophet."

„Aber ihr habt Moslems in Afghanistan dazu gebracht, Christen zu werden!", fuhren sie mich an.

„Afghanen reden häufig über Religion", verteidigte ich mich. „Sie fragen uns, woran wir glauben, und wir antworten, dass wir Christen sind. Darf man sich in eurem Land nicht über Religion unterhalten?", fragte ich zurück.

„Das schon, aber ihr benutzt euer Hilfswerk als Lockmittel und macht die Flüchtlinge in den Lagern zu Christen, indem ihr ihnen Geld und Hilfsgüter gebt!", widersprachen sie mir.

„Nein, das tun wir nicht! Shelter Now ist ein soziales Hilfswerk, und wir bauen Häuser, bohren Brunnen und sorgen dafür, dass Nahrung gerecht verteilt wird. Wir helfen jedem Menschen, ganz gleich, welchen Glauben er hat, und ohne jede Gegenleistung."

„Nein, wir haben Beweise gegen euch! Wir haben bei den Frauen und in euren Häusern eine Menge christlicher Literatur und Bibeln gefunden!"

„Dann legt sie uns doch vor!" Ich wusste ganz genau, dass sie das nicht beweisen konnten.

Der Talib, den wir „long nose" nannten, wurde daraufhin sehr laut und aggressiv und schrie: „Ihr seid Kriminelle!"

Den Vorwurf konnte ich nun nicht auf uns sitzen lassen. Da wurde auch ich laut: „Ein Krimineller ist doch wohl jemand, der andere beraubt oder umbringt, aber doch nicht jemand, der eine Jesus-Dokumentation zeigt!", erwiderte ich. „Geht doch mal in unsere Lager, in denen wir eure afghanischen Flüchtlinge schon viele Jahre lang mit Lebensmitteln versorgen. Schaut euch die Camps in Pakistan an! Fragt die Afghanen, die uns in Kandahar, in Helmand, Khost und Logar kennen und unsere Projekte gesehen haben. Geht dahin und fragt die Leute dort, was sie über uns sagen. Sie respektieren uns und sind zutiefst dankbar für all das, womit wir ihnen geholfen haben. Es ist für mich eine ganz große Beleidigung und eine tiefe Verletzung, ein Krimineller genannt zu werden."

Daraufhin schwiegen sie betroffen und brachen das Verhör ab.

Nach diesem Muster verliefen meine Verhöre zwei Wochen lang. Das war eine sehr harte Zeit für mich. Ich bat Peter, während meiner Verhöre für mich zu beten. Schon wenn ich zielstrebige Schritte auf dem Gang hörte, zuckte ich manchmal richtig zusammen, und es packte mich die Angst: „Gleich geht's wieder los mit diesen schrecklichen Verhören!"

***

Die Zeit hinter den Gefängnismauern schleppte sich dahin. Die Hoffnung, bald entlassen zu werden, schwand immer mehr und wich der bangen Frage: „Was wird hier eigentlich für ein Spiel gespielt?"

***

Tag 46: 17. September 2001

Am 17. September, eine gute Woche nach der ersten Anhörung vor dem „Obersten Gericht", wurden die Männer und Frauen von Shelter Now überraschend an einen anderen Ort verlegt. Für die Frauen war es das zweite, für die Männer das dritte Gefängnis.

Ein Wärter stürmte in ihre Zelle und bellte: „Los, zusammenpacken! Es geht an einen anderen Ort. Das Auto wartet schon!"

„Was soll das?", wehrte sich Georg. „Wer hat das befohlen? Wir gehen nicht. Wir bleiben hier!"

„Nein! Das ist ein Befehl!"

Die beiden Männer widersetzten sich jedoch standhaft, sodass schließlich der Gefängnischef persönlich kommen musste und anordnete: „Ihr müsst gehen! Ihr habt keine andere Wahl. Wir bringen euch an einen besseren Ort außerhalb von Kabul, der außerdem sicherer und schöner ist."

„Vielleicht bekommen wir jetzt Hausarrest und können endlich angenehmer leben", hofften die beiden auf Grund dieser Information. Also packten sie ihre wenigen Sachen zusammen und stiegen zu ihren Kolleginnen in den Wagen.

Wieder wurden sie während der Fahrt stark bewacht, denn ein Pick-up voll mit schwer bewaffneten Taliban folgte ihrem Kleinbus. Alle acht waren sehr verwundert und zum Teil verstört über diese plötzliche Verlegung, trotzdem nutzten sie die Zeit des Zusammenseins und erzählten sich die aktuellsten Neuigkeiten. Währenddessen achtete Georg genau auf die Straßen, die sie entlangfuhren. Sie waren ihm vertraut, denn in diesem Stadtteil befand sich ihr Verwaltungsbüro.

Zu ihrer Verblüffung dauerte die ganze Fahrt nur gute zehn Minuten. Dann hielt der Wagen im Stadtteil Scharinau vor einem großen Torbogen an. Georg kannte dieses Tor gut, vor dem stets ein Taliban-Wächter saß, denn er war früher bei seinen Erledigungen oft daran vorbeigegangen. Damals hatte er sich immer gefragt, was sich wohl dahinter verbergen mochte. Nun fuhren sie durch diesen Torbogen. Nach etwa 50 Metern passierten sie ein weiteres Tor und befanden sich in einem Gefängnishof, umgeben von hohen Mauern und Stacheldraht.

Die Entwicklungshelfer protestierten sofort: „Ihr wolltet uns aus der Stadt herausfahren und an einen sicheren und schöneren Ort bringen! Das hier ist ja wieder ein Gefängnis!"

„Das ist euer neuer Aufenthaltsort. Hier werdet ihr bleiben. Steigt aus!", war die kurz angebundene Antwort.

Wieder war das Shelter Now-Team belogen und betrogen worden. Das Gefängnis lag inmitten der Stadt und gehörte obendrein zum Geheimdienst. Damit war es natürlich absolut kein sicherer Ort, vor allem angesichts der zu erwartenden Bombardierungen durch die amerikanischen Streitkräfte.

Georg und Peter konnten sich kaum verabschieden, so schnell wurden die Frauen durch eine Seitentür in ihren Gefängnistrakt geschoben.

***

Peter Bunch und Georg Taubmann wurden nach ihrer Ankunft in einen Hof geführt, der zu dem Männergefängnis gehörte. Dabei handelte es sich um einen alten, verkommenen Bau mit vergitterten Fenstern. Viele Gefangene standen draußen im Hof herum und schauten sie teils neugierig, teils apathisch an. Der erste Eindruck von diesem Ort war für beide schrecklich. Mit ihrem Gepäck in der Hand, eine Decke und eine Plastiktüte waren ihre ganze Habe, wurden sie durch den Eingang geführt, eine große rostige Eisentür. In dem Gebäude war es ziemlich finster, sodass sie kaum etwas erkennen konnten, als sie eine Art Betontreppe ins obere Stockwerk gingen. Oben angelangt, ging es durch eine zweite vergitterte Tür und weiter einen dunklen Gang entlang. Rechts und links befanden sich Zellen mit Türen, die außen und innen mit Stahlblech beschlagen waren und in Augenhöhe ein kleines Guckloch hatten. Die Türen standen offen und die Gefangenen lungerten im Flur herum. Sie wirkten eingeschüchtert, ängstlich und deprimiert. Als dann aber die beiden Ausländer bei ihnen auftauchten, blickten sie ihnen erstaunt und neugierig nach. Einige folgten den beiden den langen Gang entlang nach.

Die Zelle, die Peter und Georg zugewiesen bekamen, war 2 x 3 m groß. Das Fenster war recht groß und vergittert. Es bot einen Ausblick in einen Hinterhof und ließ erkennen, dass das Gebäude in L-Form angelegt worden war. Der Raum war wieder extrem schmutzig und die Wände waren mit Namen und Daten ehemaliger Gefangener vollgekritzelt. Auf der linken Seite der Zelle stand ein verdrecktes Stahlregal und an der rechten Wand ein einziges wackeliges Eisenbett mit einer unglaublich verdreckten Matratze.

***

Georg Taubmann: Peter und ich setzten uns auf das Bett und waren vollkommen fertig. Das mussten wir erst einmal verkraften. Wieder waren wir belogen und betrogen worden, denn anstatt in einem netten Haus waren wir nun im Gefängnis des Geheimdienstes gelandet.

Die afghanischen Gefangenen standen schweigend in der Tür und gafften uns an. „Was sollen bloß diese Ausländer hier?“, werden sie sich wohl gefragt haben. Irgendwie merkten sie, dass wir extrem geschockt waren, denn nach einiger Zeit sprach mich einer von ihnen auf Paschtu an, ob er uns irgendwie helfen könne. Und er war ziemlich erstaunt und erfreut, dass ich seine Sprache beherrschte. Sofort kam Leben in diese armseligen Gestalten und sie bestürmten uns mit Fragen.

Ich fragte: „Gibt es irgendwo noch ein zweites Bett für uns?"

Und schon zogen einige los, um sich nach einem umzusehen. Die anderen machten sich mit uns daran, die Zelle aufzuräumen und zu säubern. Es dauerte nicht lange, bis unsere Mitgefangenen ein zweites Eisenbett aufgetrieben hatten, und gemeinsam versuchten wir, es in die kleine Zelle zu bugsieren. Es klappte, aber leider blieb uns dadurch nur ein kleiner Gang von weniger als einem Meter zwischen den beiden Betten. Die Matratzen mochte ich kaum anfassen und die Kopfkissen hatten große Löcher und waren voller Ungeziefer. Zum Glück hatten wir etwas Geld, das wir einem der Gefängniswärter geben konnten, damit er uns ein Pulver besorgte, mit dem wir dann das Ungeziefer vertreiben konnten. Anschließend legte ich meinen zweiten Schalwar Kamies als Bettlaken auf die Matratze und mein zweites Handtuch, das ich von den Diplomaten erhalten hatte, über das Kopfkissen.

Die verheerenden sanitären Anlagen im Kabuler Gefängnis

Nachdem die „Renovierungsarbeiten" an unserer Zelle abgeschlossen waren, machte ich einen Rundgang durch unsere Gefängnisetage, um die neue Umgebung kennen zu lernen. Und was ich entdeckte, war ein weiterer Kulturschock. So waren an den Toiletten die verfaulten Holztüren aus dem Rahmen gefallen und ein zerlöcherter Vorhang musste nun als Tür herhalten. Dahinter verbargen sich in einem Podest drei Löcher, die bis oben hin mit Exkrementen verstopft waren. Keiner kümmerte sich darum, dass dort irgendwann einmal sauber gemacht wurde. Der Gestank war so bestialisch, dass ich mich beinahe erbrochen hätte.

Während meines Rundgangs fand ich heraus, dass sich in diesem Trakt etwa 50 Gefangene aufhielten, denen es erlaubt war, sich im Gang frei zu bewegen; allein der Ausgang war vergittert und bewacht. Nachmittags durften die Gefangenen für eine Weile ins Freie auf den Gefängnishof. Das Beine-Vertreten war für mich nach den sechs Wochen Isolierhaft, in der ich erst zum Ende hin einige wenige Male kurz nach draußen gehen durfte, eine große Erleichterung. Und auch der freie Zugang zu den Mithäftlingen war neu für mich. Ein neues Kapitel im Gefängnisalltag tat sich für mich auf: Bisher hatte ich nur Kontakt zu den Taliban-Wächtern gehabt, doch nun lernte ich durch die Geschichten der inhaftierten Männer eine Welt des afghanischen Alltags kennen, die mir bis dahin verschlossen gewesen war.

In den letzten siebzehn Jahren hatte ich Afghanen aus allen Gesellschaftsschichten kennengelernt. Ich hatte mit reichen Afghanen in ihren prunkvollen Häusern in Peschawar und Kabul geplaudert. Ich war Gast auf verschwenderischen Hochzeiten gewesen und hatte mit einflussreichen Männern in vornehmen Hotels gespeist.

Auf der anderen Seite hatte ich aber auch viel Zeit mit afghanischen Flüchtlingen in den Lagern verbracht, die wir aufgebaut und mit Wasser und Lebensmitteln versorgt hatten. Ich hatte ihren Leidensgeschichten und ihrer Odyssee durch Afghanistan zugehört. Viele hatten vor den Taliban flüchten, andere hatten ihre Häuser und Felder verlassen müssen, weil sie ihre Familie durch die jahrelange Dürre nicht mehr hatten ernähren können. In abgelegenen afghanischen Dörfern hatte ich mit den Führern der unterschiedlichsten Stämme zusammengesessen, darunter auch mit Führern der Mudschahedin . Manche von ihnen waren abenteuerliche Typen, die mit ihren riesigen Waffenarsenalen prahlten. Ich hatte in den Hutscharas übernachtet, den Gästehäusern der Paschtunen, und Tee in den Zelten der in der Steppe umherziehenden Nomaden getrunken.

Ich kannte also das Leben in der Stadt und das Leben auf dem Lande, ich wusste, wie die Reichen und wie die Armen lebten. Aber das Leben von Afghanen, wie es sich mir hier in dem Gefängnis auftat, war mir so noch nie begegnet. Ich hatte zwar davon gehört, doch dass das Leid so unendlich groß war, hätte ich nie gedacht. Hier hinter den Gefängnismauern erfuhr ich, dass fast jede Familie in Afghanistan unendlich gelitten hatte, nachdem der König 1973 durch einen Putsch gestürzt worden war: Sie hatten ihr Eigentum verloren, waren vertrieben, verhaftet, gefoltert und hingerichtet worden. Fast jede Familie in Afghanistan hatte seit 1979, dem Beginn der Invasion der Sowjets, Tote zu beklagen gehabt.

Ich lernte einen Lebensbereich des afghanischen Volkes kennen, der mich zutiefst erschüttert und meine Liebe zu den Afghanen umso mehr vertieft hat. Die Entbehrungen in diesem grässlichen Gefängnis waren es wert, um diesen authentischen Einblick zu gewinnen. Ich hätte ihn nirgendwo anders bekommen können.

Vom ersten Tag an schloss ich Freundschaften mit diesen Männern, die alle eine einzigartige und tragische Geschichte erlebt hatten. Sie kamen in unsere Zelle, hockten sich auf unsere Matratzen und auf den Boden, und wir erzählten einander aus unserem Leben, manchmal bis weit in die Nacht hinein.

Georg und einer seiner Mithäftlinge

Ich versuchte meinen afghanischen Mitgefangenen zu helfen, wo ich nur konnte: Ich sprach ihnen Mut zu, versorgte sie mit Medikamenten und lieh mir Geld von Silke, die von uns allen am meisten davon ins Gefängnis geschmuggelt hatte, um den Gefangenen und deren hungernden Angehörigen etwas zustecken zu können.

***

Das Zusammenhocken und Erzählen mit den Gefangenen in Georg Taubmanns und Peters Bunchs Zelle wurde leider nicht lange geduldet. Die Gefängnisleitung wurde misstrauisch, mischte Spione zum Aushorchen unter die Gruppe und verbot den afghanischen Gefangenen schließlich den häufigen Kontakt mit den Ausländern. Also änderte Georg seine Taktik und schlenderte ab und zu durch die verschiedenen Zellen, plauderte mal hier und mal dort und war dadurch schnell der Freund fast aller Gefangenen.

Die wenigsten der in diesem Gefängnis inhaftierten Afghanen waren Mitglieder des Volksstammes der Paschtunen, die meisten waren Tadschiken, Usbeken, Hasaren oder Anhänger des von Al Kaida-Leuten ermordeten Nordallianzführers Massud. Dort waren alte und junge Männer aus ganz Afghanistan, die gefangen waren, nur weil sie der „falschen" Volksgruppe angehörten oder ihnen vorgeworfen worden war, mit Oppositionsparteien zusammengearbeitet zu haben.

Unter ihnen war zum Beispiel eine Gruppe von würdigen alten Männern mit weißen Bärten, die wirklich nichts Böses getan hatten, aber nun einmal mit den Taliban nicht auf einer Linie lagen. Und da gab es eine Gruppe von einfachen Nomaden, Kuchi genannt, die mit ihren Kamelen und Schafen durch die Gegend zogen und die an Politik reichlich wenig interessiert waren. Sie waren einfach nur unter dem Vorwurf, Königstreue zu sein, eingesperrt worden. Georg unterhielt sich mit ihnen und fand heraus, dass sie noch nicht einmal den Namen des abgesetzten Königs kannten. Zum Glück konnte ihr Stamm hohe Schmiergelder bezahlen, sodass diese Männer bald freikamen.

Einer der Gefangenen hatte ein Schreibwarengeschäft gehabt, in dem die Häscher der Sittenpolizei Ansichtskarten mit Abbildungen von indischen Schauspielerinnen gefunden hatten. Daraufhin war er für sechs Monate eingesperrt worden.

Doch besonders von den Taliban gesucht waren die Männer, die dem ermordeten Führer der Nordallianz, Massud anhingen. Schon wer nur verdächtigt wurde, mit ihm zu sympathisieren, wurde verhaftet und kam in dieses Geheimdienstgefängnis. Da reichte manchmal allein der Hinweis eines missgünstigen Nachbarn für eine Inhaftierung. Die meisten derart verdächtigten Männer blieben sechs Monate bis zu einem Jahr in diesem Gefängnis und wurden danach in andere Gefängnisse abgeschoben, in denen sie ihre restliche Haftzeit absitzen mussten.

Besonders bestürzend war, dass es keine Rechtsanwälte gab, die sich für diese Männer einsetzten. Die Angehörigen konnten lediglich zum „Richter" gehen und direkt mit ihm verhandeln. Doch dabei ging es immer nur um Schmiergeld. Die geforderten Summen waren dabei derart hoch, dass viele sie gar nicht zahlen konnten. Manche Familien verarmten vollkommen, wenn sie dennoch versuchten das Geld aufzubringen. Ein Gefangener erzählte Georg Taubmann, dass seine Familie gerade im Begriff war, ihr Haus zu verkaufen, um ihn freizubekommen. Aus diesem Grunde würde die gesamte Familie künftig in einem Flüchtlingslager leben müssen.

Viele Gefangene berichteten, dass sie die einzigen Brotverdiener für ihre Familie und meistens auch noch für weitere Verwandte waren. Dazu gehörten oftmals die Schwägerinnen oder die Schwestern mit ihren Kindern, deren Männer im Krieg gefallen waren, die jetzt auf ihre Versorgung angewiesen waren – in Kabul waren im vergangenen Jahr über 10.000 Witwen gezählt worden. Und nun saßen diese Männer im Gefängnis und es gab keinen männlichen Verwandten mehr, der noch Geld verdienen konnte. Kein Wunder, dass viele Familien ihre gesamte Habe verkauften, nur um überleben zu können. Und wer nichts mehr zu verkaufen hatte, musste hungern.

Die Männer, die mit Georg zusammensaßen und ihre Lebensgeschichten erzählten, berichteten übereinstimmend, dass jeder von ihnen bei der

Verhaftung zunächst einmal schwer verprügelt worden war. Sie sprachen von den „cables", das waren Stahlkabel, etwa so dick wie ein Mittelfinger, die mit einer Plastikschicht ummantelt waren.

Georg Taubmann und Peter Bunch in ihrer Zelle

„Ich bekam bei meiner Verhaftung 100 cables", erzählte einer. Und ein anderer berichtete: „Ich bekam jeden Tag 50 cables." Wieder andere berechneten ihre Folterungen in Zeitangaben wie: „Ich bekam zwei Stunden lang cables."

Georg Taubmann und Peter Bunch hörten im Laufe ihrer Gefangenschaft nicht selten das Zischen der Schläge und die Schreie der Männer aus der Folterkammer. Da half auch kein Ohrenzuhalten. Während sie diese unbarmherzigen Folterungen mit anhören mussten, saßen Georg und Peter stets wie erstarrt in ihrer Zelle und konnten nichts anderes tun, als leise zu beten: „Herr, erbarme dich ihrer ..."

***

Georg Taubmann: Bei unseren nachmittäglichen Ausgängen auf dem Gefängnishof sah ich an mehreren Tagen hintereinander einen Mann auf dem Rasen liegen, der sich in Schmerzen wand. Schließlich ging ich zu ihm hinüber, denn ich nahm an, dass er krank wäre und Fieber oder Durchfall hätte. Doch dann erfuhr ich von ihm, dass er täglich geschlagen wurde. Er zeigte mir seine Wunden und klagte über starke Schmerzen, woraufhin ich ihm die höchste Dosis an Schmerzmitteln gab, die ich auftreiben konnte.

Die Geschichte eines anderen Gefangenen, die eines Ingenieurs, verfolgte mich bis in meine Träume: Er war mir aufgrund seiner Hilfsbereitschaft und freundlichen Art gleich aufgefallen und wurde mir während der Haft zu einem echten Freund. Er war von den Taliban verhaftet worden, weil ihn ein Nachbar verleumdet hatte.

Zuvor war er schon einmal sieben Jahre lang in dem berüchtigten Pul-e-Tscharki Gefängnis eingesperrt gewesen, von denen er drei Jahre angekettet in einem Verlies unter der Erde verbracht hatte. Dort hatte er sich weder Haare noch Fingernägel schneiden können und seine Notdurft hatte er einfach unter sich fallen lassen müssen. Während dieser Zeit hatten seine Verwandten nicht gewusst, wo er sich befand, weshalb sie ihn schließlich für tot erklärt hatten. Er erzählte mir von seiner Einsamkeit und Verzweiflung während dieser Jahre, vor allem weil niemand ihn besuchen kam. Seine Mitgefangenen waren in der Zwischenzeit freigelassen oder hingerichtet worden, doch er hatte noch immer in Ketten vor sich hin vegetieren müssen. Als er dann schließlich doch freigelassen worden war, war er geistig verwirrt gewesen. Er war durch die Straßen geirrt und hatte sein Haus nicht wieder finden können. Eine Zeit lang hatte er daraufhin in einer Moschee übernachtet. Als er dann schließlich doch noch sein Haus gefunden hatte, war seine Familie über sein Aussehen und seinen Zustand vollkommen entsetzt gewesen. Erst zu diesem Zeitpunkt hatte er erfahren, dass sein Vater und sein Bruder mittlerweile gestorben waren. Seine junge Frau war von seiner Verfassung so traumatisiert gewesen, dass auch sie einen Monat später durch diesen Schock starb.

Ich könnte noch viele tragische Geschichten erzählen. Ausgerechnet dieser Ingenieur, der so viel Leid erfahren hatte, war ein ungewöhnlich demütiger und hilfsbereiter Mann. Überhaupt fand ich heraus, dass viele von denen, die das Schrecklichste, was man sich nur vorstellen kann, erlebt hatten, ganz außergewöhnliche Persönlichkeiten waren. Mir fiel ihre anteilnehmende und hilfsbereite Haltung auf und dass sie sich über die geringsten Kleinigkeiten freuen konnten. Das waren andere Menschen als die Afghanen, die ich von „draußen" kannte.

Natürlich gab es unter denen, die sehr viel gelitten hatten, auch solche, die geistig verwirrt blieben oder Zuflucht in Drogen suchten. Doch ich gewann sie von Herzen lieb, redete mit ihnen und half ihnen mit meinen bescheidenen Mitteln, wo ich nur konnte.

Überhaupt gab es unter den Gefangenen erstaunlich wenig Spannungen. Der Umgang war anders, als man es sich vielleicht in einem Gefängnis vorstellt oder es in Filmen gesehen hat. Einzig zwischen den verschiedenen Volksstämmen gab es immer mal wieder verbale Auseinandersetzungen, aber keine gewalttätigen Konflikte. Und natürlich traten Spannungen auf, nachdem die Gefängnisleitung einige Gefangene bestochen hatte, um unsere Gespräche und Freundschaften auszuspionieren. Es tat mir besonders weh, dass uns ausgerechnet einer meiner Mitgefangenen, dem ich oftmals beigestanden und auch mit Medikamenten ausgeholfen hatte, bei der Gefängnisleitung bis ins kleinste Detail anschwärzte.

***

Kurze Zeit nachdem Peter Bunch und Georg Taubmann in das Gefängnis des Geheimdienstes eingeliefert worden waren, wurde dort auch eine Gruppe von Studenten inhaftiert. Die Taliban hatten sie unter dem Vorwurf verhaftet, zu den Massud-Sympathisanten der Nordallianz zu gehören. Unter ihnen war ein Paschtune, Mohammed Scharif, der sehr gut Englisch sprach. Er kam aus einer Gegend Afghanistans, in der die Shelter Now-Hilfsorganisation eine Fabrik für Fertigbetonteile für Häuser errichtet hatte. Deshalb war Georg schon oft in Mohammed Scharifs Heimatort gewesen und kannte viele seiner Stammesleute.

Vor seiner eigenen Verhaftung hatte Mohammed Scharif bereits im Radio Scharia gehört, dass einige Ausländer wegen der angeblichen Verbreitung des Christentums inhaftiert worden waren. Sein Stamm hatte gleich vermutet, dass es die Shelter Now-Leute betraf und dass es sich dabei nur um einen Vorwand der Taliban handelte. Jetzt war er in das gleiche Gefängnis gesperrt worden und gespannt darauf, den in seinem Stamm so hoch geachteten Mr. George kennen zu lernen.

Beide Männer schlossen sich gleich gegenseitig ins Herz und verbrachten viel Zeit miteinander. Da Mohammed Scharif gut Englisch sprach, war es auch für Peter möglich, ihren Gesprächen zu folgen, denn sonst sprach Georg mit den anderen Gefangenen hauptsächlich in Paschtu.

Die Mittag- und Abendmahlzeiten nahmen die drei künftig gemeinsam ein. Dies war möglich, weil Mohammed Scharif im Gefängnis eine gewisse Sonderstellung hatte, denn er kam aus einem bekannten und mächtigen Volksstamm. Und der Gefängnischef, Mullah Hassan, wusste, dass er es mit dem Stamm zu tun bekäme, sobald er Mohammed wie die übrigen Gefangenen drangsalierte. Aus diesem Grund konnte Mohammed so oft mit Georg zusammen sein, wie er wollte. Außerdem musste er nicht an den üblichen Gefängnisarbeiten teilnehmen und konnte sich sogar im Gefängnisbüro frei bewegen. Dadurch hatte er die Möglichkeit, sowohl die Radionachrichten zu hören als auch die Gespräche der Taliban mitzuverfolgen.

Mohammed kümmerte sich rührend um Georg und Peter und setzte sich bei der Gefängnisleitung für sie ein. Er sorgte dafür, dass sie jeden Tag ihren Besuch im Frauengefängnis machen konnten und achtete darauf, dass über sie als Ausländer niemals schlecht gesprochen wurde. Einige Male verhinderte er sogar durch sein mutiges Auftreten und Dazwischengehen, dass seine Mitgefangenen zu sehr geschlagen wurden. Sein Einsatz war waghalsig und manchmal gefährlich, aber er hatte einen mächtigen Volksstamm im Rücken, der ohnehin darüber aufgebracht war, dass ihr Mr. George unschuldig eingesperrt war.

Mohammed Scharif war erstaunt, wie gut Georg seine Heimat und Gebräuche kannte. Deshalb wollte er möglichst alles über Georgs Leben erfahren und wie Georgs Hilfsorganisation seinen Landsleuten geholfen hatte. Und weil sie genügend Zeit hatten, saßen sie stundenlang zusammen und Georg erzählte und erzählte.

***

Mohammed Scharif und auch die anderen Mitgefangenen waren zutiefst beeindruckt, wie Peter Bunch und Georg Taubmann ihren Glauben praktizierten. Da zwischen den Zellen ein ständiges Kommen und Gehen herrschte, kamen die Mitgefangenen auch oft am Vormittag bei ihnen vorbei, wenn Peter und Georg gerade ihre Gebetszeit hatten und in der Bibel lasen.

„Könnt ihr uns bitte noch eine Weile allein lassen? Wir beten gerade", bat sie Georg dann meistens.

Doch ihre Mitgefangenen blieben trotzdem im Türrahmen stehen und warteten einige Minuten, denn für sie war ein Gebet eine rituelle Handlung, die nur wenige Minuten in Anspruch nahm. Aber zu ihrer Verwunderung hörten diese Ausländer überhaupt nicht auf zu beten und wie lange sie in ihrem Heiligen Buch lasen! Und dass Georg außerdem noch jeden Freitag, dem Feiertag der Moslems, fastete, ließ ihn in ihrer Achtung noch mehr steigen.

„Ihr seid wirklich gläubige Männer", sagten sie anerkennend, „nicht so wie viele Ausländer, die an keinen Gott glauben und kein Heiliges Buch besitzen."

Manchmal kamen sie und wollten einfach nur einmal Georgs Bibel ansehen. Heilige Bücher waren ihnen schließlich nicht unbekannt, da der Islam insgesamt vier heilige Bücher kennt – den Koran, die Torat und den Sabur (die 5 Bücher Mose und die Psalmen) und die Inschil (das Neue Testament). Doch eine „Inschil" hatten viele von ihnen noch nie gesehen und baten Georg, sie doch einmal in die Hand nehmen zu dürfen. Bevor sie dieses jedoch taten, wuschen sie sich erst ihre Hände, nahmen sie dann achtungsvoll an sich und drückten sie an ihr Herz. Einige küssten die Bibel sogar voller Ehrfurcht.

Manche unter den Gefangenen baten Georg, ihnen daraus vorzulesen. Sie waren neugierig und wissbegierig, obwohl sie von ihren Mullahs gelernt hatten, dass das heilige Buch der Christen eine Fälschung sei. Das Thema „Glauben“ blieb ständig aktuell, sie führten lange Diskussionen darüber und oftmals verließen die Afghanen anschließend sehr nachdenklich den Raum. „Wie können diese Ausländer, die unseren moslemischen Glauben achten und selbst so gläubig sind und vielen afghanischen Flüchtlingen geholfen haben, hier nur eingesperrt sein?“, fragte sich manch einer ihrer Mitgefangenen.

Die große Aufgeschlossenheit Georg Taubmanns den Afghanen gegenüber und seine aufrichtigen Freundschaftsbeweise brachten den Shelter Now-Entwicklungshelfern sowohl bei den Mitgefangenen als auch bei den meisten Taliban-Wächtern viel Achtung ein. Dadurch waren die Hardliner unter ihnen und die Wächter, die generell Ausländer hassten, in ihren Attacken gegen sie gebremst. Wer weiß, wie es ihnen ergangen wäre, hätten sie die Kultur nicht so gut gekannt und sich nicht so weise verhalten?

***

Der Tag der Entlassung für die afghanischen Studenten kam schneller, als alle es erwartet hatten. Und normalerweise verschwanden die Gefangenen auch überglücklich und ohne sich groß zu verabschieden, sobald sie von ihrer Freilassung erfuhren. Doch Mohammed Scharif sah gar nicht glücklich aus.

Als er die gute Nachricht erhalten hatte, ging er sofort zu Georg Taubmann und meinte: „Ich habe die Mitteilung für meine Freilassung bekommen, aber ich werde nicht gehen. Ich bleibe bei euch, bis ihr endlich entlassen werdet. Ich habe mit meinem Vater und Großvater gesprochen, und sie sind einverstanden, auch wenn sie mich natürlich gerne zurückhätten.“

Das war etwa Mitte Oktober und Mohammed Scharif konnte nicht ahnen, dass es noch vier Wochen dauern würde, bis die Shelter Now-Entwicklungshelfer befreit werden sollten. Diese Entscheidung war überdies sehr mutig von ihm, denn in Kabul war es durch die zunehmenden Bombenangriffe der US-Kampfflieger und die Kämpfe an der nur etwa 30 km nördlich liegenden Frontlinie zwischen Taliban-Kämpfern und Nordallianz sehr gefährlich geworden. Viele hatten bereits die Stadt verlassen und Schutz in den Dörfern gesucht.

Georg Taubmann und Peter Bunch waren von dieser aufrichtigen und freundschaftlichen Geste sehr gerührt und ihre Mitgefangenen tief beeindruckt.

***

Eines Tages sagten die Mitgefangenen: „Mr. George, wir haben erfahren, dass deine 16 afghanischen Angestellten auch hier inhaftiert sind. In zwei Zellen, die eine geht zum Innenhof und die andere nach hinten raus."

In der Regel hielten innerhalb der einzelnen Zellentrakte ausgesuchte Gefangene Wache. Einen dieser Wächter konnte Georg für sich gewinnen und über ihn seinen Angestellten kurze Briefchen zuschicken: „Es tut mir so Leid, dass ihr für uns leiden müsst", schrieb er. „Macht euch keine Sorgen um eure Familien. Unsere Mitarbeiter aus dem Büro in Peschawar sorgen für sie."

Die afghanischen Angestellten von Shelter Now wurden von den Taliban in strengster Haft gehalten, intensiv verhört und geschlagen. Auf diese Weise versuchten die Taliban Geständnisse aus ihnen herauszupressen, wie etwa, dass sie zum Christentum überredet oder anderweitig bestochen worden seien. Die Angestellten jedoch blieben standhaft und verleumdeten ihre Arbeitgeber nicht.

Eines Morgens beobachteten Georg und Peter von ihrer Zelle aus, wie ein alter Gefängnisbus vorfuhr und ihre sechzehn Angestellten dort hineinverfrachtet wurden. Durch ihre Informationskanäle erfuhren sie, dass sie in das berüchtigte „Pul-e-Tscharki"-Gefängnis mit etwa 6.000 Gefangenen gebracht wurden. Dort blieben sie dann auch, bis ihre Wärter am 13. November vor den anrückenden Truppen der Nordallianz flohen und sie sich mit den anderen Inhaftierten selbst befreien konnten. Es geschah genau das, was die Shelter Now-Mitarbeiter, die stets eine Hinrichtung ihrer Angestellten befürchtet hatten, nahezu täglich beteten: „Gott, wenn du uns aus den Händen der Taliban befreist, dann rette bitte unsere afghanischen Angestellten, bevor wir gerettet werden!"

Ablehnung und herzliches Willkommen

Bei seiner Rückkehr nach Kabul im Sommer 2002 genoss Georg die Atmosphäre und die neuen Freiheiten auf den Straßen in Kabul. Ohne Gefahr konnte er Freunde besuchen und mit ihnen unbeschwert in Restaurants essen gehen und durch die Straßen bummeln. Bei den Wiederbegegnungen mit altvertrauten Menschen erlebte er allerdings Wechselbäder - die einen begrüßten ihn freudig überrascht und auf den Gesichtern anderer las er Skepsis oder sogar Ablehnung.

***

An einem der ersten Sonntage besuchte Familie Taubmann die internationale Kirchengemeinde. Sie freuten sich darauf, denn auch die Mitarbeiter anderer Hilfsorganisationen waren zurückgekehrt und einige ihrer Freunde gingen dort regelmäßig hin. Einige der Kirchenbesucher begrüßten sie freudig, andere dagegen zeigten sich zurückhaltend oder mieden sie sogar. Als der Gottesdienstmoderator alle bat aufzustehen, welche Erstbesucher oder aus dem Ausland wieder zurückgekehrt waren, überging er ganz bewusst Taubmanns und auch Silke. Er blickte einfach nicht zu ihnen hinüber, sodass sie sich betroffen wieder hinsetzen mussten. So erging es ihnen auch anderswo - aber nur bei Ausländern, jedoch niemals bei den Einheimischen. Ihre ausländischen Bekannten hatten offensichtlich den Medien Glauben geschenkt, die in der Anfangszeit ihrer Gefangenschaft negativ und falsch über die acht Entwicklungshelfer berichtet hatten. Nur wenige waren bereit, ihre Meinung zu ändern oder ein klärendes Gespräch mit Georg zu suchen. Das war keine schöne Erfahrung für ihn.

Im Kontrast dazu waren die Reaktionen der Afghanen ganz anders. Vertreter der afghanischen Regierung hießen Shelter Now herzlich willkommen und freuten sich aufrichtig, dass sie so schnell zurückgekehrt waren. Fast alle sechszehn der gefangen genommenen afghanische Mitarbeiter, die zum Teil auch gefoltert worden waren, kehrten zu ihrer Organisation zurück und wollten wieder mitarbeiten. Überall, wo sie auf Afghanen stießen, die vorher mit ihnen zu tun hatten, gab es freudige Begrüßungen. Die meisten waren erstaunt, dass sie überhaupt zurückgekommen waren - trotz aller Strapazen, Gefahren und der Zerstörung ihrer Einrichtungen. Für viele war es unbegreiflich.

Der Gouverneur von Khost, ein gebildeter Mann, der in Deutschland studiert hatte, veranstaltete ein Empfangsfest in seinem Haus in Kabul. Georg kannte ihn bereits seit 1992. In dessen Region hatten sie Betonwerke für Hausträger errichtet und preiswert an die Bevölkerung verkauft. Georg hielt eine Ansprache, und der Gouverneur ehrte ihn in einer Festrede. Selbst Vertreter aus der Region Khost reisten den weiten Weg an.

Afghanische Gefangene, mit denen Georg im Gefängnis gesessen und zu denen er Freundschaften entwickelte hatte, besuchten ihn, als sie hörten, Georg wäre wieder zurück in Kabul. Eine besondere Freude für Georg war, Maschuk wieder zu treffen. Maschuk verbrachte mit Georg die letzten schlimmen Tage vor der Entführung unter der Bombardierung der Amerikaner in dem gefürchteten Geheimdienstgefängnis in einer Zelle mehrere Meter unter dem Boden. Maschuk wurde mit den acht Shelter Now-Entwicklungshelfern entführt und sollte auch nach Kandahar gebracht werden. Er wurde in dem zweiten Wagen transportiert.

In der kalten Nacht im Container übergab er Georg noch eine warme Decke und eine kleine Taschenlampe. In Kandahar konnte er seinen Entführern entkommen, lief den ganzen Weg nach Kabul zurück und benachrichtigte von dort die amerikanischen Behörden über das Befinden der Geiseln. Jetzt konnten sich die beiden in die Arme schließen und sich ihre Abenteuer erzählen. Bis heute dauert ihre Freundschaft an.

Georg Taubmann: Einmal ging ich zu einem UN-Treffen mit verschiedenen NGO[5]-Organisationen wie der unseren, bei dem auch viele afghanische Mitarbeiter vertreten waren. Leider war ich etwas verspätet. Die Veranstaltung hatte schon begonnen. Ich öffnete leise die Tür und bemühte mich ohne zu stören einzutreten. Als jedoch die anwesenden Afghanen mich sahen, sprangen sie von ihren Plätzen auf, stürmten auf mich zu, umarmten mich und hießen mich lautstark willkommen. Der Redner konnte nicht weitermachen, alle ausländischen NGO-Vertreter schauten erstaunt herüber und fragten sich, wer da wohl Wichtiges hereingekommen war. „Ja, wissen Sie nicht, das ist doch Mr. George von Shelter Now, der im Gefängnis war und jetzt wieder zurückgekehrt ist", wurden sie aufgeklärt.

Ein anderes Mal sitze ich in einem Büro des Ministeriums und ein afghanischer Mitarbeiter kommt herein. Er stutzt, bricht in Tränen aus und nimmt mich herzlich in den Arm. „Mr. George, ich kann nicht fassen, dass du wieder zurückgekehrt bist. Bei dem, was du durchgemacht hast", schluchzt er. Gerade die Afghanen, die auch unter dem Taliban-System gelitten hatten, konnten am meisten nachempfinden, was wir durchgemacht hatten, und waren umso dankbarer, dass wir zurückgekommen sind.

---

5 Eine Nichtregierungsorganisation (NRO bzw. aus dem Englischen Non-governmental organization, **NGO**) oder auch nichtstaatliche Organisation.

***

Im Laufe des Jahres 2002 kam auch der deutsche Außenminister Joschka Fischer mit einer Delegation nach Kabul. Bei einem großen Treffen waren alle deutschen NGOs eingeladen. Sie stellten sich der Reihe nach vor. Als Georg an der Reihe war, sagte er: „Georg Taubmann, Shelter Now International." Ein Raunen ging durch die Delegation. Joschka Fischer schaute ihn ganz perplex an: „Sie? Sind SIE der Herr Taubmann? Sind Sie wieder zurück?" Sein Begleiter fragte noch einmal: „Sind Sie tatsächlich der, der von den Taliban ein Vierteljahr eingesperrt war?" Die Delegation konnte es kaum fassen. Herr Fischer bemerkte dann noch trocken: „Herr Taubmann, Sie haben uns ganz schön Kopfschmerzen bereitet. Passen Sie auf sich auf."

Auch der ehemalige Bundesminister für Arbeit und Sozialordnung, Norbert Blüm, reiste mit einem Kamerateam von Stern-TV an. Das Projekt lief im Namen der Kindernothilfe. Georg traf ihn in Peshawar und führte ihn von den dortigen Flüchtlingslagern über den Khyberpass zu den Projekten von Shelter Now in Afghanistan. Georg zeigte ihm die Suppenküchen, die immer noch tausende von Flüchtlingen versorgten, die Betonträgerwerke und die neu errichteten Schulen. Es war eine abenteuerliche Fahrt mit dem Kleinbus ohne Sicherheitspersonal durch das Paschtunengebiet, auch nicht ungefährlich. Das Filmteam hatte viel zu tun. Norbert Blüm war sehr beeindruckt und fasziniert. Besonders von den Dörfern, die von den Taliban vollkommen zerstört waren und mit Hilfe von Shelter Now komplett wieder neu aufgebaut wurden - mit Häusern, Obstbäumen, Schulen und Brunnenversorgung.

Minister Norbert Blüm mit Georg Taubmann auf der Reise von Peshawar nach Kabul

In Kabul war der Abschluss der Reise. Es gab eine Veranstaltung in der Deutschen Botschaft mit dem Deutschen Botschafter und Vertretern der verschiedenen UN-Organisationen. Norbert Blüm war der Festredner und lobte das Engagement von Shelter Now in den höchsten Tönen. „Hut ab vor einem Mann wie Georg Taubmann, der von Taliban eingesperrt wurde und zu unserem Erstaunen wieder nach Afghanistan zurückgekehrt ist und die Hilfsprojekte wieder neu angefangen hat", waren seine Worte.

Rückblick: In der Schlinge der Religions- und Sittenpolizei

Der Vorwurf der Religionspolizei gegen die vier deutschen, zwei australischen und zwei amerikanischen Entwicklungshelfer lautete: christliche Missionierung von Muslimen. Die Beweisstücke, die sie angeblich sichergestellt hatten, wirkten lächerlich: Die DVD mit dem Jesusfilm, einige christliche Bücher und ein Kruzifix, das niemandem von den Mitarbeitern gehörte. Leider übernahm die Presse zu Beginn der Gefangenschaft kritiklos die falschen Anschuldigungen der Taliban. Manche stellten Shelter Now als christliche Sekte hin, die nur deswegen den Menschen helfe, damit sie sich zum christlichen Glauben bekehren. Letztlich hätte Shelter Now selbst Schuld für die Misere, in der sie steckten. Einmal ausgestreut, hielten sich diese Falschaussagen hartnäckig, wie es Georg selbst bei seiner Rückkehr nach Kabul von ausländischen Entwicklungshelfern zu spüren bekam.

Spätestens nach dem Angriff auf das World Trade Center in New York am 11. September 2001 wurde der Weltöffentlichkeit klar, dass die Shelter Now-Entwicklungshelfer von der Religionspolizei der Taliban in eine Falle gelockt worden waren, um als Geiseln zum Austausch von Al Kaida Terroristen und bei Verhandlungen mit den US-Spezialkräften eingesetzt zu werden. Sonst hätte US-Präsident Bush nicht neben der bedingungslosen Auslieferung Osama Bin Ladens auch ausdrücklich die Freilassung der acht Geiseln gefordert.

In diesem Rückblick lesen Sie, wie die Gefangennahme und Geiselhaft abgelaufen sind:

***

Da Afghanen normalerweise sehr religiöse Menschen sind, werden die Shelter Now-Mitarbeiter häufig gefragt, ob sie Moslems seien oder an was sie glauben würden. Deshalb ergeben sich schnell und unkompliziert Gespräche über den Glauben. Da die Afghanen Ausländer nie öffentlich beten oder ihre Religion ausüben sehen, denken sie häufig, dass sie an keinen Gott glauben (was für sie wiederum total unverständlich ist) und sprechen sie darauf an. Immer wenn der Fastenmonat Ramadan kommt, werden die Shelter Now-Mitarbeiter gefragt, was sie über Fasten und auch über Beten denken, und da ergeben sich immer Gespräche über den Glauben. Religion ist ein ganz wichtiger Bereich im Leben von Afghanen, und wenn man eine Beziehung zu ihnen aufbaut, spricht man schnell über den Glauben, so wie man bei uns über Sport, Hobbies oder Politik spricht.
Es gibt auch viele, die einfach enttäuscht sind von ihrer Religion nach all dem, was sie mit den Taliban erlebt haben. Dann wollen sie wissen, was Christen glauben. Georg wurde von Pfarrern in Pakistan erzählt, dass immer wieder Afghanen in ihre Kirchen gekommen seien und Christen werden wollten, weil sie so enttäuscht von ihrer Religion waren. Einmal saß Georg im Gottesdienst einer internationalen Kirche in Peshawar. Ein älteres afghanisches Paar setzte sich neben ihn und sprach ihn mehrere Male während der Predigt an: „Wir wollen auch Christen werden, wie geht das?“

Auszug aus dem Buch „Gefangen in Kabul"

Tag 1: 3. August 2001

Das erste Wochenende im August 2001 werden die Shelter Now-Entwicklungshelfer in Kabul wohl nie vergessen.

Sie hatten in den vergangenen 18 Jahren seit der Gründung von Shelter Now in Peschawar im Norden Pakistans schon harte Zeiten und lebensbedrohliche Situationen erlebt. Aber so schwer wie es an diesem Wochenende kommen sollte, hatte es sie noch nie getroffen.

***

Der Auslöser ihrer Gefangenschaft und späteren Anklage war der Besuch bei einer afghanischen Familie gewesen. Diese Familie hatten Katrin Jelinek, Heather Mercer und Dayna Curry schon mehrfach bedrängt, sie zu besuchen und ihnen einen Dokumentarfilm über das Leben Jesu zu zeigen.

Katrin hatte die Kinder – drei Mädchen und einen Jungen, ungefähr im Alter zwischen vier und zwölf Jahren – vor längerer Zeit kennen gelernt. Sie waren regelmäßig zu ihrem Haus gekommen, vor dem Silke und sie Essen an Straßenkinder ausgaben. Als dann ihre Mutter eines Tages krank geworden war, hatten die Kinder sie gebeten, nach ihrer Mutter zu schauen. Die gelernte Krankenschwester Katrin hatte einige Medikamente dorthin gebracht, und natürlich hatten sie bei diesem Besuch ganz nach afghanischer Gepflogenheit miteinander Tee getrunken und geplaudert.

Viele Afghanen sind neugierig darauf, wie Menschen aus dem Westen leben und ob sie auch an einen Gott glauben. Während in der westlichen Kultur der Glaube eine Privatsache ist und es eher peinlich wirkt, wenn man darüber spricht, ist es in der moslemischen Kultur das Natürlichste der Welt, über den Glauben zu sprechen. Man will wissen, ob der Khoreji, wie ein Ausländer genannt wird, überhaupt etwas glaubt, und oft genug will man den „Ungläubigen" von seinem eigenen moslemischen Glauben überzeugen. Sichtlich erstaunt reagieren Moslems, wenn sie feststellen, dass ihr

Gast auch gläubig ist, wenn schon nicht an Allah, dann doch an den Gott der Bibel.

So war es auch bei Katrin, als sie auf die Fragen der Frau antwortete, sie glaube an Jesus. Sofort hatten die Frauen der Familie mehr über diesen auch in ihrer Religion hoch geachteten Propheten wissen wollen. Und da sie nicht lesen konnten, hatten sie nach einem Film gefragt.

> Diese Jesus-Dokumentation, die es weltweit in vielen Sprachen gibt, wurde schon in einigen islamischen Ländern gezeigt - auch später auszugsweise im afghanischen Fernsehen. Vieles, was in diesem Film dargestellt wird, stimmt überein mit dem, was ein Muslim über den von ihm sehr respektierten Propheten Jesus (Isa) glaubt.

Da sich Katrin Jelinek an besagtem Freitagnachmittag im August noch auf das geplante Mitarbeitertreffen am Abend vorbereiten wollte, bat sie Heather und Dayna, die afghanische Familie ohne sie zu besuchen. So kam es, dass nur die beiden Amerikanerinnen mit den Frauen und Kindern zusammensaßen, sie sich die gewünschte Dokumentation auf dem Laptop anschauten und Dayna dem Jungen, der unbedingt Englisch lernen wollte, die Kopie eines Kinderbuches in Dari und Englisch gab.

***

Auch Dayna hatte an diesem Nachmittag noch eine Verabredung, verließ die Familie vorzeitig und nahm ein Taxi zu ihrem Zielort. Als der Wagen an einer Kreuzung kurz anhalten musste, riss plötzlich ein Mann die Beifahrertür auf und rief mit drohender Stimme dem Fahrer zu: „Lass mich rein!“

Dayna war geschockt, dass der Taxifahrer einfach einen fremden Mann ins Auto ließ, denn sie saß als Frau ganz allein auf der Rückbank.

„Was soll das? Wer bist du?“, fragte der Fahrer den Fremden.

„Halt den Mund!“, fuhr er ihn nur an und starrte Dayna mit hasserfüllten Augen an.

Dann nahm er ein Funkgerät zur Hand und sprach hinein, woraufhin ein weiteres Auto voll mit Taliban angefahren kam und jemand mit einer Waffe zu Dayna hinten ins Auto stieg.

„Kannst du mich bitte zu meinen Leuten fahren?“, wandte sie sich an den Taxifahrer. „Ich bin eine Frau. Ich bin allein und habe Angst!“

Aber er zuckte nur ängstlich mit den Schultern und zog den Kopf ein. Plötzlich umringte eine ganze Horde von Taliban das Auto.

„Wo sind die anderen Frauen? Wo ist die Ausrüstung?“, bestürmten sie Dayna.

„Ich rede nicht mit euch, wenn ihr so mit mir umgeht. Ich will zu meiner Organisation!“, erwiderte sie.

Aber sie gingen nicht auf Dayna ein. Ganze zwei Stunden hockte sie voller Ungewissheit in diesem Auto. Alle möglichen Gedanken gingen ihr durch den Kopf. In diesem Land wurden Frauen auf den Straßen grundlos geschlagen und weggebracht. Was hatten sie mit ihr vor? Dayna konnte nichts anderes tun, als zu beten. Nach einer schier endlosen Zeit sah sie ein Taxi herankommen, in dem Heather auf der Rückbank saß, eskortiert von einem Wagen voller Taliban.

***

Heather hatte sich mit der Familie in Ruhe das Video zu Ende angeschaut und packte gegen sechs Uhr ihre Sachen zusammen. Diesmal verlief die Verabschiedung von Seiten der Familie nicht so überschwänglich wie sonst. Und als sie über das Grundstück zum Taxi ging, wurde sie nicht von den Frauen und der fröhlich lärmenden Kinderschar hinausbegleitet. Das erstaunte sie ein wenig und auch, dass auf dem Beifahrersitz des Taxis ein ihr unbekannter Mann saß.

„Komisch“, durchfuhr es sie, „wahrscheinlich hat er aus Langeweile seinen Freund dabei.“

„Musstest du schon lange auf mich warten?“, erkundigte sie sich.

Sie erhielt keine Antwort, sondern sah nur die angstgeweiteten Augen des Fahrers im Rückspiegel.

Kaum hatte sie sich auf die Rückbank gesetzt, wurde auch schon die andere Wagentür geöffnet und ein weiterer Mann drängte sich ins Auto.

„Da stimmt was nicht!“ Alarmiert wollte Heather aus dem Taxi springen. Der Kerl neben ihr packte sie jedoch beim Arm. Im Nu war der Wagen von weiteren Taliban mit Kalaschnikows umringt und sie musste wohl oder übel mitfahren.

Nach kurzer Fahrt erreichten sie das andere Taxi, in dem Heather ihre Freundin Dayna sitzen sah. „Ein Glück, jetzt bin ich wenigstens nicht allein“, durchfuhr es sie. Beide wurden zum Aussteigen gezwungen und in ein anderes Auto gesteckt. Dieses wurde von mindestens 30 bewaffneten Taliban eskortiert, während sie in ein Frauengefängnis gebracht wurden.

***

Gewöhnlich trudelten die Shelter Now-Mitarbeiter gegen 18 Uhr zu ihrem regelmäßigen Freitagabendtreffen ein. Die erste Stunde saßen sie meist gemütlich zusammen, plauderten, tranken Tee und aßen eine Kleinigkeit. Um 19 Uhr begann dann der offizielle Teil mit Ansagen, Instruktionen zur Arbeit und einer Andacht.

„Hey, Georg, weißt du, was mit Heather und Dayna ist? Sie sind noch nicht da!“, kam nach einer Weile die Frage aus dem Mitarbeiterkreis.

„Wahrscheinlich besuchen sie noch die Familie, von der sie uns erzählt haben, und kommen etwas später“, beruhigte er sie.

„Trotzdem ist es komisch“, dachte Georg Taubmann bei sich. „Ach was, solche Besuche dauern immer länger als geplant. Erst kommen noch zusätzliche Verwandte, dann ist das Essen nicht rechtzeitig fertig und schon sitzt man ein oder zwei Stunden länger als beabsichtigt“, wischte er die Sorgen beiseite.

Doch während der Andacht konnte Georg sich nicht richtig konzentrieren, da ein ungutes Gefühl in ihm aufstieg. Margrit Stebner ging es genauso.

„Georg, wir müssen etwas unternehmen“, forderte sie ihn deshalb auf.

Katrin, die wusste, wo die beiden zu Besuch waren, fragte: „Soll ich mit Peter und Kurt mal schnell bei dieser Familie vorbeifahren und nachschauen?“

„Ja, bitte. Wir müssen langsam wissen, was los ist!“, erwiderte Georg.

Um nicht unnötig aufzufallen, fuhren die drei nicht mit ihrem eigenen Auto, sondern nahmen ein Taxi. Vor dem Haus der afghanischen Familie angekommen, fanden sie ein ziemliches Durcheinander vor. Die Anwohner standen herum und redeten aufgeregt miteinander.

„Immerhin sind keine Taliban zu sehen“, sagte sich Katrin, sich selbst beruhigend. Ein solcher ist leicht daran zu erkennen, dass er einen Turban trägt und die unvermeidliche Kalaschnikow bei sich hat.

Nach einer Weile kamen einige Frauen auf sie zu und redeten in Dari auf sie ein. Kurt, der die Sprache recht gut beherrschte, hörte in dem aufgeregten Geschnatter immer nur die Worte: „Verrat! Verrat! Selbst die Männer haben sie mitgenommen.“

Den dreien wurde schnell klar, dass hier etwas Ernstes passiert sein musste. Vielleicht wurden Heather und Dayna verhört oder womöglich waren sie verhaftet worden. Also fuhren sie schnell zum Mitarbeitertreffen zurück.

Als sie mit dieser Hiobsbotschaft in die Mitarbeiterrunde hineinplatzten, waren alle erst einmal sprachlos und geschockt. Kurz entschlossen brach Georg das Treffen ab und bat sie, in kleinen Gruppen für Heather und Dayna zu beten.

Anschließend an diese Gebetszeit ließ er sich von Kurt und Jonathan zurück zu dem Haus der afghanischen Familie fahren.

„Vielleicht wissen die Frauen noch mehr und können mir sagen, wer die beiden abgeholt hat. Wohin sie wohl gebracht worden sind?“, ging es ihm durch den Kopf.

Aber die einheimischen Frauen konnten oder wollten ihm keine weiteren Informationen geben. Also fuhren sie zur Polizeistation, die für diesen Stadtteil zuständig war. Die wachhabenden Beamten waren jedoch vollkommen erstaunt und wussten von nichts.

Zu diesem Zeitpunkt war es bereits gegen 21 Uhr und um 23 Uhr begann die Ausgangssperre. „Wer kann uns jetzt noch helfen?“, zermarterte Georg sein Gehirn.

„Hadschi Raschid! Wenn uns überhaupt jemand helfen kann, dann er“, fiel es ihm plötzlich erleichtert ein.

Hadschi Raschid war ein hoher Taliban-Beamter, zu dem Georg in den letzten Jahren eine regelrechte Freundschaft entwickelt hatte. Er würde sicherlich für die beiden Mitarbeiterinnen seinen ganzen Einfluss geltend machen.

Da die Zeit bis zum Beginn der Ausgangssperre drängte, rasten die drei Männer die Straßen Kabuls entlang und verfehlten in der Dunkelheit prompt das Haus des Afghanen. Doch sein Büro fanden sie auf Anhieb. Von dort nahm Georg sicherheitshalber einen der Wächter mit, der ihnen schließlich den richtigen Weg zeigte. So war es bereits gegen 22 Uhr, als sie bei seinem Freund eintrafen.

***

Georg Taubmann: So gelassen wie in dieser Situation nur möglich schritt ich in das Haus meines Freundes, denn unter Afghanen muss man immer viel Zeit mitbringen. Hadschi Raschid freute sich riesig, mich zu sehen.

„Wie geht es dir und deiner Familie? Bist du gesund?“, begrüßte er mich mit ausgestreckten Armen.

Die typisch afghanische Begrüßungszeremonie und der Austausch von Höflichkeiten begannen. Wir setzten uns und tranken Tee. Da ich gerade erst von einem längeren Aufenthalt in Deutschland zurückgekehrt war, erzählte ich ihm von meiner Familie.

„Und als Geschenk habe ich dir aus Deutschland ein Blutdruckmessgerät mitgebracht, wie du es dir erbeten hast“, teilte ich ihm freudig mit.

Er hatte während meines Auslandsaufenthaltes einen Autounfall erlitten und erzählte mir nun alle Einzelheiten. Ich wiederum beteuerte wortreich, wie sehr ich erleichtert wäre, dass ihm nichts Schlimmes passiert war.

Nur keine Hektik zeigen! Immer ganz gelassen bleiben! Ein schneller Blick auf mein Handgelenk zeigte: Es war 22:30 Uhr.

Schließlich wagte ich es doch, mein Anliegen zu äußern: „Hadschi Raschid, etwas Schreckliches ist unserer Hilfsorganisation passiert und ich bin sehr besorgt."

„Mein Freund, sag mir, was vorgefallen ist. Kann ich dir irgendwie helfen?"

„Ja. Zwei meiner Mitarbeiterinnen haben heute Nachmittag eine afghanische Familie besucht und sind dabei offensichtlich verhaftet worden. Ich kann einfach nicht herausfinden, wo sie in diesem Augenblick sind."

„Mr. George, das ist ja schrecklich. Ich verstehe deine Sorge. Ich versuche sofort etwas darüber zu erfahren."

Er ging ans Telefon, wählte eine Nummer und führte mit autoritätsgewohnter Manier ein Gespräch. Dabei beobachtete ich sein Gesicht. Es wurde immer nachdenklicher, besorgter und zeigte zum Schluss sogar Entsetzen.

Hadschi Raschid legte den Hörer auf und trat mit bestürzter Miene auf mich zu.

„Mr. George, deine beiden Mitarbeiterinnen sind tatsächlich verhaftet worden."

„Aber warum nur?", fragte ich verzweifelt.

„Sie sagen, weil sie bei Afghanen irgendwelche Filme gezeigt hätten. Ausgerechnet die Religions- und Sittenpolizei hat sie festgenommen! Auf die habe ich keinen Einfluss. Das ist ein eigenständiges Ministerium, das direkt Mullah Mohammed Omar untersteht. Ich konnte sie nur eindringlich warnen, die Frauen anständig zu behandeln."

„Hadschi Raschid, hab ganz herzlichen Dank für deinen Freundschaftsdienst. Ich bin wirklich sehr, sehr besorgt. Danke, dass du deinen Einfluss geltend gemacht hast und uns hilfst."

„Aber ja doch, mein Freund, für dich tue ich das gern."

„Darf ich dich morgen wieder aufsuchen? Vielleicht kannst du bis dahin noch mehr Informationen bekommen?"

Wir machten aus, uns am nächsten Morgen wieder zu treffen und verabschiedeten uns mit vielen höflichen Worten.

***

Draußen sprangen die drei Männer schnell in ihren Wagen. Es war nun kurz vor 23 Uhr, und die Ausgangssperre in Kabul war eine strikte Angelegenheit. Wer nach 23 Uhr von den Taliban auf der Straße angetroffen wurde, konnte ohne weiteres verhaftet werden. Außerdem war sich Georg nicht sicher, ob die vor kurzer Zeit in Kraft getretene Verlängerung von 22 auf 23 Uhr bereits bis zu allen Wächtern durchgedrungen war. Den Kopf voller Sorgen um die zwei Frauen, gejagt von der Zeitknappheit, raste er, immer nach Straßenposten Ausschau haltend, durch die Stadt und bog kurz nach 23 Uhr erleichtert in die Einfahrt seines Hauses ein.

***

Für Georg wurde es eine kurze Nacht, denn an Schlaf war kaum zu denken. Seine Gedanken kreisten ständig um die gleichen Dinge: „Wie mag es den beiden Frauen gehen? Werden noch andere Mitarbeiter verhört werden? Drohen weitere Verhaftungen? Sollte ich alle Mitarbeiter evakuieren? O Gott, wenn jetzt unser ganzes Projekt hier zerstört wird, wie schon damals vor elf Jahren das in Pakistan?“

***

Tag 2: 4. August 2001

Am darauf folgenden Samstagmorgen gab es eine Krisensitzung nach der anderen. In ihnen bat Georg seine Mitarbeiter, sich auf eine mögliche Evakuierung einzustellen und ihr Notgepäck bereitzuhalten.

„Bitte vernichtet alles, was bei einer Durchsuchung der Religions- und Sittenpolizei als anstößig erscheinen könnte. Denkt daran, selbst die Werbung in einer deutschen Zeitschrift kann schon darunter fallen!“, instruierte er seine Mitarbeiter.

Mullah Omar verkündigte über Radio Scharia laufend neue Gesetze, die man gar nicht alle behalten konnte. Erst vor kurzem war den westlichen Frauen zum Beispiel das Autofahren verboten worden. Eigentlich galt für sie nicht das Gesetz, eine Burka zu tragen, sollte man sie doch als westliche Ausländer erkennen können, doch sie wurden immer wieder von aufgebrachten Taliban beschimpft und angespuckt, weil sie nur einen Tschador (eine Kopfbedeckung bestehend aus einem großen Tuch) trugen. Und natürlich hatten die einzelnen Mitarbeiter christliche Zeitschriften, Bibeln und auch Musik-CDs in ihrer eigenen Sprache in ihrem privaten Besitz, was auch erlaubt war. Aber selbst ein Time-Magazine oder die Zeitschrift Stern konnte je nach Laune der Religions- und Sittenpolizei plötzlich anstößiges Material sein.

Anschließend an die Treffen mit seinen Mitarbeitern fuhr Georg Taubmann erneut ins Büro seines afghanischen Freundes, den er allerdings dort nicht vorfand, dafür jedoch dessen Stellvertreter. Die Tatsache, dass tatsächlich eine DVD in dem besagten afghanischen Haus gefunden worden war und die Religions- und Sittenpolizei hinter der Verhaftung steckte, ließ auch diesen sehr besorgt erscheinen. Er war hin und her gerissen zwischen seiner persönlichen Freundschaft zu Georg und der Sorge, selbst von der Religions- und Sittenpolizei belastet zu werden. Er konnte ihnen nicht weiterhelfen. Georg bat ihn deshalb nur, eine Tasche mit persönlichen Dingen an Heather und Dayna weiterzuleiten.

Zurück im Büro benachrichtigte er die Freunde in aller Welt mit der Bitte, für die kritische Situation zu beten. Die Angehörigen und die Kirchengemeinde von Heather und Dayna wurden angerufen und die Büros der Organisation in Pakistan und Deutschland informiert.

Über dem gesamten Tag und auch dem Abend lastete eine bedrückende Stimmung. Dabei waren die Hektik und die viele Arbeit eine willkommene Ablenkung von den sich immer wieder aufdrängenden Sorgen um die Zukunft.

***

Tag 3: 5. August 2001

Am Sonntagmorgen, früh um sechs Uhr, klingelte es plötzlich heftig an Taubmanns Haustür. Marianne, seine Frau, ging hinunter und lugte vorsichtig durch das Guckloch.

„Können wir Mr. George sprechen? Es ist dringend!", bat einer der Afghanen, die vor der Tür standen.

„Georg, komm schnell. Draußen steht ein Jeep voll mit Männern."

Nichts Gutes ahnend eilte Georg nach draußen und öffnete das Tor. Doch draußen standen afghanische Freunde. Sie wirkten nervös und in großer Eile:

„Mr. George, wir haben Informationen, dass heute euer Büro durchsucht wird, und es kann noch schlimmer kommen."

Georg spürte, dass dies eine vertrauenswürdige Nachricht war und dankte ihnen. Hastig fuhren sie davon.

„Bei all dem, was uns Böses geschieht, gibt es doch immer noch gute Menschen unter den Taliban", ging es ihm dankbar durch den Sinn.

Bereits um acht Uhr trafen sich die Mitarbeiter. „Ich habe zuverlässige Informationen, dass heute unser Hauptbüro durchsucht werden wird", teilte Georg ihnen mit. „Es kann sein, dass sie sich auch noch weitere Häuser vornehmen. Stellt euch auf eine Evakuierung ein."

An weitere Verhaftungen dachte zu diesem Zeitpunkt noch niemand.

„Erledigt bitte eure dringendsten Angelegenheiten und um 14 Uhr treffen wir uns zum nächsten Team-Meeting hier im Haus", sagte er zum Abschied. Doch zu diesem Treffen sollte es nicht mehr kommen. Schlag auf Schlag überstürzten sich in den nächsten Stunden die Ereignisse. Als Erste wurden Diana Thomas und Margrit Stebner vor ihrem Verwaltungsbüro von der Religions- und Sittenpolizei verhaftet, als sie ihr privates Geld und einige Unterlagen aus dem Safe holen wollten. Diana gelang es noch, eine Warnung über Funk abzugeben, der von anderen Mitarbeitern ständig abgehört wurde.

Darauf fuhr Peter Bunch sofort mit dem afghanischen Projektleiter Gul Khan los, um nach dem Rechten zu schauen. Prompt wurden die beiden verhaftet und durften sich selbst ins Gefängnis fahren, da die Taliban keinen eigenen Wagen besaßen.

Katrin Jelinek schaute kurz vor dem 14-Uhr-Treffen in den Häusern des Kinderprojektes nach dem Rechten. Sie wollte den afghanischen Angestellten einige Anweisungen geben und auch etwas Geld hinterlassen für den Fall, dass sie Kabul verlassen musste. Doch dort wurde sie von den Taliban abgefangen und musste sie zu ihrem Wohnhaus führen, wo ihre Mitbewohnerin Silke Dürrkopf, die gerade krank war, von bewaffneten Taliban aus dem Bett geholt wurde.

Georg hatte nach seinem Besuch beim afghanischen Außenministerium den Gedanken gehabt, auf dem Rückweg kurz bei Katrin und Silke vorbeizuschauen, um sich zu vergewissern, dass bei ihnen alles in Ordnung sei. Das hätte er lieber bleiben lassen sollen. Denn dort befand sich zur Bewachung des Hauses immer noch eine Gruppe von Taliban, die ihn kurzerhand in ihren Wagen zerrten und zum Verhör abtransportierten.

***

Margrit Stebner: Es lag wirklich etwas in der Luft. Plötzlich zwei Kolleginnen verhaftet zu wissen, ist nicht so ohne. Da macht man sich schon Gedanken darüber, was wäre, wenn es einen selbst treffen würde.

Diana und ich hatten am späten Vormittag noch schnell ein paar persönliche Unterlagen und vor allem unser privates Geld aus dem Bürosafe holen wollen und waren mit dem Taxi dorthin gefahren. Als wir dort angekommen waren, war das Tor aber verschlossen gewesen und es hatte eine Gruppe von Taliban davor gestanden.

Ohne etwas Böses zu ahnen, fragten wir sie: „Können wir ins Büro und ein paar Sachen holen?“

„Wartet hier. Jemand holt gerade den Schlüssel für den Eingang“, erwiderte deren Anführer.

Wir schickten also das Taxi weg und warteten. In Afghanistan muss man immer Geduld haben. Nachdem eine knappe halbe Stunde verstrichen war, wurde es uns aber doch zu bunt. Da das Taxi weg war, gingen wir zunächst die kleine Straße zurück. Aber wir kamen nicht weit. Sofort stürmten einige Männer hinter uns her, die wir zu ignorieren versuchten. Als sich uns jedoch einer von ihnen mit einer Peitsche in den Weg stellte, wussten wir: Jetzt hat es uns auch erwischt!

„Ihr dürft nicht weggehen. Bleibt hier am Tor. Ihr werdet verhört werden. Wir warten nur auf den Wagen", sagte der mit der Peitsche drohende Talib.

Es gab keinen Zweifel mehr: Auch wir beide waren verhaftet. Da wir nicht länger stehen konnten, hockten wir uns am Tor auf den Boden. Über eine Stunde verstrich, ohne dass überhaupt etwas geschah.

Während wir warteten, kroch mir Panik durch die Glieder und alle möglichen grausamen Bilder gingen mir durch den Kopf: Von Frauen, die geschlagen und misshandelt werden. Von finsteren Verliesen. Wir beteten leise. Das beruhigte mich und nach einigen Minuten schwanden die schrecklichen Bilder aus meinen Gedanken.

Irgendwann traute Diana sich, möglichst unauffällig ihr Funkgerät an den Mund zu nehmen und zu sagen: „An alle, wir sind vor unserem Verwaltungsbüro und die Taliban lassen uns nicht gehen..."Aber schon hatte einer der Wächter das Gerät erkannt und es ihr weggerissen.

Die Gruppe der Taliban saß ungefähr 20 Meter von uns entfernt und beobachtete uns verächtlich. Es waren hauptsächlich junge Männer mit einem schwarzen oder weißen Turban auf dem Kopf und dunklen sonnenverbrannten Gesichtern. Manche waren ganz in schwarze, andere in weiße Salwar Kameez gekleidet (die typische Landeskleidung, bestehend aus einer weiten Hose und einem Hemd). Da stand einer der jungen Kerle auf, spielte mit seiner Kalaschnikow herum und kam auf uns zu.

„Pass auf, Margrit, der wird gleich auf euch schießen", sagte mir eine innere Stimme. „Aber er wird nicht treffen."

„Danke, Gott", flüsterte ich und stieß Diana an: „Vorsicht, gleich schießt der Kerl."

Tatsächlich, er nahm das Gewehr hoch, zielte auf uns – und das Geschoss zischte knapp an unseren Köpfen vorbei.

Diana und ich ignorierten ihn. „Dem Talib geben wir nicht die Genugtuung, uns einschüchtern zu können", dachten wir beide. Wir waren stinksauer auf den Typen und gleichzeitig dankbar, dass wir auf diese heikle Situation vorbereitet waren. Sonst hätten wir nicht so besonnen reagieren können.

***

Alle Mitarbeiter trugen ein Walkie-Talkie mit einer Reichweite von etwa fünf Kilometern bei sich. Peter Bunch hörte den Funkspruch von Diana, schnappte sich Gul Khan, ihren afghanischen Projektleiter, und fuhr zu ihrem Verwaltungsbüro. Als sie auf das Gebäude zufuhren, merkten sie an der dortigen Gruppe von Taliban, dass etwas nicht in Ordnung war.

„Fahr schnell weiter", rief Gul Khan neben Peter.

Peter gab Gas, denn die Taliban liefen schon auf sie zu. Sie hätten auch ohne weiteres entkommen können, doch ihm ging durch den Kopf: „Aber was ist mit den Frauen? Ich kann sie doch nicht im Stich lassen. Die sind in echten Schwierigkeiten. Ich muss ihnen helfen!"

Also drehte er um und fuhr auf die Taliban zu. Sofort umringte die Meute ihn und streckte ihre Kalaschnikows durch die Seitenfenster. Sie schnappten sein Funkgerät und wollten die Autoschlüssel. Peter wehrte sich so lange er konnte. Aber angesichts der Waffen musste er sie doch widerwillig herausrücken.

Dann verhandelte Peter mit ihnen: „Lasst die Frauen gehen! Was soll das Ganze überhaupt? Sie sind doch nur Büroangestellte!"

Aber da war nichts zu machen. Sie zwängten Margrit und Diana und so viele Bewacher wie möglich in ihren Wagen, und die Shelter Now-Mitarbeiter durften sich selbst zum Verhör ins Gefängnis fahren.

***

Silke Dürrkopf: An dem besagten Wochenende war ich noch mit Magen-Darm-Problemen krank und verbrachte die meiste Zeit im Bett. Ich war nach einem zehnwöchigen Aufenthalt in Deutschland gerade vor ein paar Tagen nach Afghanistan zurückgekehrt.

Da die vielen Team-Treffen an diesem Wochenende für mich sehr anstrengend waren, nutzte ich die Mittagspause, um auszuruhen. Ich erwachte von ungewöhnlichen Stimmen und Geräuschen. Dazwischen hörte ich Katrins Kommentare.

„Moment, da stimmt was nicht“, dachte ich. „Es ist besser, du ziehst dich richtig an.“

Ich hatte gerade meine Salwar Kameez übergezogen, da wurde auch schon die Tür aufgerissen und mindestens zehn bewaffnete Männer stürmten herein.

Wieder mein Gedanke: „Das ist ja unmöglich! Ich hab ja noch nicht mal einen Tschador um meinen Kopf gewickelt.“ Ich war unglaublich beschämt und wütend. Nach westlichem Standard war ich zwar ordentlich angezogen, nach paschtunischem jedoch nicht.

In drei Sprachen gleichzeitig beschimpfte ich empört die Eindringlinge, trieb sie aus dem Zimmer und schlug ihnen die Tür vor der Nase zu. Die Kalaschnikows waren mir in diesem Moment egal. Ich wollte einfach die Gelegenheit haben, mich ordentlich anzuziehen.

Vor der Tür redete Katrin beruhigend auf die aufgebrachten Männer ein und erklärte ihnen meine empörte Reaktion. Und sie ließen mir daraufhin tatsächlich ein paar Minuten Zeit, in denen ich mir den Tschador überwarf und aus dem Zimmer trat.

Der Anführer fragte mich nach meinem Namen und ob ich etwas mit Shelter Now zu tun hätte. Daran merkte ich, dass sie mich gar nicht kannten und ich ihnen wohl rein zufällig über den Weg gelaufen sein musste.

„Ihr zwei kommt mit! Wir haben ein paar Fragen. Es wird nur ein bis zwei Stunden dauern. Dann könnt ihr wieder gehen“, logen sie uns an.

Also folgten wir ihnen die Treppe hinunter. Da fiel mir plötzlich ein: „Du solltest dein Geld mitnehmen!“

Ich machte auf dem Absatz kehrt, eilte ins Zimmer und stopfte meinen kleinen Leinensack mit den Dollarscheinen schnell in meine Tasche. Natürlich schickte mir der Anführer einen Talib nach, aber der begriff glücklicherweise nicht, was in dem Säckchen war.

Da es mit Banküberweisungen in Afghanistan schlecht bestellt ist, hatte ich eine Menge Bargeld aus Deutschland mitgebracht, was dann mich und meine Mitgefangenen während der langen Gefangenschaft durchgetragen hat. Bei weiteren Kontrollen interessierte das Leinensäckchen glücklicherweise niemanden.

„Nun gut", dachte ich mir, „ich bin gerade mal seit ein paar Tagen wieder in Kabul. Das muss ja wohl ein dickes Missverständnis sein."

Ich hatte die feste Hoffnung, dass mir nichts passieren würde, denn der Stempel im Pass war schließlich ein unmissverständlicher Beweis meines erst kurzen Aufenthaltes.

***

Georg Taubmann: Ich bekam von den Verhaftungen am Sonntagvormittag nichts mit. Als ich auf dem Weg zum 14-Uhr-Treffen die Straße von Katrins und Silkes Haus entlangfuhr, sah ich eine Gruppe von Taliban vor deren Haus herumlungern.

„Seltsam", dachte ich, „was soll denn das?"

Erstaunt stieg ich aus. Sofort stürmte die Gruppe auf mich zu und umkreiste mich.

„Bist du Mr. George?"

„Ich bin Mr. Taubmann", erwiderte ich, verwirrte sie damit und gewann so etwas Zeit zum Nachdenken.

„Was ist los?"

Sie packten mich grob und zerrten mich in das Haus der beiden Frauen. Überall wimmelte es von Taliban. Ich war erschüttert und wusste gleich, dass wohl auch Katrin und Silke verhaftet worden sein mussten.

Nach einer kurzen Beratung, die ich nicht verstand, entrissen sie mir den Autoschlüssel, zerrten mich zu meinem Wagen und stießen mich auf den Beifahrersitz. Ein Bewacher versuchte sich neben mich zu quetschen, weshalb die Tür jedoch nicht mehr zuging.

Also zerrten sie mich gewaltsam erneut aus dem Wagen, rissen an meiner Kleidung herum und warfen mich grob auf die hintere Sitzbank. Die vorbeieilenden Passanten schauten entsetzt und eingeschüchtert auf diese brutale Szene. Anschließend jagten sie mit mir in meinem Wagen durch die Straßen, während ich eingekeilt zwischen meinen Bewachern hinten drin saß. Sie schleppten mich in ein Büro der Religions- und Sittenpolizei, indem sie mich gewaltsam mitzerrten und wie einen gemeinen Verbrecher behandelten.

Es ist schrecklich, plötzlich ein Gefangener zu sein. Keine Achtung, kein Respekt wurde mir mehr entgegengebracht. Wenn ich zuvor zu einer staatlichen Institution oder Behörde gegangen war, war ich dort immer als Ausländer und erst recht als Direktor eines ehrbaren Hilfsprojektes geachtet worden. Doch diese Leute starrten mich nur verächtlich an.

Irgendwann saß ich dann in einem ziemlich großen Büroraum mit mehreren Schreibtischen. Etwa 15 Afghanen befanden sich mit mir in dem Raum, darunter einige recht wild aussehende junge Männer. Diese legten mir einen Fragebogen zum Ausfüllen vor: Name, Alter, Name des Vaters, des Großvaters, Adresse, wie lange schon in Afghanistan, welche Beschäftigung usw. Eine der ersten Fragen, die sie mir stellten, war: „Wie viele Lehrer habt ihr in eurer Madrassa angestellt? Wie heißen sie?"

„Was? Wie? Madrassa?" Ich verstand nicht, worauf sie hinauswollten.

„Wir haben keine Religionsschule! Wir haben auch keine Lehrer! Wir haben lediglich ein Projekt, wo wir Kindern etwas Arbeit und zu essen geben", antwortete ich.

„Nein, nein! Das stimmt nicht. Du musst uns sagen, wie viele Lehrer ihr angestellt habt und wie sie heißen!"

Sie wollten mir einfach nicht glauben.

Es kamen natürlich noch viel mehr Fragen: „Wie viele Projekte habt ihr? Wo befinden sie sich? Wie viele Mitarbeiter sind bei euch beschäftigt? Wie heißen sie? Wo wohnen sie? Wo sind die anderen Amerikaner?"

Ich war auf der Hut und nannte zunächst einmal nur die, von denen ich wusste, dass sie bereits verhaftet worden waren. Die anderen wollte ich schützen. Es ging reichlich hektisch zu bei dieser ersten Befragung.

Da ging plötzlich die Tür auf und Peter Bunch wurde hereingebracht. Glücklich mich zu sehen, wollte er gleich auf mich zueilen, aber er wurde zurückgehalten.

„Ihr dürft nicht miteinander reden!", befahl man uns grob. Also musste er sich am anderen Ende des Raumes hinhocken und den gleichen Fragebogen ausfüllen wie ich.

Dann bemerkte ich, wie unsere afghanischen Angestellten hereingeführt wurden. Acht konnte ich zählen: unser treuer Projektmanager, Ingenieure, Fahrer, ein Koch und einige Wächter. Sie sahen sehr bedrückt und verängstigt aus. Mir wurde das Herz schwer, denn sie erwarteten sicherlich brutale Verhöre. Ich mochte gar nicht daran denken. Sie wurden dann auch gleich an uns vorbei in einen anderen Raum geführt.

***

Im Nachhinein fügen sich weitere Puzzleteile für eine vorsätzlich gestellte Falle der Religionspolizei zusammen: Die afghanischen Frauen baten übertrieben drängend, den Jesus Film zu sehen. Beim Verlassen des Hauses wurde die Entwicklungshelferin nicht, wie es allgemein üblich ist, von den Kindern und den Frauen zur Straße begleitet. Offensichtlich hatten sie von der geplanten Verhaftung gewusst. Die Tatsache, dass die afghanische Familie nicht gleichzeitig mit den Besuchern verhaftet worden war, ergibt den eindeutigsten Hinweis darauf, dass sie von der Religions- und Sittenpolizei benutzt und unter Druck gesetzt worden war, die Entwicklungshelferinnen einzuladen und zu überreden, diesen Film zu zeigen.

Bei den Verhaftungen hatten die Taliban ständig nach weiteren Namen von Amerikanern gefragt. Sie hatten offensichtlich so viele Amerikaner wie möglich als Geiseln in ihre Gewalt bekommen wollen.

Warum hatten sie gleich einen Tag nach der Verhaftung des Shelter Now-Teams die meisten ihrer Hilfsprojekte zerstört und kurze Zeit darauf deren Häuser geplündert und nicht bis zum Ausgang der Gerichtsverhandlungen gewartet? Doch deswegen, weil die Eliminierung der Hilfsorganisation eine beschlossene Sache gewesen war und es für die Taliban lediglich um einen Schauprozess ging.

Wenn ein Auto erzählen könnte

Georg fuhr die meiste Zeit während seiner 16 Jahre in Pakistan und dann anschließend in Afghanistan hauptsächlich einen Wagen, seinen geliebten silberfarbenen Pajero Jeep. Er hatte ihn von seinem Vorgänger in Pakistan übernommen.
Wenn der Wagen sprechen könnte, er hätte einige besonders dramatische Geschichten zu erzählen...

Georg Taubmann: Ich hatte schon berichtet, dass bei unserer Gefangennahme am 5. August 2001 die Taliban all unseren Besitz raubten und zerstörten: Unsere Büros, die Privathäuser, die Betonwerke und auch unseren Fuhrpark, darunter meinen Dienstwagen, den silberfarbenen Pajero Jeep.

Nach unserer Rückkehr nach Kabul im Frühjahr 2002 waren wir gerade beim Einrichten unserer Büros und unserer privaten Häuser, da kamen zwei der afghanischen Mitarbeiter aufgeregt zu mir und riefen: „Mr. Georg, Mr. George, wir haben deinen silbernen Pajero gesehen." „Wie? Was? Das kann doch nicht sein", erwiderte ich. „Doch. Doch. Ganz bestimmt. Wir werden unsere Augen offen halten und dafür sorgen, dass du ihn zurückbekommst."

Tatsächlich erkannten sie das Fahrzeug im Straßenverkehr wieder und fuhren den Leuten hinterher. Es stellte sich heraus, dass ein Berater des afghanischen Präsidenten Karsai der neue Eigentümer war. Wir konnten nachweisen, dass das Auto zu Shelter Now gehörte und bekamen es anstandslos zurück. Es hatte zwischendurch sogar eine gründliche Inspektion und zwei neue Reifen bekommen. Wir freundeten uns mit dem Berater an, besuchten uns gegenseitig, und er erzählte, wie er an das Auto gekommen war. Einige Taliban waren wohl bei der Befreiung von Kabul durch die Nordallianz mit dem Wagen in die Gegend von Khost geflüchtet und ließen ihn dort stehen. Das herrenlose Fahrzeug wurde zurück nach Kabul gebracht und kam schließlich in die Obhut dieses Beraters.

Mit diesem Gefährt fuhr ich dann noch jahrelang in Kabul herum. Der Wagen hatte aber das Lenkrad auf der rechten Seite, da wir es in Pakistan erworben und gefahren hatten. Solche Autos waren in Afghanistan später nicht mehr erlaubt, und so überführten wir das treue Gefährt wieder nach Pakistan zu den dortigen Mitarbeitern.

Georg Taubmann in seinem geliebten Pajero Jeep

Das Fahrzeug hat aber eine lange Geschichte. Bereits 1990 war es schon in Besitz von Shelter Now, und unser damaliger Leiter fuhr es zu der Zeit. In diesem Auto entkamen er und sein Sohn auf wunderwirkende Weise einem Mordanschlag. Er fuhr gerade außerhalb von Peshawar, als er von Attentätern mit zwei Kalaschnikows beschossen wurde. Er bekam einen leichten Streifschuss, sein Sohn blieb unverletzt, aber die Karosserie war wie durchsiebt von Schüssen, die Windschutzscheibe zerstört, und die Geschosse steckten in den Sitzpolstern und dem Reserverad. Unser Leiter stand unter Schock. Er ging mit seiner Familie zurück nach Amerika, und die Arbeit in Pakistan löste sich für kurze Zeit auf. Ich übernahm die Leitungsaufgaben und bekam den zerstörten Pajero als meinen Dienstwagen. In sorgfältiger Arbeit verklebten wir die Einschusslöcher, schmirgelten sie sorgfältig und ließen den Wagen neu lackieren. Auch wenn das Fahrzeug außen wieder tadellos aussah, ich wurde bei jedem Einsteigen erneut erinnert, was Furchtbares mit ihm geschehen war.

In den Jahren, in denen wir von Peshawar aus die neu begonnenen Hilfsprojekte in Afghanistan leiteten, fuhr dieser Geländewagen häufig die Strecke von Peshawar nach Kabul und wieder zurück. Dies waren zwar nur 280 km, aber die Straßen waren extrem schlecht, voller tiefer Löcher, die umfahren werden mussten. Viele Brücken waren zerstört, sodass wir durch die Flüsse fahren mussten. Fast die ganze Zeit konnte man nur im ersten oder zweiten Gang fahren. Es war also extrem anstrengend für uns, und ich bewunderte den Jeep, wie er uns bis auf wenige Pannen stets treu ans Ziel brachte.

Dieser Wagen blieb mein treuer Begleiter, als wir im Jahr 2000 nach Kabul umzogen. Während der Taliban-Zeit fuhr ich ihn in Kabul. So auch am Tage unserer Verhaftung. Ich wollte schauen, wie es zweien unser Mitarbeiterinnen ging, fuhr zu ihrem Haus und stieg aus. Sofort rannte eine Gruppe von Taliban, die vor dem Haus gegenüber hockten, auf mich zu. Sie packten mich, rissen die hintere Autotür auf und stießen mich mit Gewalt hinein. Links und rechts von mir postierte sich je ein Talib. Einer der Taliban setzte sich hinters Steuer und fuhr mich in meinem eigenen Wagen ins Gefängnis.

Für mich ist es ein humorvolles Wunder, dass ich mich nach meiner Rückkehr in Kabul wieder hinter das Steuer meines treuen, geliebten Pajeros setzen konnte, und er mich noch jahrelang begleitete.

Ein neues Zuhause in Kabul

Georg Taubmann: Als wir im Juni 2002 wieder nach Kabul gingen, wohnten wir vorübergehend in dem verlassenen Haus einer Mitarbeiterin und hatten dort zwei Zimmer. Die Suche nach einem neuen Haus gestaltete sich schwierig, denn die Mietpreise waren nach der Befreiung von den Taliban horrend gestiegen. Gerne wären wir in unser altes Haus zurückgekehrt, aber das war, wie wir erfuhren, bereits an andere vermietet. Immer wieder mussten wir an unser altes Zuhause denken. Wie mochte es da jetzt aussehen? Das Haus war für uns während der Taliban-Zeit wie eine Oase. Wir hatten uns dort sehr wohl gefühlt und hatten es uns auch schön eingerichtet. Uns lag es auf dem Herzen, es noch einmal aufzusuchen. Wir wussten, dass es gefühlsmäßig schwer werden würde, aber wir wollten sehen, was noch übrig war. Außerdem lagen dort noch einige Sachen von uns versteckt.

Es war Juni, und unser Vertrag ging noch bis August, weil wir die Miete vor unserer Verhaftung für ein Jahr im Voraus bezahlt hatten. Als ganze Familie machten wir uns auf dem Weg. Zögernd klopften wir an die Haustür. Eine Amerikanerin öffnete die Tür und schaute uns neugierig misstrauisch an. „Hallo, wir sind die Taubmanns. Wir haben vor Ihnen in diesem Haus gewohnt. Eigentlich ist es immer noch unser Haus, denn wir haben die Miete bis August bezahlt."

Die Frau war ziemlich schockiert und erklärte uns, dass sie davon nichts gewusst hätte. Ihre amerikanische Organisation hätte es gemietet. Sie kannte die Geschichte von den acht Entwicklungshelfern, die von den Taliban eingesperrt wurden und war jetzt noch mehr überrascht, als sie erfuhr, dass ich der Leiter dieser Gruppe war. Sie schaute etwas verwirrt drein, weil sie erkannte, dass wir eigentlich noch die rechtmäßigen Mieter waren. Neugierig fragte ich sie nach der Höhe der Miete. „Meine Organisation zahlt 4000 Dollar im Monat", erwiderte sie. Mir blieb der Mund offen stehen. Wir hatten vor der Geiselnahme monatlich gerade mal 200 Dollar gezahlt. Schmerzhaft war mir klar, dass wir bei diesen Preisen ohnehin nicht mehr hätten einziehen können.

Nach einigem Zögern fragte ich sie: „Dürfen wir hereinkommen und uns noch einmal umschauen?" „Gern, kommen Sie nur herein." Von der alten Einrichtung war nichts mehr da. Sie war von den Taliban zerstört und geplündert worden. Der Vermieter hatte das Haus komplett neu möbliert. Betroffen und mit schmerzvollen Gefühlen schauten wir uns um. Immerhin war das einmal unser liebevoll eingerichtetes Zuhause gewesen, ausgestattet mit persönlichen Dingen und Geschenken lieber Freunde.

Die beiden Jungs fragten, ob sie mal unters Dach klettern dürften. Erstaunt gestatteten die neuen Mieter dies. Sie wussten gar nicht, dass es da eine Luke gab. Flink waren die beiden im Dach verschwunden. Triumphierend kehrten sie mit einem Bündel Musik-CDs und Videos zurück. Bei ihrer überstürzten Flucht aus Kabul hatten sie diese dort noch schnell versteckt, damit sie nicht den Taliban in die Hände fielen. Daniel und Benjamin waren überglücklich und die Mieter total verblüfft, aber auch betroffen angesichts dessen, was wir alles verloren hatten. Traurig und mit schweren Herzen verabschiedeten wir uns und fuhren zurück. Wir hatten wirklich alles verloren, was wir besaßen, und vor allem unser Zuhause. Ein kleiner Trost blieb uns mit dem Schatz, den die beiden Jungen unter dem Dach gefunden hatten.

Ein unerwarteter Test

Georg Taubmann: Wir waren gerade mal wenige Wochen zurück in Kabul, da klingelt es eines Morgens an der Haustür unseres neuen Hauses.

Ich mache die Tür auf. Draußen steht ein junger Mann mit einem Bart, nicht mehr ganz so lang wie bei den Taliban. Er blickt mich eindringlich an und begrüßt mich. Ich schaue ganz verdattert. „Wer bist du, und was willst du?“, frage ich. „Kennst du mich nicht mehr?“, erwidert mein Gegenüber. „Nein, woher soll ich dich kennen?“ Er hilft mir auf die Sprünge: „Ich war einer der Wächter im Gefängnis.“ Da erkenne ich ihn, und wie in einem Film laufen mir die Szenen im Gefängnis vor Augen ab. Erschrocken und mit zusammen gekniffenen Augen frage ich: „Was willst du?“ - absolut schockiert, dass so ein einfacher Talib wusste, wo ich mich aufhalte. „Kannst du mir nicht einen Job geben?“

Das fand ich so frech, dass ich ihn sprachlos anstarre. Ich hätte erwartet, dass er sich vielleicht entschuldigt für das, was im Gefängnis Schlimmes passiert war, oder: „Schön, dass du am Leben bist. Willkommen zurück in Afghanistan.“ Nein, er wollte einfach ganz unverschämt einen Job von mir haben. Da war ich richtig sauer drüber. Scharf erwiderte ich: „Nein, das geht nicht, wir haben keine Jobs.“, wandte mich ab und schloss erregt die Tür. Das war nach afghanischer Kultur sehr abweisend. Aufgewühlt erzählte ich Marianne: „Kannst du dir vorstellen, da stand so ein Taliban Typ draußen, der mich früher im Gefängnis bewachte, entschuldigt sich nicht einmal und will von mir Arbeit haben. Einfach unverschämt!“

Da merkte ich, dass es mir doch schwer fiel, gewissen Menschen zu vergeben. Ich erinnerte mich an meine Worte bei unserer ersten Pressekonferenz in Islamabad, wo ich sagte, dass wir denen, die uns so viel Böses angetan hätten, vergeben würden. Jetzt hatte ich mich doch nicht so verhalten. Reuevoll betete ich, dass Gott mir die Kraft gibt, auch solchen Menschen zu vergeben. Am nächsten Tag klingelte es wieder, und der Typ stand noch einmal vor der Tür. Dieses Mal konnte ich ihm gefasster begegnen. In aller afghanischen Höflichkeit erklärte ich ihm, dass ich keine Arbeit für ihn hätte, weil unsere Organisation noch gar nicht wieder aufgebaut war und verabschiedete ihn auf respektvolle Weise. Test bestanden!

***

Die im Untergrund tätigen Taliban in Kabul wussten, dass Georg Taubmann zurück war. Der ehemalige Talib, der Georg vom Gefängnis als Wächter kannte und bei ihm nach Arbeit vorsprach, ist ein deutliches Indiz dafür. Ein befreundeter Afghane, der Kontakte zu den Taliban hatte, bestätigte Georg, dass die Taliban seit seiner Rückkehr von ihm wussten und ihn beobachteten.

In der Region Khost und in Kandahar baute Shelter Now die Betonwerke wieder auf. Diese Stadt war schnell erneut von den Taliban infiltriert. In Kandahar kamen selbst Taliban zu ihrem Betonwerk und kauften Betonträger. Sie wussten, dass Shelter Now wieder zurück war und hätten jederzeit die deutschen Mitarbeiter angreifen können. Einmal gab es eine kritische Situation, in der ein Talib Mitarbeiter von Shelter Now bedrohte. Diese wandten sich an dessen Boss, der auch schon Dachträger bezogen hatte, und er wurde von ihm persönlich in die Schranken gewiesen.

Das erste Projekt in Shamali

Es war nicht einfach, die Shelter Now-Projekte von Kabul aus wieder in Gang zu bringen. Die alten Büros waren geplündert. Es mussten neue gesucht werden, die auch bezahlbar waren. Die Mietpreise waren in die Höhe geschnellt, weil so viele andere Organisationen, Botschaften und UN-Einrichtungen sich in Kabul um Räumlichkeiten bemühten. Die Renovierung und Einrichtung der Büroräume kostete Zeit und machte Mühe. Auch die zerstörten Projekte wieder in Gang zu bringen, war mühsame Kleinarbeit.

Das erste Projekt, das Shelter Now in Gang brachte, war in Shamalie, im Norden von Kabul. Dieses Gebiet wurde bereits 1998 von den Taliban erobert, die Dörfer zerstört und die Bewohner vertrieben. Das Gebiet konnte zwar wieder zurückerobert werden, aber dann kamen die Taliban im Jahr 2000 wiederum und richteten ein schreckliches Massaker an. Viele Männer wurden ermordet und deren Frauen verschleppt. Die Obstbäume wurden abgeholzt, die Bewässerungsanlagen und Brunnen zerstört. Ihre Lebensgrundlage war einfach vernichtet. Die überlebenden Bewohner flüchteten nach Pakistan und wurden dort von der Regierung in der Wüste in riesigen Zeltdörfern zusammengepfercht - weitab von irgendeiner Stadt. Shelter Now übernahm die Aufgabe, sie unverzüglich mit Trinkwasser zu versorgen und eine regelmäßige Lebensmittelausgabe zu veranlassen.[6]

---

[6] Ostern 2000 war ich (der Autor) mit meiner Familie zu Besuch bei Georg in Peshawar. Wir waren gerade in seinem Geländewagen auf einem Ausflug zum Khyber Pass, als Georg von seinem Projektleiter einen Anruf bekam. Auf dem Beifahrersitz konnte ich das Gespräch mitverfolgen: „Mr. George, wir haben gerade von der UN eine Anfrage bekommen, ob wir eine Erstversorgung für Flüchtlinge aus Shamali/Afghanistan übernehmen können. Einige Tausend sind über die Grenze gekommen und werden hier in einem Lager aufgefangen." „Ja, das machen wir",

Erstversorgung mit Trinkwasser für neuankommende Flüchtlinge, die noch in Zelten leben müssen

Ein nächster Schritt war, medizinische Versorgung und Schulen einzurichten. Da Zelte bei den hohen Temperaturen und Wüstenstürmen auf Dauer lebensunwürdige Unterkünfte darstellen, spezialisierte sich Shelter Now darauf, zusammen mit den Flüchtlingen Lehmhäuser zu bauen, die im Sommer sehr gut vor der Hitze und im Winter vor Kälte schützen. Dies ergab gleichzeitig eine Ar-

---

erwidert Georg. „Schick gleich unsere Tanklaster mit frischem Wasser los, ebenso, was du an Fladenbroten auftreiben kannst. Morgen fahre ich ins Lager und schaue, was noch benötigt wird." „Wow", dachte ich, „so schnell und unkompliziert kann Hilfe geleistet werden." Am nächsten Morgen hatten wir die Gelegenheit, uns mit Georg das Flüchtlingslager anzuschauen. Von diesem Tag an wurden die Flüchtlinge von Shelter Now versorgt bis sie 2002 wieder nach Afghanistan zurückkehren konnten.

beitsmöglichkeit für Flüchtlinge: Sie bekamen die Baumaterialien und Werkzeuge und bauten die Häuser selbst. Der Bau eines Lehmhauses kostete genauso viel wie ein Zelt. Auf diese Weise wurden in den Lagern tausende von Lehmhäusern errichtet. Viele dieser Flüchtlinge wurden außerdem von Shelter Now über die Jahre regelmäßig mit Lebensmitteln und Wasser versorgt.

Neben den Suppenküchen werden auch Bäckereien gebaut, in denen die Flüchtlinge ihr Brot selbst backen können.

Die Flüchtlinge leben sowohl in Zelten als auch in von Shelter Now gebauten Lehmhäusern.

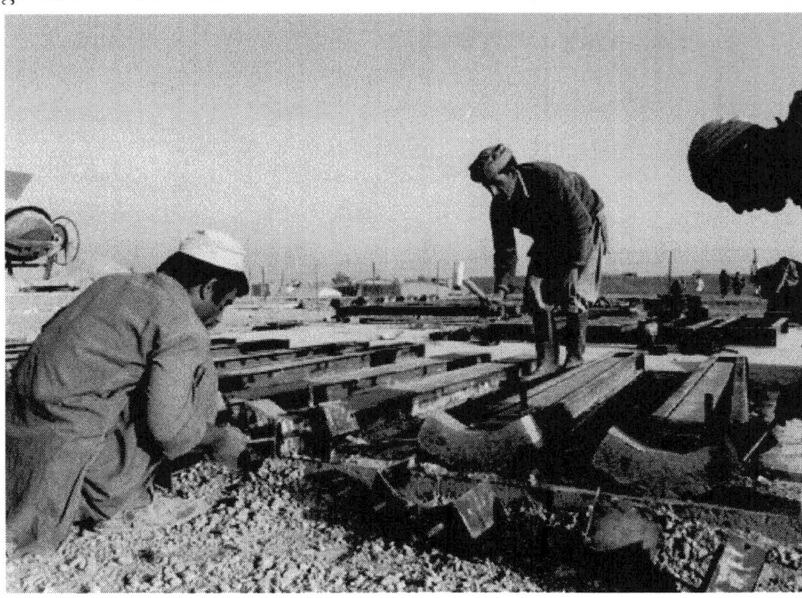

In von Shelter Now errichteten Betonfabriken werden in Ermangelung von Holz Betondachträger zur Erstellung von Dachkonstruktionen hergestellt.

Ein Mann beim Bau seines Lehmhauses. Jedes der ca. 20 m² großen Häuser besteht aus einem Raum und hat ein angebautes Toilettenhäuschen.

In den letzten Jahren stellte Shelter Now das Material für Tausende von Lehmhäusern.

Die afghanischen Flüchtlinge, die nach Pakistan zogen, wurden in wüstenartigen Gebieten außerhalb der Städte gesammelt und kamen zunächst einmal in Zelten unter. In den Sommermonaten wird es in diesen Gebieten allerdings bis zu 50 °C heiß. Da die Frauen aus kulturellen Gründen die Zelte nicht verlassen dürfen, leiden sie und ihre Kleinkinder am meisten. Es gab immer wieder Todesfälle.

Einmal rief der pakistanische Flüchtlingskommissar ganz aufgelöst bei Georg an. Er hatte bei einer seiner Visiten in eins der Zelte geschaut und dort eine fast ohnmächtige Mutter erblickt, die ein totes Kind in den Armen hielt. „Bitte, Mr. Georg", drängte er, „bauen Sie weiterhin diese Lehmhäuser. Wir können gar nicht genug davon bekommen."

***

Als Ende 2001 das Taliban-Regime in Afghanistan gestürzt war und die Taliban aus vielen Gegenden vertrieben waren, wandten sich die Stammesführer der Flüchtlinge aus Shamalie, die in den Flüchtlingslagern außerhalb Peshawars untergebracht waren, an Georg in Kabul und baten ihn, ihnen zu helfen ihre Dörfer wieder aufzubauen, damit sie endlich aus den erbärmlichen Flüchtlingslagern zurückkehren könnten. Das ganze Gebiet war völlig zerstört und dem Erdboden gleichgemacht worden. Vor allem gab es ohne Bewässerung durch Brunnen keine Chance zu einem Wiederaufbau.

Eine ganze Reihe von Familien hatten bei dem Umzug vom Flüchtlingslager in Pakistan zurück nach Shamalie die Türen ihrer Lehmhäuser mit auf die Lastwagen geladen. Auf den Türen war groß SNI (Shelter Now International) und die Spenderorganisation gemalt. Jetzt konnte man diese Aufschrift an vielen Häusern in Shamalie erkennen.

Georg sagte zu, und so wurde der Wiederaufbau der Dörfer um Shamalie das erste Projekt nach der Einrichtung des Büros in Kabul. Die Flüchtlinge kehrten zurück. Als Erstes wurde eine Fabrik für Betonträger und Dachplatten errichtet, in der sofort Dorfbewohner Arbeit fanden und sich an den Wiederaufbau ihrer Häuser machen konnten.[7] Später folgte die Produktion von Betonpfeilern für die Weingärten. Hunderte von Häusern und drei Schulen wurden gebaut. Jede Familie bekam von Shelter Now

---

[7] Dieses Projekt wurde mit finanzieller Hilfe der Bundesregierung und der deutschen Organisation „Nehemia“ aufgebaut.

Hausbetonträger, Dachplatten sowie Fenster- und Türrahmen, sodass sie sich ihr eigenes Haus bauen konnten. Es war gerade dieses Projekt, das Norbert Blüm auf seiner Rundreise sehr beeindruckt hatte.

Zügig wurden die Brunnen und die Bewässerungsanlagen wieder in Stand gesetzt. Da alle Haustiere abgeschlachtet worden waren, startete Shelter Now ein Projekt, mit dem Kühe an die Familien ausgeteilt wurden. Diese konnten später bezahlt werden, womit wiederum andere Familien die Möglichkeit bekamen, für sich Kühe zu erwerben.[8] Da die Familien nach ihrer Rückkehr keine Lebensmittel besaßen, wurden sie von Shelter Now regelmäßig damit versorgt, bis sie ihre erste eigene Ernte einbringen konnten.

***

Georg Taubmann: Für mich waren es bewegende Momente, diese alten Türen mit dem Shelter Now-Logo an den neuen Häusern zu sehen. Da kam in meinen Erinnerungen ein Stück unserer Geschichte hoch. Den gleichen Menschen, denen wir vor Jahren eine Erstversorgung geboten hatten, halfen wir jetzt wieder ein neues beständiges Zuhause aufzubauen. Bei meinen Reisen durch Afghanistan ging es mir öfters so, dass Stammesälteste mich ehrfurchtsvoll begrüßten und sagten: „Wir kennen uns schon von den Flüchtlingslagern in Pakistan. Unsere Kinder haben die Milch getrunken, die ihr verteilt habt. Ihr habt uns geholfen zu überleben.“ Manche von denen, die ab 2002 zurückgekehrt waren, hatten bis zu zwanzig Jahre in den Flüchtlingslagern leben müssen - die ganze Zeit von Shelter Now versorgt.

---

[8] Dieses Projekt wurde von der Kindernothilfe gemeinsam mit Shelter Now verwirklicht.

Shelter Now-Mitarbeiterinnen zurück in Kabul

Alle drei deutschen Mitarbeiterinnen kündigten bereits bei ihrer Befreiung an, dass sie beabsichtigten wieder nach Kabul zurückzukehren. Silke Dürrkopf machte es als erste wahr, indem sie gleich im April 2002 die Familie Taubmann zunächst nach Peshawar und dann weiter nach Kabul begleitete. Sie blieb bis 2004, unterrichtete Benjamin und arbeitete in dem neu eingerichteten Büro in Kabul.

***

Margrit Stebner blieb noch einige Monate in Deutschland und hielt viele Vorträge über die Erfahrungen während ihrer Gefangenschaft. Im Oktober 2002 flog auch sie nach Kabul und blieb dann fünf Jahre bei Shelter Now. In der Hauptsache arbeitete sie in der Verwaltung, verantwortete die Gästebetreuung und war Georgs persönliche Sekretärin. 2007 verwirklichte sie ihren Traum und begann einen Dienst in einem Land im Mittleren Osten. „Ich spürte einfach, dass meine Zeit bei Shelter Now zu Ende ging und ein neuer Berufungsschritt anstand", begründet sie ihre Entscheidung.

***

Margrit Stebner: Für mich war es von vornherein klar, dass ich zurückgehen werde. Ansonsten wäre es mir wie ein nicht abgeschlossenes Kapitel in meiner Lebensgeschichte vorgekommen. Ich hatte dort einen Auftrag und wollte ihn zu Ende bringen. Ich wollte unbedingt zurück und habe es nie bereut - auch wenn es eine herausfordernde Zeit war, gerade am Anfang.

In meine alte Wohnung konnte ich nicht mehr zurück. Die war von den Taliban besetzt und geplündert worden. Wie die anderen musste ich komplett neu anfangen: neue Unterkunft, neue Einrichtung, neue Haushaltsgegenstände. Zunächst mietete ich ein Zimmer in dem Haus einer Freundin. Später konnte ich ein Häuschen direkt neben Taubmanns auf ihrem Grundstück beziehen. Da konnte ich gut Gäste empfangen. Es war sehr angenehm, direkt nebenan zu wohnen.

Gleich nach meiner Ankunft fiel mir auf, dass die Atmosphäre in der Stadt wie verwandelt war. Es gab wieder Leben auf den Straßen, wie es halt im Orient üblich ist. Die Bazare waren brechend voll von Waren und Menschen. Es wurde gelacht und laut Musik gespielt. Das war unter den Taliban gar nicht möglich gewesen; da ging es zu wie in einer Geisterstadt. Wenn ich zurückdenke, dass 60 % von Kabul zerstört war… Es gab keine Infrastruktur, überall zerstörte Straßen und Häuser, kein Telefon, keine Post. Unglaublich, wie sich dann alles verändert hat.

Auch die Sicherheitslage war in meinen ersten zwei Jahren in Kabul eine andere. Natürlich muss man stets ein gutes Gespür für die unterschiedlichen Situationen haben. Ich lebe stets mit einer gewissen Wachsamkeit, aber glücklicherweise bin ich kein überängstlicher Mensch. Das darf man auch nicht sein, wenn man dort leben will.

2004/2005 spürte man jedoch den wachsenden Widerstand der Taliban. Auch eine gewisse Unzufriedenheit und Enttäuschung unter den Afghanen. Viele hatten sich den Wiederaufbau einfacher vorgestellt. Die Lebensumstände verbesserten sich für die meisten nicht so schnell wie erhofft, und das schürte die Unzufriedenheit in der Bevölkerung. Die Taliban hatten sich wieder neu aufgestellt und begannen, Widerstand gegenüber den afghanischen und ausländischen Truppen zu leisten. Auch Ausländer und ihre Hilfsorganisationen wurden zu Feinden und wurden bekämpft. Neu und erschütternd waren die Selbstmordanschläge; die gab es in dieser Art früher nicht.

Emotional ging es mir nach meiner Rückkehr nach Kabul eigentlich sehr gut. Die Aufbruchsstimmung war ansteckend, und wir hatten so viel mehr Möglichkeiten. Mit den anderen besuchte ich die alten Plätze: die Gefängnisse, das oberste Gericht, Ghazni. Besonders die letzten drei Tage vor der Befreiung waren richtig krass, irgendwie irreal: Die Entführung nach Kandahar, dann die unerwartete Befreiung in Ghazni und die verrückte Hubschraubergeschichte. Das war alles so schnell abgelaufen, dass ich ein „wildes" Bild von den Geschehnissen in mir trug. Es fühlte sich bis dahin an, als wäre ich aus einem „Action Film" gekommen. Die Leute und die Orte wiederzusehen, sich zu erinnern und darüber zu sprechen, hat mir geholfen, mit unserer Geschichte wieder mehr Bodenhaftung zu bekommen. Ich hatte mich irgendwann in dieser Zeit innerlich entschieden, dass die dreieinhalb Monate Geiselhaft nicht mein Leben bestimmen sollten. Außerdem wollte ich auch keine Identität als Taliban-Geisel aufbauen. Meine Identität sollte nicht die einer Taliban-Geisel sein. Deshalb war es richtig für mich zurückzugehen, so verrückt es sich auch anhört. Ich war nicht mehr fremdbestimmt, wie im Gefängnis, sondern konnte tätig sein, etwas verändern - das war für mich wie ein Sieg.

Allerdings hatte ich Jahre später, als ich längst wieder in Deutschland war, über einen kurzen Zeitraum sogenannte Body-Flashbacks. Wenn ich mich zum Schlafen hinlegte, kamen die Bomben. Mir gingen regelrecht Detonationswellen durch den Körper und die Szenen während des Bombardements in Kabul gingen mir durch den Sinn - ich sah mich im dunklen Gang des Gefängnisses liegen, die Wände wackelten und bei einem Treffer gab es keine Chance für ein Entkommen. Eine EMDR-Behandlung (Eye Movement Desensitization and Reprocessing) hat mir aber geholfen, diese traumatischen Erfahrungen zu bewältigen.

***

Im Büro gab es für Margrit sehr viel zu tun. Sie waren ein kleines Team, etwa neun bis zehn Personen und hatten große Projekte zu bearbeiten. Aufgrund der weltweiten Hilfsbereitschaft für den Aufbau Afghanistans standen ihnen auch viele Gelder zur Verfügung, die verwaltet und gut investiert werden mussten. „Ein Projekt hat mich besonders begeistert. Das Projekt „Dörfer der Hoffnung", das Len Stitt, der Teamleiter, ausgearbeitet hatte und in der Shamalie-Ebene durchführte, " erinnert sich Margrit. Das Projekt brachte in der Ausarbeitung und Durchführung viel Arbeit mit sich. Darüber hinaus war Margrit für Personalfragen, Bewerbungen sowie Gäste- und Sponsorenbetreuung zuständig und behielt als Georgs Assistentin den Überblick über seine Korrespondenz, Termine und Aktionen.

***

Margrit Stebner: Es war eine sehr bewegte Zeit. Alle waren in Aufbruchsstimmung. Langeweile und zu viel Freizeit gab es nicht. Wir hatten sehr viele Gäste und der interkulturelle Mitarbeiterstab wuchs ständig. Ein Team aus dreizehn unterschiedlichen Nationalitäten bringt schon eine besondere Dynamik und ein hohes Konfliktpotential mit sich. Das war für Georg nicht immer leicht zu handhaben. Die Teamsituation und das hohe Arbeitsaufkommen brachten alle oft an ihre Grenzen. Und ich als Sekretärin stand mitunter „zwischen den Stühlen" und fing vieles ab. Oder erledigte so manche Zusatzaufgaben, die eigentlich nicht zu meinem Tätigkeitsbereich gehörten.

Ein besonderer Höhepunkt für mich waren jedoch die jährlichen Gedenktreffen im November mit den afghanischen Mitarbeitern, die gleichzeitig mit uns im Gefängnis waren. Wir zelebrierten ein schönes Festessen, und wer wollte, hatte Gelegenheit zu erzählen. Wir wollten damit den afghanischen Mitarbeitern gegenüber unsere Wertschätzung ausdrücken und von ihren Erfahrungen hören.

In den zwei Jahren bevor Georg das internationale Büro in Sulzbach-Rosenberg gründete, pendelte er sehr viel zwischen Kabul und Deutschland, und ich folgte ihm. Deshalb hatte ich eine kleine Wohnung in einem Nachbardorf von Sulzbach-Rosenberg und ein Zimmer in einer Wohngemeinschaft mit drei Frauen in Kabul. Als das internationale Büro eingerichtet wurde, war für mich die Zeit gekommen, nach Israel zu gehen.

***

Katrin Jelinek kehrte erst im Jahr 2007 wieder nach Kabul zurück. Jetzt aber mit dem Nachnahmen Lohser, denn im Oktober 2002 hatte sie ihren Freund Thomas geheiratet. Es war immer noch ihr Herzenswunsch, ihre Projekte in Afghanistan fortzusetzen. Anfang 2003 flog Katrin mit Thomas für eine Woche nach Kabul. Sie wollte Thomas ihre alte Umgebung zeigen, und Thomas wollte sich ein Bild verschaffen, ob sie dort gemeinsam arbeiten könnten.

***

Katrin Lohser: Die Woche war gefüllt mit Eindrücken und Erlebnissen. Als wir in Kabul ankamen, staunte ich über die Veränderungen. Äußerlich gab es noch nicht so viel zu sehen, aber die lähmende Furcht vor den Taliban war gebrochen, und das spürte man in der Stadt und bei ihren Bewohnern. In den Gesprächen konnten wir Hoffnung auf eine bessere Zukunft heraushören, die es vorher nicht gegeben hatte.

Obwohl seit unserer Befreiung erst gut ein Jahr vergangen war, gab es in Kabul schon wieder ein Shelter Now-Team. Georg, Margrit und Silke lebten inzwischen seit fast einem Jahr wieder im Land und andere ausländische Mitarbeiter waren dazu gekommen. Wir wurden sehr herzlich von ihnen aufgenommen, und Thomas hatte die Möglichkeit, sie näher kennen zu lernen. Während der nächsten Tage bekam er einen guten Einblick von dem Leben in Kabul.

Zusammen mit Georg, Silke und Margrit besuchten wir „unsere" Gefängnisse, während wir Thomas die Geschichten dazu erzählten. Außerdem lernte er die verschiedenen Projekte von Shelter Now kennen.

Am Schluss machte Thomas noch eine gute und prägende Erfahrung: „Am letzten Tag sind wir zur Universität Kabul gefahren. Als Ingenieur wollte ich mich dort über die Uni sowie die Möglichkeit dort einmal zu arbeiten informieren. Spontan wurden wir von einer Sekretärin über mehrere Stellen bis zum Präsidenten der Universität durchgereicht und konnten uns dann fast eine halbe Stunde mit ihm unterhalten. Er empfing uns mit offenen Armen. Die Afghanen scheinen uns Deutsche sehr zu schätzen - und natürlich die Hilfe, die aus Deutschland kommt. Ich fragte den Präsidenten, ob ich, wenn ich möglicherweise in ein bis zwei Jahren nach Kabul kommen würde, an der Uni unterrichten könnte. Er meinte, dass er das alles unterstützen würde. Ich dachte dann nur: Viel offener können Türen eigentlich nicht sein!"

***

Nach ihrer Rückkehr arbeitet Thomas weiterhin in seinem Beruf als Ingenieur, Katrin macht einige Weiterbildungen und bekommt zwei Kinder. Dann endlich ist es soweit: Im Frühjahr 2007 brechen sie die Zelte in Deutschland ab und fliegen nach Kabul. Die beiden Kinder sind zwei und drei Jahre alt. Als Familie leben sie sich schnell ein. Thomas wird gefragt, ob er ab 2008 die Leitung des Teams in Kabul übernehmen wolle. Zögernd sagen sie zu, da sie sich noch als frische Neuankömmlinge empfinden. Doch dann wird Thomas schwer krank. Überstürzt muss er zur Behandlung nach Deutschland zurückkehren. Katrin folgt mit den Kindern im Februar 2008. Eine langwierige Krankheitsphase schließt sich an, so dass sie nicht mehr in der Lage sind, ihren Dienst in Kabul wieder aufzugreifen. Nach seiner Genesung widmen sie sich Aufgaben in Deutschland.

Eine Wende im Familienleben

2001 war für Familie Taubmann ein herausforderndes Jahr voller Lebensgefahr und vielen Ängsten. 2002 sollte sich das wiederholen. Dieses Mal traf es nicht Georg, sondern einen seiner Söhne, den sechzehnjährigen Daniel. Ausgerechnet am Jahrestag der Gefangenschaft Georgs in Kabul, am 5. August 2002, wurde das Internat in Pakistan, das Daniel gerade erst eine Woche besuchte, von terroristischen Taliban überfallen mit dem Ziel, alle Schüler umzubringen. Wie durch ein Wunder blieben Schüler wie Lehrer verschont - leider verloren einige Mitarbeiter vom Wachpersonal und von den Angestellten das Leben.

Nach diesem tragischen Ereignis begann für die Familie Taubmann eine Zeit des getrennten Lebens. Bis dahin hatten sie als Familie stets zusammenleben können. In Peshawar konnten die Kinder zu einer örtlichen Schule gehen oder bekamen im Rahmen einer Fernschule Privatunterricht. In Kabul setzte Silke den Einzelunterricht fort. Als sich einige Freunde von Daniel in Kabul entschieden, im Sommer 2002 zu einer englischsprachigen christlichen Internatsschule in den Bergen von Murree in Pakistan zu gehen, schloss er sich ihnen an. Benjamin sollte den Einzelunterricht mit Silke fortsetzen. Ohne seinen Bruder zu sein, fiel Benni gar nicht so leicht.

Der Überfall auf die Schule entsetzte die ausländischen Mitarbeiter der NGOs. Viele Organisationen stellten ihre Arbeit ein und verließen das Land. Die Schule selbst zog um nach Chiang Mai in Thailand. Daniel ging bis zu seinem Schulabschluss 2004 mit. Für Benjamin ergab sich der glückliche Umstand, etwas später auch nach Chiang Mai ziehen zu können und mit seinem Bruder in einem Wohnheim für Internatsschüler zu wohnen. Er ging allerdings auf eine andere Schule, die christliche deutsche Auslandsschule, da ein deutscher Unterricht für ihn besser war. Marianne lebte auch für ein halbes Jahr in Chiang Mai und konnte für diese Zeit die Aufgaben einer Hausmutter übernehmen.

Nach dem Schulabschluss zogen die Drei nach Deutschland um. Damit begann die Zeit des getrennten Lebens und des häufigen Wechsels von Deutschland nach Kabul und zurück.

Überfall auf das Internat in Pakistan

Georg Taubmann: Marianne, Benni und ich begleiteten Daniel zu seiner neuen Schule. Das Schuljahr begann im August, und wir fuhren Ende Juli los. Dies ist ja die heißeste Zeit des Jahres, und da die Schule im Norden Pakistans etwa eine Stunde Autofahrt von Islamabad bei angenehmem Klima in den Bergen lag, mieteten wir in der Nähe eine Ferienwohnung und wollten Daniel während unseres Urlaubs dort jeden Tag in die Schule fahren und wieder abholen.

Am 5. August ging Daniel gerade mal eine Woche zu Schule. Ich sagte zu Marianne: „Heute ist der Jahrestag meiner Gefangennahme. Ich möchte mich zurückziehen und beten und einiges durchdenken. Gerade heute brechen wieder so viele Erinnerungen auf. Bitte sorg dafür, dass ich nicht gestört werde."

Dann sitze ich in meinem Zimmer und bemühe mich, meine Gedanken und Gefühle zu sortieren. Nach etwa einer Stunde kommt Marianne aufgelöst hereingestürmt. „Georg, Georg, da kommt gerade ein Anruf von der Schule. Sie sind von Terroristen angegriffen worden. Mehr habe ich noch nicht erfahren können."

Marianne hat kaum ausgesprochen, da renne ich schon zu unserem Wagen und rase die Bergstraße hinunter zur Schule. Die Fahrt dauert etwa fünfzehn Minuten. Ich renne auf die Eingangstür zu und sehe schon die erste blutüberströmte Leiche dort liegen. Vorsichtig gehe ich durch den Eingang, das Wächterhäuschen ist voller Blut. Auch der Wächter muss getroffen worden sein. In mir steigt eine Panik hoch, die gar nicht zu beschreiben ist. „Was ist nur mit den Kindern? Wie geht es Danni? Wo mag er stecken?“

Als das Taliban-Regime in Afghanistan im Dezember 2001 gestürzt wurde, zogen sich Tausende von pakistanischen Taliban nach Pakistan zurück. Nahezu sofort begannen Anschläge auf christliche Einrichtungen. Im Juni gab es einen Anschlag auf die internationale christliche Kirche in Islamabad. Ein Selbstmordattentäter sprengte sich im Kirchenraum in die Luft. Dann wurden mehrere Missionskrankenhäuser und einzelne Christen angegriffen. Die Schulleitung wie auch Georg hatten insgeheim große Sorge, dass es auch die christliche Schule treffen könnte, denn dort waren viele ausländische Kinder, etwa 150. Einerseits sagten sie sich, dass es beinahe unvorstellbar war, dass die Terroristen Kinder angreifen würden, andererseits wusste jeder, wie brutal die Taliban sein konnten. Die Schule hatte bereits weitere Sicherheitsmaßnahmen vorgenommen: Das Wachpersonal war verstärkt worden, der Eingangsbereich stärker kontrolliert, die Mauern erhöht und ein Wachturm installiert worden.

Ich gehe auf die Kirche zu, die links am Anfang des Gebäudekomplexes steht, die ebenso als Mehrzweckhalle dient und auch für Unterricht und Sport wie Basketball genutzt wird. Als ich durch die Tür trete, sehe ich dort eine große Gruppe verängstigter Kinder und auch Lehrer. Ihnen stehen der Schock und die Angst in die Gesichter geschrieben. Ich entdecke Daniel, er läuft auf mich zu, klammert sich an mich, und ich versuche ihn zu trösten.

***

Später kommen die Einzelheiten zu Tage. Insgesamt waren es sechs Terroristen, die die Schule gestürmt hatten. Fünf Mitarbeiter und ein Mann, der zufällig am Eingang vorbeikam, wurden getötet und fünf weitere wurden verletzt. Drei der Terroristen sprengten sich in die Luft, als sie gestellt wurden. Drei entkamen, wurden aber später nach einem Überfall auf ein Missionskrankenhaus gefangen genommen. Bei dem Verhör gestanden sie, dass sie alle 150 Kinder hatten umbringen wollten. Sie hatten eine Wohnung in der Nähe der Schule gemietet und die Schule drei Monate lang observiert. Sie wussten genau, wann die Kinder Pausen hatten und wo sie sich aufhielten. Ihr Plan war, genau dann, wenn die Kinder Pause hatten und in großer Anzahl draußen waren, anzugreifen. Sie hatten Granaten und Kalaschnikows dabei. Die Granaten wollten sie in die Menge werfen und anschließend die überlebenden Schüler mit den Kalaschnikows niedermähen.

Und dann geschahen ein Wunder und eine Bewahrung nach der anderen. So viele Zufälle auf einmal kann es gar nicht geben. Ein Klassenraum lag im Freien gleich hinter dem Eingang. Als der Lehrer die ersten Schüsse auf das Wachpersonal hörte, ordnete er sie sofort als einen Überfall ein und flüchtete geistesgegenwärtig mit seinen Schülern in ein weiter oben gelegenes Schulgebäude. Als die ersten Terroristen durch den Eingang stürmten, waren sie gerade um die Ecke verschwunden. Eine andere Klasse sollte ihren Sportunterricht auf dem Basketballfeld haben, das vom Eingangsbereich sofort im Blickfeld der Terroristen gewesen wäre. Aber nein, sie verlegten ihren Unterricht in die Mehrzweckhalle im Innenbereich der Kirche. Dort schauten sie sich statt zu spielen einen Film an. Hätten sie Basketball gespielt, wären die Terroristen auf den Spiellärm aufmerksam geworden, so aber stürmten sie an dem Eingang vorbei. Außer den Sportschülern hielten sich dort noch weitere Klassen auf, und es befanden sich dort einige Büros, auch das des Schulleiters.

So aber rannten sie daran vorbei in die obere Ebene des Geländes, auf dem ein weiteres Schulgebäude steht sowie das Schüler-Wohnheim mit dem Speiseraum und dem Pausenhof. Vom Pausenhof aus hat man Einblick in mehrere Klassenräume. Glücklicherweise erkannten sie keine Schüler, da sie sich unter den Tischen versteckt hatten. Die Terroristen erwarteten, dass um diese Zeit der Pausenhof voll mit Schülern war. Aus welchen Gründen auch immer wurden jedoch die Pausenzeiten kurz vorher geändert, so dass bei dem Angriff die Kinder schon wieder im Unterricht waren. Frustriert, keine Schüler anzutreffen, schossen die Terroristen wahllos in eins der Gebäude. Inzwischen waren die Polizisten einer naheliegenden Garnison auf den Lärm aufmerksam geworden und rückten an. Daraufhin flohen die Terroristen über den Schulzaun. Doch auf dem Weg zu dem Zaun sahen sie drei pakistanische Mitarbeiter der Schule, die sich hinter dem Gebäude versteckt hatten, und die wurden erschossen. Drei der Terroristen töteten sich dann selbst durch eine Granate und die anderen drei wurden später von der Polizei gefangen genommen.

***

Daniel Taubmann: Ich war gerade erst eine Woche auf der Schule. Am Montag war der Überfall, und am Samstag davor spielten wir draußen Fußball. Das Fußballfeld war außerhalb der Schule, und als ich so in Richtung Schule schaute, sah ich die Wolken wie eine riesige Hand über dem Gebäude. Da habe ich gespürt, wie Gott zu mir sagte: „Daniel, ich beschütze dich. Ich bin bei dir und allen anderen.“ Als der Anschlag dann kam, hatten wir gerade Chemieunterricht. Ich hörte so etwas wie Knallen. Ich dachte an platzende Luftballons. Andere kapierten aber gleich, was los war. Da bekam ich ein mulmiges Gefühl. „So etwas passiert doch nur in Amerika, aber doch nicht bei uns. Kann das wirklich sein?" dachte ich. Uns wurde gesagt, wir sollten uns dicht an die Wand hinhocken. Also weit weg von den Fenstern. Wenn ich zurückdenke, weiß ich, dass ich Angst hatte. Andere hatten richtig Panik. Wir hielten uns an den Händen und beteten leise miteinander. Aber es war nicht traumatisierend für mich. Da war schon viel Angst in der Situation, man hat immer gehofft, dass niemand die Treppen hoch käme und in unseren Raum eindringen würde. Es war total schrecklich, aber irgendwann war es dann vorbei. Wir konnten raus und wurden in die Mehrzweckhalle geschickt. Als ich einen Polizisten schießen sah, war das für mich eigentlich der schrecklichste Moment. Danach ist man hypersensibel für Lautstärke. Wenn man es knallen hört, dann schreckt man erst einmal zusammen und denkt, gleich passiert wieder so etwas Schlimmes. Da schreckte ich noch lange Zeit hinterher zusammen. Bei dem Anschlag starben Menschen, aber sie waren mir persönlich nicht bekannt. Die Blutspuren und die Leichen wurden schnell weggeräumt, die bekam ich gar nicht zu Gesicht. Wir wurden hinterher auch gut betreut, haben viel darüber sprechen können und so habe ich für mich keine psychischen Nachfolgeschäden behalten.

Das Engagement in Pakistan wird erhöht

Während die Mitarbeiter anderer Hilfsorganisationen unter Schock Pakistan verließen und viele NGOs ihre Projekte einstellten, hielt Shelter Now nicht nur seine Verpflichtungen aufrecht, sondern erweiterte sie noch. Georg, der fast seinen Sohn verloren hätte, wollte nicht aufgeben. Auf dem Rückweg nach Afghanistan fuhr er über Peshawar und traf sich mit den dortigen Mitarbeitern. Er erzählte, was geschehen war, und sie berieten, wie es in Pakistan weitergehen sollte. Bisher hatte Shelter Now lediglich das Mandat unter afghanischen Flüchtlingen zu arbeiten. Georg hatte jedoch die Vision, allgemeine Entwicklungsprojekte in Pakistan durchzuführen. Deshalb beschlossen sie, die Registrierung dafür zu beantragen - trotz der aktuellen gefährlichen Lage. Wenige Jahre später zeigte sich, wie weise diese Planung war.

***

Georg Taubmann: Ich kam mir fast verrückt vor und traute mich kaum es auszusprechen. Eben hatten wir gerade dieses Drama erlebt, und in mir war der Wunsch, in Pakistan unter den Armen und Bedürftigen Hilfs- und Entwicklungsprojekte durchzuführen. Aber ich stieß bei den Mitarbeitern auf offene Ohren, und wir beantragten bei den zuständigen Behörden eine Neuregistrierung von Shelter Now mit dem Ziel, allgemeine Hilfsprojekte und Katastrophenhilfe leisten zu können.

***

Die Durchsetzung des Antrags benötigte seine Zeit. Als jedoch 2005 den Norden Pakistans ein verheerendes Erdbeben traf, gehörte Shelter Now zu den ersten Hilfsorganisationen, die in den betroffenen Gebieten Hilfsgüter verteilten. In der Region, die so furchtbar zerstört war, bauten sie 25 Schulen wieder auf. Als 2010 die Bevölkerung von einer großen Flutkatastrophe heimgesucht wurde, konnte Shelter Now wiederum sehr intensiv helfen. Shelter Now hat nicht nur einen guten Ruf aufgrund der jahrzehntelangen Flüchtlingshilfe für Afghanen im Norden Pakistans, sondern auch wegen der schnellen Katastrophenhilfe und wegen ihrer Hilfsprojekte unter Pakistanern.

Marianne mit den Jungen in Deutschland

Nachdem Daniel und Benjamin 2004 ihre Schulabschlüsse in Chiang Mai in der Tasche hatten, beschlossen sie als Familie, dass Marianne mit den beiden Jungen nach Sulzbach in Süddeutschland ziehen sollte in das Elternhaus von Georg, in dem auch die Großeltern lebten.

Georg kam zweimal im Jahr nach Deutschland, jeweils im Sommer und zu Weihnachten, und Marianne flog zwei bis dreimal für zwei bis drei Wochen nach Kabul. Länger wollten sie die Kinder nicht allein in Deutschland lassen. So konnten Marianne und Georg sich doch mindestens viermal im Jahr sehen, und Marianne konnte den Kontakt zu den Mitarbeitern in Kabul aufrechterhalten.

Anfangs wussten sie nicht, wie viele Jahre dieses Hin und Her zwischen den Kontinenten wohl dauern würde. Wichtig war, dass die Jungen sich in Deutschland einleben und auf eigenen Füßen stehen konnten.

***

Marianne Taubmann: Für mich war es beinahe ein Schock, eine wahnsinnige Veränderung, ohne Georg in Deutschland zu sein. Nahezu zwanzig Jahre hatte ich an seiner Seite in Asien verbracht. Im Ausland lebten wir in einem Team, das sich oft traf und viel miteinander unternahm und arbeitete - und dann bist du plötzlich hier alleine mit den zwei Söhnen, von denen der eine sofort eine zweijährige theologische Ausbildung in Deutschland machte und der andere ein Praktikum bei seinem Onkel absolvierte. Ich war mehr oder weniger ganz auf mich gestellt, zusammen mit den Eltern von Georg. Beide brauchten Hilfe und Unterstützung im Haus. Sie übertrugen mir immer mehr Verantwortung, was das Haus betraf und auch finanzielle Entscheidungen.

Ich konnte allerdings jeden Tag zum Teamtreffen einer befreundeten Organisation in einen Nachbarort fahren - das war für mich sehr wichtig. Ohne diese tägliche Gemeinschaft, bei der wir auch miteinander beteten, wäre das Einleben in Deutschland einfach zu schwer gewesen. Die Umstellung auf die deutsche Kultur nach dem langen Aufenthalt in Asien und die Trennung von Georg und Daniel und meinen vielen Freunden machten mir am meisten zu schaffen.

Interview mit Daniel und Benjamin Taubmann

Als Georg gefangen genommen wird, sind seine zwei Söhne Daniel und Benjamin 16 und 14 Jahre alt. Plötzlich ist die Situation für die Familie und alle anderen ausländischen Mitarbeiter von Shelter Now in Kabul äußerst bedrohlich. Ein befreundeter Talib sucht Marianne in ihrem Haus auf und teilt ihr mit, dass Georg gefangen genommen worden und auch sie mit den zwei Kindern sehr gefährdet sei. Er bietet ihr an, sie in seinem Haus aufzunehmen und zu beschützen. Doch Marianne entscheidet sich, früh am nächsten Morgen mit einigen Mitarbeitern auf dem Landweg nach Pakistan zu fliehen. Schnell verbrennt und versteckt sie noch mit den Jungen zusammen all die Dinge, die in den Augen der Religions- und Sittenpolizei als anstößig gelten konnten und Andenken, die ihnen am Herzen liegen - Fotos, Urlaubserinnerungen und lieb gewonnene Musik-CDs. Trotz allem Platzmangel erlaubt die Mutter Daniel und Benjamin ihre geliebten Meerschweinchen mitzunehmen.

Daniel Taubmann, 16 Jahre alt

Benjamin Taubmann, 14 Jahre alt

Eberhard: Wie war euch zumute, als euer Vater im Gefängnis war und ihr zunächst nach Pakistan geflohen und dann nach Deutschland zurückgekehrt seid?
Daniel: Ich war wohl recht blauäugig und habe die Situation deshalb nicht so schlimm wahrgenommen. Ich hatte einfach das Vertrauen gehabt, der Papa kommt zurück. Wir haben für ihn gebetet, und Mama und die anderen Mitarbeiter waren für uns da. Wir waren auch immer mit Freunden unterwegs. Das war uns auch sehr wichtig. Als wir später in Deutschland ankamen, waren da Oma und Opa und auch wieder Freunde. Ich fühlte mich immer gut versorgt, von daher ging es mir emotional gut.
Benjamin: Ich glaube, mir ging es ähnlich. Wir kannten ja schon ähnliche gefährliche Situationen, und die sind immer gut ausgegangen. Weil viele Leute um uns herum waren und wir als Gemeinschaft viel gebetet hatten, fühlte ich mich sicher und gebor-

gen. Wir waren nach der Gefangennahme von Papa etwa einen Monat lang in Peshawar/Pakistan. Da wohnten wir bei sehr engen Freunden. Wir konnten jeden Tag mit unseren Freunden abhängen und spielen. Ich versuchte mir manchmal auszumalen, wie es wäre, wenn Papa etwas Schlimmes zustoßen würde. Das konnte ich mir aber nicht vorstellen.

Eberhard: Stellten die Taliban für euch keine Bedrohung dar?

Daniel: Für uns waren die Taliban keine Bedrohung. Wir wussten, dass Papa gute Kontakte zu einigen von ihnen hatte. Ich habe ja auch mitbekommen, wie an dem Abend, als Papa eingesperrt wurde, ein Talib vorbeikam, es Mama berichtete und anbot, uns zu beschützen. Mama konnte etwas für Papa im Gefängnis einpacken und es ihm mitgeben. Da habe ich auch noch ein paar Süßigkeiten von mir dazu gegeben. Wir kannten nette, hilfreiche Taliban, und so waren sie für uns insgesamt keine Bedrohung.

Benjamin: Mit den Taliban haben wir persönlich keine schlechten Erfahrungen gemacht, wenn dann schon eher mit den Al-Kaida-Anhängern. Einmal wurden wir von ihnen verfolgt, als wir mit Papa im Auto unterwegs waren. Oder wenn wir ein Restaurant besuchten, wurden wir von den ausländischen Terroristen so richtig bösartig angestarrt. Unser Empfinden war, es gibt Böse und Gute, und wir kannten mehr von den Guten. Die ganz schlimmen Sachen wie Auspeitschen oder Exekutionen, oder dass Hände abgehackt wurden, das haben wir alles nicht miterlebt. Davon haben wir zwar gehört, aber es niemals selbst gesehen.

Eberhard: Ich kann mir vorstellen, dass manch ein Leser sich fragt: Wie kann man Kinder nur in einem solch gefährlichen Land aufwachsen lassen? Wie habt ihr die allgemeine Gefahr für euch so erlebt?

Daniel: Für uns war der Alltag einfach normal. Wir wussten, es gibt Sachen, die man machen kann und solche, die man auf keinen Fall tun darf. Für mich war es keine Einschränkung. Die anderen ausländischen Kinder waren ja auch nicht auf der Straße und spielten dort herum. Alle blieben auf ihren Grundstücken.
Benjamin: Zum einen haben wir nicht immer die Gefahren so wirklich erkannt und zum anderen haben wir unseren Eltern und Gott vertraut. Es gab auch viele Situationen, wo wir es eher als Abenteuer erlebt haben. Ich bin sehr dankbar, dass unsere Eltern die Entscheidung getroffen hatten, uns mitzunehmen! Es war in vieler Hinsicht sehr bereichernd.

Kurz vor der Gefangennahme von Papa haben wir schon gemerkt, dass irgendwie Spannung in der Luft lag. Wir haben mitbekommen, wie Papa und Mama Sachen versteckt haben. Ich fand das eher spannend als bedrohlich. Verstecken, das war richtig cool, wie man ein gutes Versteck findet und die Sachen dort hinbringt. Wir haben manches so gut versteckt, dass wir unser Versteck nicht wiederfanden. Das war aufregend. Und etwas zu verbrennen, das macht ja grundsätzlich Spaß.

Eberhard: Erzählt mal, wie der Tagesablauf für euch aussah. In Kabul hattet ihr zwei ja Privatunterricht.
Daniel: Wir sind so gegen sieben Uhr morgens aufgestanden, haben gefrühstückt und versuchten dann um acht Uhr wieder in unserem Zimmer zurück sein, was ja auch unser Klassenzimmer war. Dann kam die Silke zu uns. Wir haben unser Material von der Fernschule gehabt, das wir durchgearbeitet haben. Silke war dabei und half uns, in die Gänge zu kommen.
Benjamin: Wie Dani schon erwähnt hat, haben wir von 8 bis ca. 13:30 Unterricht gehabt. Danach haben wir uns entweder mit Freunden getroffen oder anderweitig beschäftigt.
Daniel: Der Nachmittag war für uns. Wir haben unsere Hausaufgaben gemacht und gelernt. Wir haben wirklich gute Freunde

gehabt. Einmal die, die wir schon aus Pakistan kannten, und dann haben wir in Kabul auch neue kennengelernt. Nur sich mit ihnen zu treffen, war nicht immer ganz einfach, denn dafür brauchten wir einen Fahrer. Wir konnten nicht einfach in einen öffentlichen Bus steigen, wir haben immer einen Fahrer gebraucht. Ich denke, während der Talibanzeit haben wir uns einmal die Woche mit unseren Freunden treffen können.
Benjamin: Einmal in der Woche waren wir auch im deutschen Tennisclub. Der Besitzer, der fließend Deutsch sprach, hat uns das Tennis-Spielen beigebracht. Silke hat auch viel mit uns unternommen: Einmal in der Woche haben wir künstlerisch mit Ton gearbeitet. Wir haben selbst einen Ofen gebaut und Sachen darin gebrannt. Ab und zu waren wir auch im Büro. Aber wir haben uns oft einfach nur im Garten beschäftigt und haben dort gespielt, Feuer gemacht, Munition gesammelt oder uns um unsere Meerschweinchen gekümmert.

Eberhard: Wenn ihr so zurückschaut, war es eher langweilig für euch…?
Daniel: Es war niemals langweilig, es war schön und aufregend. Wir konnten Sachen machen, die viele deutsche Kinder wohl nicht machen können. Ich kann mich erinnern, wie wir Geschosskugeln aus der Hauswand heraus gepult und gesammelt haben. Oder gewaltige Feuer gemacht machen, so mit viel Plastik oder Gras und feuchtem Laub. Das ergab herrliche Farben und mächtig Gestank.

Eberhard: Dann kam ja das Frühjahr 2002, und ihr seid als Familie zurück nach Pakistan und dann wieder nach Kabul gezogen. Wie ist es dazu gekommen? Haben eure Eltern mit euch darüber gesprochen?
Benjamin: Wir haben eher darauf gewartet, dass es endlich wieder zurückgeht. Ich kann mich nicht erinnern, dass sie uns ge-

fragt haben. Für mich war es klar, dass wir so bald wie möglich wieder zurückgehen. Da gab es gar keine andere Alternative. Deutschland war für mich ein Aufenthalt, aber nicht ein Land, in dem ich auf Dauer leben wollte.

Eberhard: Ihr gehört nicht zu den Kindern, die unwillig hinter ihren Eltern herziehen...
Daniel: Nein, auf keinen Fall. Wir waren voll dafür. Es wäre schrecklich gewesen, in Deutschland zu bleiben. Wir sind halt Familie, und unser Zuhause war drüben. Als wir zunächst nach Pakistan zurückgekommen waren, haben wir bei Bekannten gewohnt. Das war ein bekanntes Umfeld, bekannte Freunde. Ich fühlte mich gleich wieder zu Hause. Und dann ging es bald wieder nach Kabul. Da haben wir uns auch gefreut, die Leute wiederzutreffen.
Benjamin: Es war spannend, wieder zurückzukehren. Unser Haus war zwar geplündert worden, und wir fanden ein großes Durcheinander vor. Aber es war spannend, alles durchzusortieren und die alten Verstecke mit unseren Schätzen wieder aufzuspüren. Das war einfach toll. Ein weiterer Grund, mich auf die Rückkehr zu freuen, war, dass die Teammitarbeiter wie eine erweiterte Familie für mich waren. Mit denen trafen wir uns ja jeden Freitagabend. Ich freute mich einfach über die Gemeinschaft.

Eberhard: Nach dem Überfall auf das Internat in Pakistan seid ihr beide für eine Zeit zur Schule in Chiang Mai/Thailand gegangen, habt eure Schulabschlüsse gemacht und seid danach mit eurer Mutter nach Deutschland zurückgekehrt. Das wurde dann wohl die längste Zeit für euch in Deutschland. Wie war das Einleben?
Daniel: Früher, wenn wir auf Heimaturlaub waren, haben wir Oma und Opa und Freunde besucht. Da sind wir viel herumgereist, aber immer so kurz, dass wir nicht zur Schule gehen muss-

ten. Wir hatten zwei Hauptorte: Braunschweig und dann wieder Bayern. Die Schule hatten wir glücklicherweise schon in Thailand abgeschlossen, so mussten wir in Deutschland nicht zur Schule. Das war meine größte Sorge, in Deutschland zur Schule gehen zu müssen. Das blieb mir glücklicherweise erspart. Unterbewusst hatte ich da immer so Filme vor Augen, wo es in den Schulen immer Außenseiter gab. Mit denen habe ich mich identifiziert und Furcht davor gehabt, auch selbst einmal gemobbt zu werden. Da war ich sehr froh, dass wir nie in eine deutsche Schule mussten. Wir konnten alles mit der deutschen Fernschule abdecken, und glücklicherweise wurde das schlussendlich in Deutschland auch alles anerkannt.

Benjamin: Nach Deutschland zurückzukommen hatte natürlich Vor- und Nachteile. Es hat mich sehr gefreut, endlich in der Nähe von meinen besten Freunden in Deutschland zu leben. Andererseits war es sehr schwer, mich an die deutsche Kultur und den Lebensrhythmus zu gewönnen.

Eberhard: Wenn ihr so auf eure Kindheit zurückblickt, was waren die schönsten Erlebnisse oder sind die schönsten Erinnerungen?

Benjamin: Erstens die guten und tiefen Beziehungen zu meinen Freunden, wie den Gilmores und anderen. Zum andern hatten wir die Freiheit gehabt, mit Sprengstoff zu tüfteln und Raketen zu bauen. Ich habe auch viele gute Erinnerungen an den UN Club und den American Club.

Daniel: Wir hatten sehr viele Freunde, gute Freundschaften. Wir waren viel draußen, und die Zeiten mit den Freunden zusammen sind mir gut in Erinnerung. Auch das geistliche Leben zusammen in dem Team war großartig. Wir haben uns als Kinder voll angenommen gefühlt. Die Lobpreiszeiten waren immer genial. Bei den Gebetszeiten sind wir schon mal rausgeflitzt, aber bei den Liedern waren wir wieder dabei. Das Leben in Kabul war immer verbunden mit Freundschaften, wir haben uns nie isoliert gefühlt.

Eberhard: Was war, wenn ihr zurückdenkt, am unangenehmsten, am traurigsten?
Daniel: Ich bedauere heute, dass ich damals die Sprache nicht so geschätzt und gelernt habe. Ich hatte zu wenig Kontakt zu afghanischen Kindern. Das würde ich heute anders machen. Aber damals habe ich das nicht so gesehen. Ich war glücklich, nicht noch mehr lernen zu müssen.
Benjamin: Als Daniel im Internat war, war das für mich sehr traurig. Ich weiß noch, als wir dich in Thailand besucht hatten und uns dann verabschieden mussten. Wie Mama und ich traurig in den Bus gestiegen sind, und Dani stand da und winkte, bis der Bus in der Ferne nicht mehr zu sehen war.
Daniel: Das war echt furchtbar. Da habe ich den ganzen Tag noch geheult. Oder auch, als ich in Pakistan in die große Schule gekommen bin. Da hatte ich echt Bauchschmerzen und habe mich vor dem Unterricht erbrochen, einfach Angst gehabt. Oder an meinem 17. Geburtstag in Chang Mai, da haben meine Eltern versucht, mich anzurufen, und es hat mit der Verbindung einfach nicht geklappt. Das war echt frustrierend. Manchmal war ich schon einsam, dort in Thailand. Einfach weil ich es nicht gewohnt war, solange von den Eltern und von Benni weg zu sein. Mit der Zeit habe ich mich daran gewöhnt.
Benjamin: Auf jeden Fall sind wir sehr dankbar für unsere Kindheit und Teenagerjahre in Pakistan und Afghanistan. Im Vergleich zu Deutschland waren es nahezu paradiesische Zeiten.

Georg allein in Kabul - Jahre des intensiven Aufbaus

In den Jahren 2004 bis 2008 wohnt Georg allein in Kabul und leitet das internationale Team für Afghanistan. Er und Marianne pendeln zwischen Afghanistan und Deutschland, um wenigstens etwas vom Familienleben zu haben.

Dies werden Jahre des intensiven Aufbaus vieler Hilfsprojekte, aber auch Jahre, in denen sich die Sicherheitslage nicht nur für Shelter Now, sondern für alle Hilfsorganisationen dramatisch verschärft. Der Einfluss und die Macht der Taliban nehmen zu und zeigen sich in bald wöchentlichen blutigen Anschlägen. Immer mehr Hilfsorganisationen sorgen sich um die Sicherheit ihrer Mitarbeiter und verlassen das Land. Shelter Now gehört zu den wenigen Organisationen, die nicht nur nicht aufgeben, sondern auch ständig expandieren.

***

Georg Taubmann: Auch wenn es mir um Marianne und die beiden Jungs Leid tat, ich wusste, ich musste bleiben. Es kamen so viele neue Mitarbeiter aus aller Welt, und das Alltagsleben in Kabul wurde immer gefährlicher. Ich hatte nur wenige Mitarbeiter im Team, die schon länger da waren, sich mit der Sicherheitslage auskannten und die Neuen anleiten konnten.

In diesen Jahren wuchs das Team auf etwa 30 ausländische Mitarbeiter, und je nach Projekten, die liefen, kamen noch 100 bis 150 afghanische Mitarbeiter dazu. Die ausländischen Mitarbeiter kamen aus bis zu 15 verschiedenen Ländern. Das ergab eine bunte Truppe. Die unterschiedlichen Begabungen, kulturellen

Wurzeln und Gewohnheiten mussten erkannt und gefördert werden.

***

Die Arbeit von Shelter Now dehnte sich aus, ständig kamen neue Projekte hinzu, die Gefahrenlage verschärfte sich jedoch von Jahr zu Jahr. Das erste Projekt „Dörfer der Hoffnung" in Shamalie lief gut. Ein neues Team ging nach Herat, ein weiteres entstand im Nord-Osten Afghanistans. Es wurden neue Projekte begonnen, davon waren viele Trinkwasserprojekte, das heißt, es wurde nach Wasser gebohrt, Brunnen wurden installiert und Trinkwasser aus Quellen in den Bergen über Rohre in die Dörfer geleitet. Des Weiteren reparierte Shelter Now viele Bewässerungsanlagen, auch Kareeze genannt.

***

2007 startete Shelter Now ein Projekt mit einem Nomadenvolk, den Kuchies. Während der Taliban-Zeit wurden sie verfolgt, und die meisten ihrer Tierbestände starben in der fünfjährigen verheerenden Trockenzeit, vor allem die Schafe. Sie hatten keine Existenzgrundlage mehr.

Ein Kuchi-Junge mit seinem jungen Kamel

Kuchi-Familien erhielten einen Mikrokredit zum Kauf von fünf Mutterschafen, je drei Familien dazu einen Bock. Nach einem Jahr wurden die Kredite zurückgezahlt und an neue Familien vergeben. Nach fünf Jahren entwickelte sich so eine Herde von mindestens 50 Tieren, die eine Familie voll ernähren konnte.

***

„Bäume der Hoffnung“ wurde das Obstbau - Ausbildungsprojekt genannt, das das Herat-Team in Gang brachte. Neue Hoffnung brauchten die Menschen in der Provinz Herat wirklich. Der strengste Winter seit Menschengedenken hatte diese Region Afghanistans ganz besonders getroffen und viele Menschenleben gefordert.

Mit Eifer und Freude werden die jungen Obstbäume gepflanzt.

Auch viele Tiere erfroren; ein erheblicher Teil der Obstbäume, besonders die Granatapfelbäume, überlebten den Frost nicht. Damit war die Lebensgrundlage vieler Menschen auf Dauer gestört – oder sogar zerstört. Gemeinsam mit einer holländischen Baumschule und mit Unterstützung durch die holländische Regierung konnten in den Provinzen Herat, Kabul und Badakhshan auf etwa 200.000 m² Land neue Obstbäume gepflanzt werden. Das Ziel dieses

Projektes war aber nicht nur der Anbau widerstandsfähiger Obstsorten. Gleichzeitig wurden dabei 50 Obstbaum-Spezialisten ausgebildet. Diese können ihr Fachwissen nun in anderen Regionen weitergeben.

***

„Safran statt Opium" hieß ein weiteres neues Projekt. Safran – das teuerste Gewürz der Welt - hilft Bauern in Afghanistan eine neue Existenz aufzubauen.

Bauern bei der Safran Ernte

Bauern aus der Provinz Herat erhielten Safranzwiebeln, Dünger und das entsprechende Know-how der Safranproduktion. Dafür bezahlten sie kein Geld. Stattdessen geben sie vier Jahre lang ein Viertel der Safranernte an Shelter Now. Nach fünf Jahren haben sich die Zwiebeln auf das Vier- bis Fünffache vermehrt. Die Bauern graben sie aus und geben die Hälfte davon an Shelter Now, damit werden neue Projekte mit anderen Bauern begonnen. Die andere Hälfte behalten die Bauern selbst, pflanzen die Zwiebeln auf neue Felder und ein weiterer Safranzyklus beginnt. Von nun an behalten sie 100% der Ernte und können so mehr verdienen als beim illegalen Anbau von Opium.

***

Im Westen Afghanistans wurde eine Zahnarztklinik errichtet. Sie gilt landesweit als die modernste ihrer Art. Eine deutsch-iranische Zahnärztin leitet sie. Sie ist ein Segen für die Bevölkerung dort. Bis zu 70 Menschen suchen täglich die Hilfe der Ärztin. Sie bildet auch afghanische Ärzte und Assistenten aus. In den Schulen werden regelmäßig Kontrolluntersuchungen durchgeführt und Zahnpflegesätze an Kinder verteilt.

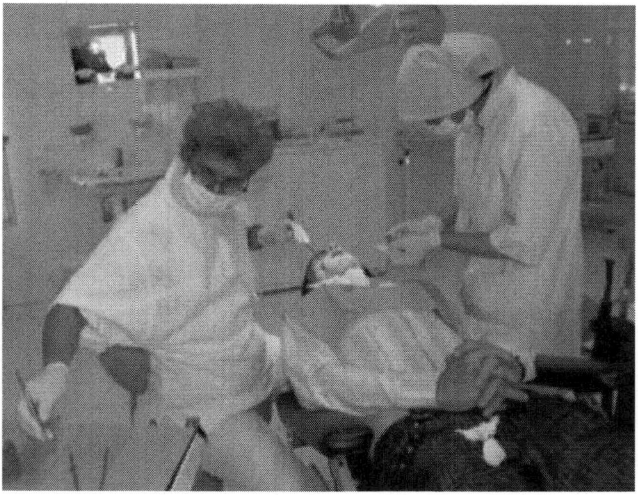

***

In Kabul wurde ein Beauty-Salon für Frauen eingerichtet. Shelter Now hat dort auch eine Grundschule übernommen. Im Nordosten unterstützten sie ein Waisenhaus und boten eine Berufsausbildung für die Waisenkinder an. In einem Gehörlosenzentrum lernen Gehörlose die Gebärdensprache und bekommen eine Schul- und Berufsausbildung.

***

Die zwei Betonwerke in Khost und Kandahar stellen nach wie vor Dachmaterial aus Beton her und auch Brunnenringe. Insgesamt wurden in diesen Jahren viele Projekte ins Leben gerufen, die auch die Folgejahre immer selbständiger liefen und einen enormen Beitrag zum Wiederaufbau des Landes lieferten.

Anschläge auf Georg

Anfang 2008 erhielt das Shelter Now Büro eine Mitteilung von dem amerikanischen State Department, dass ein Anschlag auf Georg geplant wäre. Georg wurde gebeten zur amerikanischen Botschaft zu kommen. Mit einem amerikanischen Mitarbeiter machte er sich auf den Weg. Der Botschaftsangehörige dort teilte ihm mit ernster Miene mit, dass sie Informationen bekommen hätten, dass die Taliban Georg wieder gefangen nehmen wollten. „Wie zuverlässig sind diese Informationen?", fragte Georg zurück. „Sie sind absolut zuverlässig, und Ihr Leben ist sehr gefährdet", bekam Georg zur Antwort. „Sie sollten sich sehr vorsichtig verhalten. Am besten, Sie verlassen sofort das Land."

Etwa eine Woche später bekam Georg einen Anruf von der deutschen Botschaft mit derselben Warnung, desgleichen vom afghanischen Geheimdienst. Im Februar und März des Jahres 2008 entkam Georg zwei Versuchen, ihn zu kidnappen.

***

Georg Taubmann: Einmal wurde ich nachts auf dem Weg nach Hause von einem Jeep scharf überholt und geschnitten. Der Wagen setzte sich vor meinen Pajero und wollte mich ausbremsen. Ich fuhr ihm beinahe in die Seite und kam gerade so zum Stehen. „Wie kann man nur so idiotisch fahren“, dachte ich empört. Ich kapierte gar nicht, was vor sich ging. Erst als mehrere Männer aus dem Wagen sprangen und auf mich zuliefen, verstand ich den Ernst der Lage. Glücklicherweise lief der Motor meines Wagens noch. Ich legte schnell den ersten Gang ein, riss den Wagen zur Seite und jagte an den Leuten und dem vor mir stehenden Fahrzeug vorbei. Glücklicherweise war die Straße breit genug für das Überholmanöver. Wie verrückt raste ich nach Hause. Mit fliegendem Puls flüchtete ich mich in die Sicherheit hinter das Grundstückstor. Die ganze Nacht konnte ich vor Unruhe nicht schlafen. „Mann, war das knapp“, musste ich immer wieder denken. „Danke, Gott, dass ich entkommen bin.“

Einige Wochen später fuhr ich mit Marianne vom Büro nach Hause. Sie war gerade zu Besuch aus Deutschland. Es war bereits dunkel. An einem „Speedbreaker“, einem Huckel auf der Straße, musste ich abbremsen und langsam darüber fahren. In dem Moment trat ein Mann aus der Dunkelheit und leuchtete mit einem hellen Strahler ins Auto, mir direkt ins Gesicht. Als er mich erkannte, löschte er schnell die Lampe. Ich ahnte, dass da etwas im Busche war. Schon kam ein Wagen mit getönten Scheiben und aufgeblendeten Scheinwerfern von hinten rasend schnell auf mein Auto zu. Glücklicherweise war ich schon an der Kreuzung zu der Straße zu unserem Grundstück. Ich bog schnell ab, aber der Wagen folgte hartnäckig. Schräg gegenüber von unserem Haus befindet sich ein indisches Krankenhaus, dass stets bewaffnete Wächter am Eingang postiert hat. Als die Verfolger die Männer mit den Kalaschnikows sehen, legen sie den Rückwärtsgang ein und rasen mit quietschenden Reifen rückwärts aus der Straße heraus.

***

Diese Entführungsversuche schockierten Georg zutiefst. Er schränkte seine Autofahrten und Besuche ein und nahm auch immer wieder andere Fahrtstrecken, um einem Überfall vorzubeugen. Sie besprachen diese gefährlichen Übergriffe im Team. Natürlich stand die Frage im Raum, dass Georg um seiner Sicherheit willen Afghanistan verlässt. Aber in einigen Monaten, im Juli 2008, stand ohnehin ein Leitungswechsel in Kabul an. Georg sollte ein internationales Büro in Deutschland eröffnen; so war es mit dem Vorstand besprochen. Der neue Leiter konnte jedoch nicht vor Juli kommen. Georg hatte den Eindruck, dass, wenn er sich jetzt vor der Leitungsübergabe davonschleichen würde, es dem Team und der gesamten Arbeit nicht gut tun würde. So wollte er bis zur Übergabe durchhalten.

Den Vorstand bewegte schon seit längerem das Anliegen, Georg von den Leitungsaufgaben in Afghanistan freizusetzen für einen internationalen, weltweiten Dienst. Bei einem wichtigen Treffen 2007 in Kabul meinte einer der internationalen Leiter von Shelter Now, dessen Rat alle sehr schätzen: „Georg, du musst raus aus den täglichen Abläufen in Kabul. Es ist an der Zeit, die Arbeit hier in andere Hände zu übergeben. Du solltest ein internationales Büro und einen internationalen Dienst aufbauen, damit die Arbeit weiter wachsen kann. Wenn du hier nicht rausgehst, können unsere Organisationen und die Arbeit nicht wachsen.“ Aber wo sollte das internationale Büro seinen Sitz haben? Georg dachte zunächst, sich in einem anderen Stadtteil von Kabul niederzulassen oder in Dubai oder vielleicht in England. Schlussendlich wählten sie Sulzbach in Süddeutschland. Georg konnte dann endlich wieder bei seiner Familie leben, und Marianne konnte in dem Büro mitarbeiten.

Shelter Now International Büro in Deutschland

Alles ging gut. Es gab keine erneuten Entführungsversuche. Im Juli 2008 konnte Georg nach Deutschland reisen, um in Sulzbach-Rosenberg, seinem Heimatort in Süddeutschland, das internationale Büro aufzubauen. Wenige Straßen von ihrem Haus entfernt fanden sie geeignete Büroräume und richteten sich ein.

Marianne war glücklich, Georg endlich wieder bei sich zu haben und mit ihm im neuen Büro zu arbeiten. Daniel studierte Landwirtschaft, und Benjamin absolvierte seinen Zivildienst in einem Waisenhaus.

***

In der Folgezeit baute Georg Beziehungen zu anderen Organisationen auf: in England, Nordirland, Holland, Finnland, Tschechien, Rumänien, Norwegen, Schweden, Österreich, Belgien, der Ukraine und auch in Brasilien, Korea, den USA, Argentinien, Australien, den Philippinen und Tadschikistan.

In einigen dieser Länder entstanden neue Shelter Now-Büros (Holland, England und Australien), und andere Organisationen in den erwähnten Ländern unterstützten Shelter Now mit Mitarbeitern und/oder Finanzen.

Durch Georgs weltweite Vortragsreisen konnten neue Mitarbeiter gewonnen werden, was früher gar nicht möglich gewesen war. Überall, wo Georg hinging und Vorträge hielt, wurden Menschen mobilisiert. Inzwischen kommen Mitarbeiter aus Finnland, Tschechien, Rumänien, Australien, Uruguay, Argentinien, Brasilien, El Salvador, aus den Philippinen - aus bis zu 20 verschieden Ländern. Alles entstand aus den neuen Kontakten durch das internationale Büro.

Alle Bewerber, die sich interessieren mit Shelter Now zu arbeiten, nehmen Kontakt zum internationalen Büro auf und werden dort auf die Aufgaben für das Land vorbereitet, in dem sie arbeiten wollen. Zuletzt besuchen sie noch einen drei- bis vierwöchigen Vorbereitungskurs, durchgeführt von Shelter Now, bevor sie dann an ihren Einsatzort gehen. Georg und Marianne wie auch Dieter Drexler, der mit im internationalen Büro arbeitet, besuchen regelmäßig ihre Teams, Projekte und einheimischen Mitarbeiter in all den Ländern, in denen Shelter Now arbeitet.

Die Jahre 2008 bis 2018: Neue Projekte - Arbeit unter immer gefährlicheren Bedingungen

Neue Projekte

Die bewährten Projekte werden in diesen Jahren weiter ausgebaut und neue kommen hinzu.

Nach langen Verhandlungen mit den Dorfältesten kann 2009 ein Kleinkredit-Projekt zum Kauf einer Kuh in einem der „Dörfer der Hoffnung" eingeführt werden. 27 Kühe werden im ersten Jahr zum Verkauf bereitgestellt. Wenn das Geld nach 12 Monaten zurückgezahlt ist, wird es in die nächsten Familien investiert, sodass weitere Familien zu stolzen Kuhhaltern werden. Etliche von den Kälbern sind dann bereits verkauft und auf diese Weise wird bald das ganze Dorf versorgt sein. Da das Geld immer wieder re-investiert wird, können weitere Dörfer mit Kühen versorgt werden. Garant für die Rückzahlung der Kleinkredite ist ein eigens von den Dorfältesten gewähltes „Kuh-Komitee". Das Komitee arbeitet ehrenamtlich, es sucht die bedürftigsten und zugleich verlässlichsten

Ein Dorfbewohner - glücklich über die gerade erworbene Kuh

Familien aus. Diese kaufen dann selbst je eine Kuh mit unserem Geld.

***

Schulbildung, vor allem für Mädchen, ist Shelter Now stets ein großes Anliegen geblieben. Es gibt Schülerpatenschaften und es werden immer wieder neue Projekte angegangen. So auch ein neues Lernzentrum in Kabul, das im Frühjahr 2018 starten soll. Es ähnelt der in Europa bekannten Montessori - Pädagogik. Zur neuen Didaktik und Methodik gehört, dass die Mütter der Kinder aktiv miteinbezogen werden.

Schulbildung für Mädchen liegt SN besonders am Herzen.

So sollen sie, so oft es geht, bei den Drei- bis Fünfjährigen dabei sein und mit ihnen zusammen spielerisch lernen. Auch sollen kulturell bedingte negative Haltungen (Probleme bezüglich Gleichberechtigung, Gewalt, etc.) „verlernt“ und durch positive ersetzt werden (z.B. friedliche Konfliktlösung).

***

„Honig ist Medizin!“, so sagt man in Afghanistan, und Honig ist äußerst beliebt und entsprechend teuer. Zwei einheimische Mitarbeiter konnten für ein Pilotprojekt gewonnen werden, besonders einer der beiden hat ein gutes Händchen für die fleißigen Insekten entwickelt. Unter qualifizierter Anleitung eines Experten züchtet er sehr erfolgreich Bienen und produziert guten Honig. Er hat inzwischen so viel Erfahrung, dass er nun ein Bienenprojekt leiten wird.

2014 wird mit zehn Familien begonnen. Diese haben zwar etwas Landbesitz, auf dem sie Gemüse für den Eigenbedarf anbauen, es reicht jedoch nicht, um die Familie zu versorgen. Jede dieser Familien bekommt zunächst zwei Bienenstöcke und das notwendige Training sowie die entsprechende Ausrüstung;

Ein Imker bei der Arbeit

später werden die Bienenstöcke auf fünf aufgestockt. Sie müssen lernen mit den Bienen richtig umzugehen, damit diese ordentlich Honig produzieren und sich vermehren. Auch die sachgemäße Verarbeitung und Verpackung des Honigs erfordert Training – und nicht zuletzt die Vermarktung. Nach sechs Monaten sollen die Familien selbstständig wirtschaften, bekommen jedoch bei Bedarf weiterhin fachliche Unterstützung und Beratung.

***

2016 konnte Shelter Now in Herat, Afghanistan, die zweite Zahnklinik eröffnen. Die erste Shelter Now-Zahnklinik war im Mai 2014 der afghanischen Regierung übergeben worden. Wie in der ersten Klinik arbeitet Shelter Now medizinisch und hygienisch nach europäischem Standard.

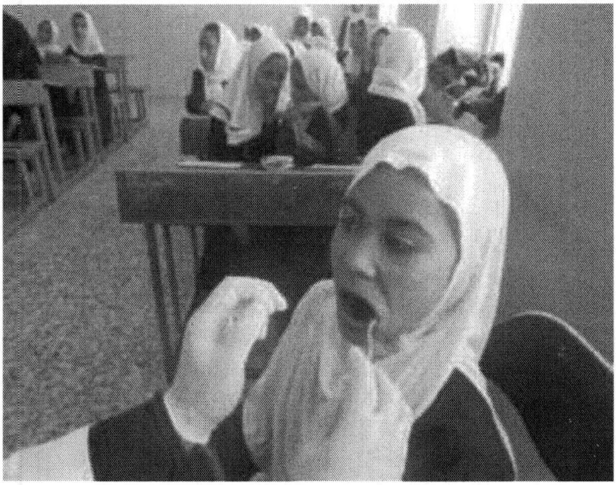
70% der Patienten sind Frauen und Kinder.

Neu ist, dass in der jetzigen Klinik mit der Universität zusammengearbeitet wird und männlichen und weiblichen Studierenden eine praktische Ausbildung angeboten wird. Das Herzstück der neuen Einrichtung ist das Schulzahnarzt-Programm. Ähnlich wie in Europa seit Jahrzehnten üblich, werden Schülerinnen und Schüler untersucht, behandelt und in Mundhygiene ausgebildet.

Insgesamt waren ca. 11.000 Menschen direkte Nutznießer des Projektes. Die kostenlose Behandlung konzentrierte sich vor allem auf Frauen und Kinder, die rund 70 Prozent der Patienten ausmachten. Zehn Prozent waren Kinder mit Behinderungen, Waisen oder Straßenkinder, die sonst keine Chance auf eine Zahnbehandlung gehabt hätten. In Afghanistan praktizieren bisher statistisch weniger als ein Zahnarzt auf 20.000 Einwohner (in Deutschland: 16 auf 20.000).

Arbeit unter immer gefährlicheren Bedingungen

In diesen Jahren kommt Georg lediglich zu Besuch nach Kabul - immerhin zwei- bis dreimal pro Jahr. Er ist ein außenstehender Beobachter und Berater. Die Sicherheitslage für alle Hilfsorganisationen verschlechtert sich von Jahr zu Jahr. Unter den Ausländern, die Georg persönlich gekannt hat, sind im Laufe der Jahre mehr als 30 getötet worden. Aus Sicherheitsgründen ziehen sich immer mehr Hilfsorganisationen aus Afghanistan zurück. Große Organisationen, die 2002 über 100 Mitarbeiter beschäftigten, haben kaum noch welche im Land. Viele Büros sind geschlossen. Momentan sind nur noch wenige Organisationen vor Ort. Auch Shelter Now-Mitarbeiter werden des Öfteren bedroht. Es gibt mehrere Anschläge in der Nähe ihrer Büros. Dennoch bleiben sie und halten nicht nur ihre Mitarbei-

> Die Zunahme des Einflusses der Taliban lässt sich gut an den Fernstraßen von und nach Kabul illustrieren. Von Kabul gehen die Straßen strahlenförmig in alle Richtungen. Die eine Hauptstraße geht in den Norden Richtung Masar-i-Scharif, die andere in den Westen nach Herat. In den Süden geht es nach Kandahar, in den Süd-Osten nach Khost, und in den Osten nach Pakistan. Alle Straßen waren 2002 ohne Gefahr zu befahren. Und dann war es plötzlich nicht mehr möglich nach Kandahar zu fahren. So war es schon 2003, als die Taliban sich diese Stadt wieder als Residenz erobern wollten. Dann wurde es gefährlich, die Straße nach Khost zu befahren. Dann Richtung Pakistan und schlussendlich konnte auch die Straße nach Masar-i-Scharif/Kunduz nicht ohne militärische Begleitung passiert werden. Ab 2015 nach dem Rückzug der ISAF waren alle Straßen von und nach Kabul gefährlich.

terzahl, sondern expandieren sogar ihre Projekte.

***

Georg Taubmann: Bei jedem Besuch konnte ich beobachten, dass sich die Sicherheitslage verschlechtert hatte. Unter den Terroropfern waren immer mehr ausländische Mitarbeiter. In Kabul gibt es kaum noch ein Restaurant, das von Ausländern gern besucht wird. Sehr viele Restaurants sind Opfer eines Anschlags gewesen. Selbst die großen Hotels sind nicht mehr sicher.

Eine langjährige Freundin und Partnerin von uns, Brigitte Weiler, die seit fast 30 Jahren Hilfsprojekte für Kinder in Afghanistan durchführte und auch einige unserer Projekte unterstützte, war auf dem Weg nach Kabul. Vor dem Abflug rief sie mich vom Flughafen Stuttgart noch an: „Georg, bitte bete mit mir." Sie war besorgt um ihre Sicherheit.

Brigitte Weiler mit einigen von ihr betreuten Mädchen

Während sie sonst bei Freunden und in einfachen Gästehäusern unterkam, wählte sie dieses Mal das „Interkontinental" in Kabul aus. Das Hotel gilt als eines der am besten gesicherten in der afghanischen Hauptstadt. Doch gerade dieses Haus wurde in der Nacht vom 20. auf den 21. Januar 2018 von radikal-islamischen Taliban angegriffen. Mir berichteten Augenzeugen, dass sechs Terroristen gezielt Jagd auf Ausländer machten. Zwölf Stunden lang dauerten die Gefechte. Dann waren die Angreifer tot - und auch 24 Gäste und Mitarbeiter des Hotels, darunter 14 Ausländer. Einige unserer Mitarbeiter mussten Brigittes Leiche identifizieren. Sie waren extrem betroffen.

Bei Brigittes Beerdigung waren Marianne und ich und zwei Shelter Now-Mitarbeiter dabei. Es waren sehr traurige, bewegende Momente. Brigitte hatte eine große Liebe für Afghanistan. Für diese Liebe bezahlte sie einen hohen Preis - ihr Leben. Uns liegt es auf dem Herzen, ihre laufenden Projekte zu Ende zu führen.

***

Für das Erstarken der Taliban gibt es verschiedene Gründe. Ende 2001 mussten sie sich geschlagen zurückziehen, in der Hauptsache nach Pakistan. 2002 sammelten sie ihre Kräfte und hielten sich im Hintergrund. Aber bereits 2003 traten sie mit ersten Anschlägen gegen die afghanischen Schutzkräfte, die ISAF und auf ausländische Gruppen in Erscheinung. Mit dazu beigetragen hat der Irakkrieg, auch Dritter Golfkrieg genannt. Die Amerikaner, die die meisten Truppen innerhalb der ISAF in Afghanistan im Einsatz hatten, lenkten ihre Aufmerksamkeit und Einsatzkräfte stärker auf den Irak. Das muss die Taliban zu stärkeren Terroreinsätzen ermutigt haben. Denn ihr Einfluss und ihre Anschlägen verstärkten sich jetzt enorm.

Ein weiteres Ereignis, das zur Erstarkung der Taliban führte, war der Rückzug der ISAF zum Ende 2014 aus Afghanistan. Ab dem 1. Januar 2015 sollten noch rund 12.000 NATO-Soldaten die afghanischen Sicherheitskräfte ausbilden, beraten und unterstützen, aber nicht mehr selbst militärisch zum Einsatz kommen. Die vorangegangenen Jahre waren jedoch einfach zu wenig, um die afghanischen Streitkräfte und Polizei so weit zu schulen, dass sie die Schutzmaßnahmen eigenständig übernehmen konnten. Das nutzten die Taliban aus, um noch gezielter Anschläge durchzuführen und Gebiete zu erobern.

Der Irakkrieg oder Dritte Golfkrieg war eine Militärinvasion der USA, Großbritanniens und einer „Koalition der Willigen" in den Irak. Er begann am 20. März 2003 mit der Bombardierung ausgewählter Ziele in Bagdad und führte zur Eroberung der Hauptstadt und zum Sturz des irakischen Staatspräsidenten Saddam Hussein. Am 1. Mai 2003 erklärte US-Präsident George W. Bush den Krieg für siegreich beendet.

***

Georg Taubmann: Ich erlebte mit, wie der Rückzug der ISAF ein absolutes Entsetzen unter der Bevölkerung auslöste und bei vielen fast Panik verursachte. Keiner konnte sich vorstellen, wie man sich gegen die Taliban wehren könnte, wenn die Truppen nicht mehr da waren. Es wurden ja nicht nur Soldaten abgezogen, sondern auch Panzer, Hubschrauber und Gerätschaften. Nach der Abzugsankündigung der Amerikaner wollten auch andere Länder nicht mehr dort bleiben.

Nicht nur weite Teile der Bevölkerung waren entsetzt, auch den internationalen Hilfsorganisationen wurde mulmig. Jahr für Jahr erlebten sie eine Zunahme an Anschlägen, die nun auch verstärkt gezielt auf Ausländer verübt wurden. Wie konnte ihr Schutz nach Abzug der ISAF weiterhin gewährt werden?

Der Abzug der ISAF erzeugte einen erneuten Rückgang an ausländischen Hilfsorganisationen. Mitarbeiter wagten nicht mehr im Land zu bleiben. Einige der Organisationen wandten sich an uns und boten uns ihre Projekte an. Vereinzelt konnten wir darauf eingehen. Auch ließen die finanziellen Unterstützungen nach. Das Interesse an Afghanistan schwand. Die gewalttätigen Auseinandersetzungen gingen nun schon viele Jahre, da wurden manche Unterstützer müde.

***

Auch Shelter Now bekam die Bedrohungen durch die Taliban immer stärker zu spüren. Die Anschläge auf Restaurants, Hotels, Krankenhäuser und ausländische Einrichtungen zu beobachten, zehrt an den Nerven. Es gab Wochen, da konnten sie in Kabul lediglich von ihren Wohnhäusern zu den Büros fahren und wieder zurück. Vielleicht noch einmal kurz einkaufen, aber zum Beispiel Freunde in einem anderen Stadtteil zu besuchen, war nicht ratsam. Besonders bedrückend waren die Situationen, in denen Mitarbeiter vertrauter Organisationen oder Freunde durch Anschläge ums Leben kamen. 2010 wurde ein befreundetes achtköpfiges medizinisches Team in den Bergen im Norden von Afghanistan von den Taliban ermordet. Das hat alle erschüttert. Oder auch der Tod von Brigitte Weiler Anfang 2018 im „Intercontinental". Da denkt jeder über sein eigenes Leben und seine Zukunft nach. Vereinzelt verließen auch Mitarbeiter von Shelter Now das Land.

In der Durchführung und Betreuung der Projekte fühlen sich die Shelter Now-Mitarbeiter zunehmend eingeschränkt. Nach Shamalie, wo sie 2002 mit dem Projekt „Dörfer der Hoffnung" begannen und auch eine Betonträgerfabrik errichteten, können sie zur Zeit aus Sicherheitsgründen nicht mehr hinfahren, obwohl es nur 40 Minuten Autofahrt entfernt liegt. Die Produktion musste eingestellt werden. Der Einfluss und die Macht der Taliban sind zu groß.

In Kabul arbeiten zurzeit zehn ausländische Mitarbeiter, die dort die notwendigen Verwaltungsarbeiten für die Projekte und Mitarbeiterbetreuung verrichten: die Finanzverwaltung und die aufwendige Berichtsführung für die Regierung und die Spenderorganisationen. Auf Drängen der Polizei mussten sie 2015 ihr Bürogebäude nahezu in eine „Festung“ verwandeln. Die Mauern um das Grundstück wurden erhöht, ein Nato-Draht oben ausgerollt und stärkere Stahltüren eingebaut. Jetzt kann man nur noch durch eine Sicherheitsschleuse auf das Gelände kommen. Im Büro selbst wurde noch ein „safe-room“, ein Sicherheitsraum eingebaut mit Fenstern aus Spezialglas und einer besonders sicheren Stahltür, ebenso ein Fluchtweg auf das Nachbargrundstück. Experten geben an, dass diese Sicherheitsmaßnahmen bei einem Überfall den Angegriffenen drei Minuten Zeitvorsprung gewähren, um sich in Sicherheit zu bringen oder zu flüchten.

Kürzlich wurde in Dschalalabad eine Kinderhilfsorganisation angegriffen. Nach dem üblichen Vorgehensmuster sprengte sich ein Talib vor dem Eingang in die Luft, sodass die anderen Terroristen in das Gebäude eindringen konnten. Die Mitarbeiter konnten in ihren Safe-Room flüchten und wurden von der Polizei befreit. Es war ein großes Wunder, dass niemandem etwas geschah.

Die Mauern des Bürogrundstückes wurden erhöht und mit Nato-Draht versehen.

Benjamin Taubmann: 2017 habe ich mit meiner Frau Lisa nach fünf Jahren Pause Kabul wieder besucht. Für Lisa war es das erste Mal. Ich war erstaunt, wie sehr sich die Stadt verändert hat, auch zum Positiven: Es gibt so viele neue Straßen und Gebäude, dass es mir schwerfiel, mich zu orientieren.

Befremdlich und bedrohlich fand ich die Sicherheitsvorkehrungen. Häuser, die wie Festungen aussahen, immer wieder Straßenkontrollen und Betonpfeiler, die umfahren werden mussten. Wenn man manche Straßen entlangfuhr, sah man hauptsächlich hohe Betonmauern mit Nato-Draht. Man kann sich das so vorstellen, wie wenn man in Deutschland an der Mauer eines Gefängnisses entlangfährt. Nur dass es nicht vereinzelt vorkommt, sondern ganze Straßenzüge so aussehen. Wir haben versucht, unser altes Haus aufzusuchen. Ich hätte es Lisa gern gezeigt. Aber das war gar nicht möglich. Die ganze Straße war abgesperrt, überall waren Soldaten, Kontrollposten und Betonklötze.

Überhaupt wurde uns nicht erlaubt, einfach herumzufahren und uns Sehenswürdigkeiten anzuschauen oder Freunde zu besuchen. Das kenne ich von früher nicht. Da lag schon eine gewisse Spannung in der Luft, man war immer auf Hab-Acht.

Wir sind dann auch in den Norden gefahren und haben uns die Projekte dort angeschaut. Hier konnten wir wieder durchatmen. Die Sicherheitslage ist hier viel besser, und wir konnten auch einmal frei spazieren gehen.

***

Georg Taubmann: Außerhalb Kabuls, auf dem Lande bei Herat oder Masar-i-Sharif, ist es leichter, Projekte durchzuführen. Dort ist die Sicherheitslage besser. Obwohl man bei den Reisen vorsichtig sein muss. Dörfer, die heute noch frei sind vom Taliban-Einfluss können eine Woche später von ihnen besetzt sein. Da muss man immer wachsam sein.

Glücklicherweise sind unsere afghanischen Mitarbeiter sehr verantwortungsvoll und eigenständig. Die meisten Projekte werden von ihnen geführt. Wir müssen sie natürlich von Zeit zu Zeit besuchen und schauen, ob alles richtig gemacht wird. Wir halten die Beziehungen zu den Geldgebern, fertigen die Abrechnungen an und schreiben die Berichte. Wenn die Gefahrenlage groß ist, müssen wir nicht zu den Projekten fahren. Schon in Pakistan haben wir stets darauf geachtet, die einheimischen Mitarbeiter zu selbständiger Arbeit anzuleiten. Sonst könnten wir unsere vielen Betonträgerfabriken gar nicht in Betrieb halten.

An dieser Stelle möchte ich stark betonen, dass die Arbeit von Shelter Now über all die 35 Jahre nur durchgeführt werden konnte, weil hingebungsvolle Menschen mit großem Engagement gearbeitet und ihr Leben eingesetzt haben - und das häufig unter starken Herausforderungen, großen Gefahren und Opfern. In dieser Zeit sind viele Ausländer anderer Hilfswerke getötet worden. Mit einigen von ihnen waren ich und meine Teamkollegen befreundet. Auch wir haben einen lieben und sehr engagierten jungen Mitarbeiter verloren, der von islamischen Fanatikern erschossen wurde, den 28-jährige Sajid, der seine Frau und eine junge Tochter hinterlässt.

Mehrere Regierungen in Afghanistan sind gekommen und wieder gestürzt worden, doch wir haben es geschafft, unter jeder von ihnen zu arbeiten und viele Projekte aufzubauen und zu erhalten. Wir sind allen Mitarbeitern zutiefst dankbar für ihren Einsatz, der es ermöglicht hat, all das zu tun, wovon in diesem Buch berichtet wird. Dafür sind wir nicht nur dem ausländischen Team, sondern vor allem auch unseren einheimischen Mitarbeiten sehr dankbar: „Danke für eure treue Mitarbeit und Zuverlässigkeit und auch Loyalität Shelter Now gegenüber! Ohne euch hätten wir diese Arbeit nie tun können." Auch sie sind oft großen Gefahren ausgesetzt, weil viele von ihnen in Gegenden arbeiten, die sehr gefährlich sind.

Als wir acht Shelter Now-Mitarbeiter verhaftet wurden, kamen auch sechszehn unserer einheimischer Mitarbeiter ins Gefängnis, und sie haben genauso Schlimmes erlebt. Wir werden ihre Opfer nie vergessen. Durch ein großes Wunder sind auch sie unversehrt frei gekommen, und viele von ihnen haben hinterher wieder mit uns gearbeitet.

Ich möchte mich auch ganz persönlich bei meinem langjährigen Freund Udo Stolte und seiner Frau Sieglinde bedanken. Udo hat uns oft besucht in Pakistan und in Afghanistan und war viel mit mir unterwegs, auch in gefährlichen Gegenden. Er hat auch eine große Liebe für dieses Volk und Land. Udo hat unsere

Organisation in Deutschland aufgebaut, und durch seine Hilfe konnten wir viele Projekte in Afghanistan durchführen.

Ohne die starke Unterstützung meiner Frau Marianne hätte ich diese Arbeit niemals durchführen können. Sie hat mir in all den Gefahren und großen Herausforderungen beigestanden, hat mich immer wieder ermutigt und war bereit, jedes Mal, wenn unsere Organisation oder wir persönlich angegriffen und bedroht worden waren, mit mir zusammen neu anzufangen und weiterzumachen. „Zurück in Kabul" ist unsere gemeinsame Geschichte. Beide unsere Söhne wurden in Pakistan geboren und sind dort und in Afghanistan aufgewachsen. In bin dankbar, sie immer bei mir gehabt zu haben. Marianne war immer eine vorbildliche Mutter und hat ihre Aufgabe auf erstaunlichste Weise erfüllt. Die Jungen denken heute noch gerne an diese Zeit zurück, trotz vieler Entbehrungen.

Vor allem möchten wir uns auch bei unserem Herrn Jesus bedanken, dem wir nachfolgen. Er ist unser großes Vorbild und hat uns in all den herausfordernden Situationen Kraft gegeben und bewahrt. Nur durch Seine Hilfe konnten wir immer wieder neuen Mut schöpfen, um diese Arbeit zu tun!

Es gibt zurzeit kein Volk, das so viel gelitten hat, wie die Afghanen. Seit 1979 herrscht Krieg in diesem Land, das schon vorher eines der ärmsten Länder gewesen ist. Bald werden es 40 Jahre sein, in denen die Menschen dort nichts als Wellen von Gewalt, Tod und Zerstörung erlebt haben. Wir bewundern das afghanische Volk zutiefst. Die Menschen, die in ihrem Land geblieben sind, machen einfach weiter, wo die meisten Menschen aufgegeben hätten. Viele haben trotz des Schreckens und des Leides ihren Lebensmut und die Hoffnung nicht verloren, dass es eines Tages Frieden geben wird.

Was Menschen in Not tröstet und was sie brauchen, ist, dass andere an ihrer Seite bleiben. Viele sind gekommen, als das Taliban-Regime gestürzt wurde, doch die meisten haben sie wieder alleine gelassen. Wir wollen weiterhin an ihrer Seite stehen und mit Gottes Hilfe dazu beitragen, dass ihre Hoffnung für ihr Land nicht verloren geht und gemeinsam mit ihnen ihr Land wieder aufbauen.

Wir glauben mit ihnen, dass es nicht mehr lange dauern wird, dass in Afghanistan wieder Frieden herrscht. Momentan sieht es nicht so aus, und die Kämpfe sind schlimmer geworden. Die Taliban kontrollieren wieder große Tel des Landes. Doch wir wissen auch, dass kurz bevor die Sonne aufgeht, die Nacht am dunkelsten ist. Möge es so auch in Afghanistan sein und die Sonne bald wieder über diesem Land aufgehen.

35 Jahre Shelter Now International

Von den abenteuerlichen Anfängen bis heute

Die Jahre 1979 bis 1989

1979 Die Sowjetunion greift in den afghanischen Bürgerkrieg ein und marschiert mit der Roten Armee in Afghanistan ein. Die religiösen Führer (Mudschahedin) rufen gegen die sowjetischen Besatzer und die Regierung in Kabul den „Heiligen Krieg" aus. Es beginnen starke Flüchtlingsbewegungen über die Berge nach Nordpakistan.

1982 Georg Taubmann besucht während eines dreieinhalb monatigen Einsatzes in Indien die Flüchtlingslager in Pakistan. Er ist erschüttert von den katastrophalen Bedingungen in den Lagern. Mit der pakistanischen Regierung werden Verhandlungen aufgenommen zur Genehmigung einer Hilfsorganisation für afghanische Flüchtlinge. Noch 1982 wird die Registrierung beantragt und ein Jahr später genehmigt.

1983 Im Januar überführt Georg mit drei Freunden in einer abenteuerlichen Fahrt einige alte LKWs für Projekte in den Flüchtlingslagern auf dem Landweg nach Pakistan.
Shelter Now eröffnet ein Büro in der pakistanischen Grenzstadt Peshawar. Ziel ist, vor allem Unterkünfte für die Flüchtlinge zu errichten, sogenannte „low-cost-houses". Die Fabrik zur Herstellung der Betonfertigteile wird in einem der Flüchtlingslager errichtet (Nasir Bagh-Lager).
Tausende von Flüchtlingen strömen über die Grenze, um dem Krieg in Afghanistan zu entkommen - zum Ende des Jahres sind es ca. 1,3 Millionen (10 Jahre später ca. 3,5 Mill.).

1984 Georg und Marianne ziehen nach Peshawar. Georg wird „Assistant director" von Shelter Now.

Bürgerkriege und Flüchtlingsströme

1979 ging die Nachricht durch die Weltmedien, dass die Sowjetunion mit ihren Verbündeten in Afghanistan einmarschiert wären. Sie mischten sich in den innerafghanischen Bürgerkrieg ein, setzten den herrschenden Präsidenten ab und errichteten eine afghanisch-kommunistische Regierung. Da Afghanistan ein islamisch stark konservatives Land ist, kam es schnell zu kriegerischen Auseinandersetzungen. Für viele Afghanen war es unerträglich, unter einer kommunistischen Herrschaft zu leben. Die Widerstandskämpfe wurden mit Unterstützung der religiösen Führer, den Mudschahedin (die, die den „Heiligen Krieg" ausüben), durchgeführt. Damit begannen die Flüchtlingsbewegungen über die Berge nach Pakistan. Zuerst kamen Tausende, dann waren es Zehntausende, dann Hunderttausende. Alle wurden in Lagern um Peshawar herum aufgefangen, ebenso im Nordwesten, damals North-West Frontier Province genannt.

***

Freunde von Georg, die in Lahore/Pakistan lebten, beobachteten mit Sorge die Entwicklung in Afghanistan und die großen Flüchtlingsströme, die nach Pakistan kamen und besuchten die Flüchtlingslager nördlich von Peshawar. Georg, der sich zu der Zeit in Indien aufhielt, um einen zukünftigen Einsatzort zu erkunden, reiste im Frühjahr 1982 von Indien nach Pakistan und besuchte mit seinen Freunden die Flüchtlingslager. Das Elend unter den Flüchtlingen bewegte ihn sehr.

Sie trafen die Entscheidung, eine Hilfsorganisation für die Flüchtlinge zu gründen und begannen mit der Regierung in Islamabad zu verhandeln. 1983 konnte die Registrierung durchgesetzt und die Flüchtlingshilfe begonnen werden. Das war der Anfang der Organisation „Shelter Now International" (Shelter Now = Unterkunft jetzt).

Der Vorschlag an die Regierung war, in den Flüchtlingslagern sogenannte „low-cost-houses“ zu errichten, finanziert von der UNHCR. Es sollten einige Tausend dieser Häuser für ambulante Kliniken, Verwaltungsgebäude und für Schulen gebaut werden, denn die Flüchtlingslager waren wie kleine Städte mit 10.000 bis 50.000 Bewohnern, die verwaltet werden mussten. Die Flüchtlinge mussten registriert und die Lebensmittelverteilung organisiert werden. Es gab eine spezielle Polizei der pakistanischen Regierung, die für Ordnung und Sicherheit in den Lagern zuständig war. Diese Verwaltungszentren sollte Shelter Now aufbauen und später auch ambulante Kliniken sowie Unterkünfte für die Flüchtlinge.

***

Mit Hingabe gingen die jungen Leute von Shelter Now an die Planung der Herstellung der „Geodesic Domes“, wie der Fachbegriff für die einfachen Häuser lautete: wabenförmige Gebäude aus sechs Trapezen und sechs Dreiecken, die auf Stahlbetonsäulen standen. Die Wände konnten später mit Lehm oder Bausteinen/bricks gefüllt werden. Geplant war, außerhalb von Peshawar in einem der Flüchtlingslager ein Betonwerk aufzubauen, in dem diese Bauelemente aus Stahlbeton hergestellt werden konnten. Diese sollten in die Flüchtlingslager transportiert und dort zu Häusern zusammengebaut werden.

Das Ganze sollte von der UNHCR finanziert werden - bei dem ersten Vertrag ging es um 3000 Häuser mit Kosten von mehreren Millionen.

Das Betonwerk von Shelter Now im Flüchtlingslager Nasir Bagh

Die ersten „Geodesic Domes" sind errichtet und zum Einsatz bereit.

Eine abenteuerliche Fahrt nach Pakistan

Georg Taubmann: Für diese Fabrik und den Transport der Stahlbetonträger wurden natürlich LKWs benötigt. Unser Leiter kam Ende 1982 nach Deutschland, kontaktierte mich und teilte mir mit, dass sie gebrauchte Lastwagen kaufen und auf dem Landweg nach Pakistan überführen wollten. Sie waren knapp bei Kasse. Wir hielten einige Vorträge in München und Umgebung, wo wir von unserer Vision über die geplante Arbeit unter den afghanischen Flüchtlingen erzählten und Spenden sammelten. In München wurden zwei alte LKWs und ein Unimog gekauft. Wir waren zu viert, davon drei Fahrer.

Da wir Freunde in Italien hatten, fuhren wir Anfang Januar als erstes dorthin und überarbeiteten die LKWs für die bevorstehende Fahrt. Dann ging es mit der Fähre nach Griechenland und den langen Landweg nach Pakistan. Das sollte eine absolut abenteuerliche Fahrt werden. Eigentlich wollte ich nicht mitfahren, denn am 11. März 1983 war die standesamtliche Trauung geplant und einen Tag später die große Hochzeitsfeier mit meiner Verlobten Marianne. Mein Leiter meinte gelassen: „Das ist doch kein Problem. Bis dahin bist du garantiert zurück." Die Fahrt ging im bitterkalten Winter mit den LKWs, die keine Heizung hatten, durch Griechenland und die Türkei - im Osten der Türkei waren minus 30 Grad, die Straßen verschneit und vereist. Teilweise war die Strecke gesperrt, wir mussten pausieren oder Umwege fahren. Nachts fror der Diesel ein. Was nun? Wir wussten nicht, was wir tun sollten. Wir schauten uns um und sahen, wie andere LKW-Fahrer Feuer unter ihren Dieseltanks und Motoren machten. Das machten wir ihnen nach und mussten aufpassen, dass wir dabei nicht unsere LKWs abfackelten.

Immer wieder wurden wir von Polizisten angehalten, die Zigaretten oder Schmiergeld haben wollten. Wir begegneten tief im Schnee versunkenen oder neben der Straße abgestürzten LKWs. Kurz vor der Grenze zum Iran wurden wir von der Polizei ausgetrickst. Sie nahmen uns zur Kontrolle unsere Pässe ab. Dem Fahrer des vorderen Wagens sagten sie, sie hätten die Pässe im hinteren Fahrzeug abgegeben und umgekehrt dem hinteren Fahrer, sie hätten sie vorne abgegeben. Nach einigen Minuten Fahrt bekam einer von uns ein mulmiges Gefühl und fragte bei den anderen nach. Wir hatten gerade einen steilen Berg erklommen, hielten an und rannten hinunter zur Polizeistation. Die Streife war gerade im Begriff wegzufahren. Nach zähen Verhandlungen rückten sie die Pässe endlich heraus. Sie hätten sie wohl gern verkauft.

Georg mit seinem Freund vor ihrem LKW

Als wir an die iranische Grenze kamen, gab es gerade Aufstände im Land und Krieg zwischen dem Iran und Irak. Auch die islamische Revolution war voll im Gange. Es herrschte ein absolutes Chaos. Wir mussten inmitten von Kriegsspannungen durch den Iran fahren. Immer wieder wurden wir von jungen islamischen Religionswächtern angehalten, und wir mussten mit allem rechnen. Aus Mitleid nahmen wir eine Gruppe von italienischen und deutschen Hippies mit, die von der türkischen Polizei ausgeraubt worden waren und kein Geld mehr hatten. Sie schlossen sich einfach unserem Konvoi an. Wir hatten kein Telefon, und ich konnte Marianne nicht sagen, wo ich war und wie es mir ging. Der Hochzeitstermin rückte immer näher.

Einer der vielen Pannen-Stopps unterwegs

An der Grenze zwischen Iran und Pakistan kämpften wir uns noch durch einen schweren Sandsturm. Wir schafften es gerade so über die Grenze. In Quetta ging ein Flugzeug nach Lahore, aber die Lastwagen waren einfach zu langsam, um den Flughafen rechtzeitig erreichen zu können. Wir baten die Hippies, mit mir vorauszufahren und mich so schnell wie möglich nach Quetta zu bringen. Sie konnten schlecht Nein sagen, schließlich hatten wir sie durch den Iran geschleust und auch die Gebühren bezahlt. Wir fuhren los, und was taten sie als nächstes? Sie besorgten sich Drogen und donnerten dann vollgedröhnt mit ihren zwei Fahrzeugen über die Wüstenpiste nach Quetta. Ich musste in der gleichen Nacht noch ankommen, denn am nächsten Morgen ging der

Flug nach Lahore - nur einmal in der Woche, und wenn ich den verpasste, käme ich nicht mehr rechtzeitig zur Hochzeit. Vollgekifft rasten die Hippies durch die Schlaglöcher. Da gab es einen Riesenkrach - ein Vorderrad war abgebrochen. Mit dem zweiten Auto ging es weiter nach Quetta. Dort musste noch Geld gewechselt und mein Ticket nach Lahore gekauft werden. Um 11 Uhr ging der Flug, um 10 Uhr schloss der Verkaufsschalter. Ich stand wie auf heißen Kohlen. Einer der deutschen Hippies zog los zur Wechselstube. Vollgekifft kehrte er zurück, er hatte sich Zeit gelassen. Endlich hatte ich das gewechselte Geld, redete auf die Leute am Schalter ein, bekam ein Ticket und raste mit der Rikscha zum Flughafen. Ich war total nervös, total unter Stress. Das Flugzeug hatte noch gewartet, und ich kam doch noch nach Lahore.

In Lahore hatte ich die erste Gelegenheit, von einem Hotel aus einen Telefonanruf zu machen. Es waren drei Tage vor der Hochzeit, ein Dienstag. Marianne hatte alle Vorbereitungen getroffen, jedoch keine Ahnung, wie es mir ging und wo ich war. An diesem Dienstag wollte Marianne die Blumen bestellen und sagte sich: „Wenn ich heute nichts von Georg höre, werde ich die ganze Hochzeitsfeier wohl absagen müssen.“ Immer wieder riefen Verwandte und Freunde an und wollten wissen, wo Georg war. Doch Marianne hatte keine Ahnung und wusste noch nicht einmal, ob ich noch am Leben war. Da kam endlich die befreiende Nachricht: „Ich bin in Lahore angekommen und fliege mit dem nächsten Flugzeug nach Deutschland. Ich werde rechtzeitig zur Trauung da sein.“

Weniger als 24 Stunden vor der standesamtlichen Trauung kam ich völlig erschöpft in Braunschweig an, musste noch meinen Hochzeitsanzug kaufen, mich rasieren, die Haare schneiden, und dann empfingen wir schon die ersten Hochzeitsgäste. Am nächsten Tag feierten wir unsere Hochzeit in unserer Kirchengemeinde in Braunschweig.

***

Zweieinhalb Monate später wird das junge Paar von ihrer Kirchengemeinde in Braunschweig nach Indien ausgesandt. Sie glauben, dass Indien ihr Einsatzland wäre und bleiben dort für ein knappes Jahr.

In Peshawar/Pakistan gibt es inzwischen ein Büro von Shelter Now und eine Fabrik, in der die Betonfertigteile für die Gebäude hergestellt werden. 1984 ziehen Georg und Marianne von Indien nach Peshawar, um das dortige Team zu unterstützen. Georg wird „Assistant Director" von Shelter Now Pakistan.

16 Jahre werden sie in Peshawar leben und arbeiten. Ihre beiden Söhne Daniel und Benjamin werden dort geboren. Die Stadt wird zu ihrem Zuhause.

Georg und Marianne mit ihren Söhnen Daniel und Benjamin im Jahr 1988

Die Jahre 1988 bis 1990

1988 Shelter Now beginnt von Peshawar aus mit den ersten Hilfsprojekten im benachbarten Afghanistan, um zurückkehrenden Flüchtlingen beim Aufbau ihrer Dörfer zu helfen. Zu der Zeit sind die sowjetischen Truppen noch im Land, und es ist sehr gefährlich dort zu arbeiten.

1989 Den sowjetischen Truppen gelingt es in den 1980er-Jahren nicht, das Land unter ihre Kontrolle zu bringen. Nach 10 Jahren Besetzung ziehen sie sich aus Afghanistan zurück. Das Land ist zerstört, die Menschen zutiefst traumatisiert. Statistiken sagen, dass ca 1.5 Millionen Afghanen ihr Leben gelassen haben.

1990 Im April werden die Hilfsprojekts-Anlagen von Shelter Now in dem Flüchtlingslager Nasir Bagh von islamistischen Extremisten und aufgeputschten Flüchtlingen geplündert und dem Erdboden gleichgemacht.
Einige Wochen später wird ein Mordanschlag auf den Leiter von Shelter Now und seinen Sohn ausgeübt, dem sie knapp entkommen können. Er muss das Land verlassen. Weitere Morddrohungen folgen, fast alle ausländischen Mitarbeiter ziehen sich in ihre Heimatländer zurück und die Organisation wird geschlossen.
Georg kehrt Ende des Jahres mit seiner Familie nach Pakistan zurück, um Shelter Now neu aufzubauen. Er wird Leiter von Shelter Now in Pakistan.

Vandalismus, Zerstörung und Ende

Shelter Now erlebt 1990 in Pakistan ein ähnliches Desaster wie später 2001 in Afghanistan. Ihre Hilfsprojekte in einem der Flüchtlingslager, in der Nähe von Peshawar, dem Nasir Bagh-Lager, werden von einer von Islamisten aufgehetzten Meute vollkommen dem Erdboden gleichgemacht. Die Verluste belaufen sich auf über 1,5 Millionen Euro. Nach dem Mordanschlag auf den damaligen Leiter und seinen Sohn muss die Organisation geschlossen werden. Die ausländischen Mitarbeiter reisen entmutigt in ihre Heimatländer. Die einheimischen Angestellten müssen entlassen werden. Shelter Now ist am Ende!

Georg findet in Deutschland jedoch keine Ruhe. Schon vor ihrer Abreise nach Deutschland hatten er und Marianne bereits entschieden, wieder nach Pakistan zurückzukehren und weiter unter den afghanischen Flüchtlingen zu arbeiten - trotz dieser tief schockierenden Erlebnisse. Doch sie wissen nicht wie, denn die Projekte sind zerstört, und Shelter Now besteht nicht mehr.

Doch Gott spricht eindringlich zu ihnen, und gegen den Rat besorgter Freunde geht Georg mit seiner Familie zurück nach Pakistan und fängt buchstäblich von vorne an.

***

Das gleiche Muster wie 1990 in Pakistan werden wir 2001 in Afghanistan wieder vorfinden. Die Hilfsprojekte von Shelter Now werden zerstört und die Büros müssen geschlossen werden. Die nicht festgenommenen Mitarbeiter müssen das Land verlassen. Wieder entsteht ein großer Schaden, und sie verlieren fast alles. Shelter Now ist ein zweites Mal am Ende! Wiederum ist es Georg, der die Initiative ergreift und wenige Monate nach seiner Befreiung aus der Geiselhaft die Mitarbeiter sammelt, die den Mut haben, in Afghanistan neu anzufangen.

***

Georg Taubmann: Sieben Jahre versorgten wir schon die Afghanen in dem Nasir Bagh-Flüchtlingslager. Tausende von „low-cost-houses“ waren hergestellt und aufgebaut. Die Erstversorgung der neu eintreffenden Flüchtlinge verlief reibungslos. Tausende von Kindern wurden regelmäßig mit Milch versorgt und konnten zur Schule gehen. Neben der Betonfabrik mit einer großen KFZ-Werkstatt in einem der Lager waren Unterkünfte speziell für Witwen und Waisen errichtet worden. Von anderen Organisationen wurde eine Schule für Mädchen und eine Klinik mit einer Frauenabteilung errichtet. Wir wollten vor allem den Witwen und ihren Kindern helfen. Für jede Witwe wurde ein Haus gebaut mit einer Toilette, und ein Gemüsegarten wurde für alle angelegt. Es gab einen Kinderspielplatz und ein Zentrum, in dem Nähunterricht stattfand. Und dann geschah etwas, womit wir niemals gerechnet hätten.

Am 26. April 1990, zum Ende des Fastenmonats Ramadan, kamen fanatische Mullahs einer radikalen islamischen Partei und hetzten die Flüchtlinge gegen alle Organisationen auf, die sich um Frauen oder Mädchen kümmerten. Pakistanischen Behörden berichteten später, dass die Mullahs den Zuhörern in der Moschee drohten, dass Allah ihre Gebete nicht erhören werde, wenn sie nicht diese Kafire/Heiden vertrieben und deren Projekte für Frauen und Mädchen zerstören würden. Nach der aufrührerischen Ansprache stürmten Islamisten mit einer Menge von aufgehetzten Flüchtlingen die Projekte der Hilfsorganisationen und zerstörten und raubten alles, was sie unter die Finger bekamen.

Die Islamisten griffen alle Organisationen an, die Projekte mit Frauen und Mädchen unterhielten und zerstörten auch eine Mädchenschule. Offensichtlich störte es sie, dass diesen armen Frauen geholfen wurde und waren fanatische Gegner jeglicher Erziehung und Bildung von Mädchen. Die aufgehetzten Flüchtlinge stürmten das Witwenzentrum und zerstörten alles, was sie vorfanden. Die Frauen verschwanden. Wir haben niemals in Erfahrung bringen können, was mit ihnen geschehen ist oder wo sie hingebracht worden sind. Der Spielplatz wurde dem Erdboden gleichgemacht. Nichts blieb übrig, alles wurde geplündert. Auch der Gemüsegarten, der von den Witwen angepflanzt worden war, wurde zerstört. Ebenso die Mädchenschule. Das Krankenhaus, das von einer amerikanischen Hilfsorganisation eingerichtet worden war, wurde angegriffen, doch bewaffnete Wächter konnten die Angreifer vertreiben.

Danach nahmen sie sich unsere Fabrik vor. Das war eine riesige Anlage: 18 Fahrzeuge standen dort, darunter auch die betagten Laster, die wir 1983 von Deutschland nach Pakistan überführt hatten. Alle Fahrzeuge wurden gestohlen, und die, die sie nicht mitnehmen konnten, wurden abgefackelt. Auch die KFZ-Werkstatt, in der Flüchtlinge zu KFZ-Mechanikern ausgebildet worden waren, wurde vollständig geplündert und zerlegt. Was sie nicht mitnehmen konnten, wurde abgebrannt. Für das Milchverteilungsprogramm der Kinder waren 175 Tonnen Milchpulver gelagert. Ebenso lagerten dort viele Tonnen Stahl und Zement für Stahlbetonträger. Alles wurde zerstört und geplündert. Um das riesige Gelände herum waren 2000 Bäume angepflanzt worden, und selbst diese wurden abgehackt. Aus dem Flüchtlingslager nebenan kamen bis zu 10.000 aufgestachelte Flüchtlinge und zerstörten alles. Es wurden immer mehr - sie nahmen mit, was nicht niet- und nagelfest war.

Das war ein unvorstellbarer Vandalismus. Als ich mir das mit zwei ausländischen Mitarbeitern einen Tag später anschaute, waren wir völlig schockiert. Fassungslos, wir konnten nicht glauben, dass die Menschen, denen wir sieben Jahre unermüdlich geholfen hatten, sich plötzlich so gegen uns wendeten, nur weil sie von den Fanatikern so aufgewiegelt worden waren. Von herumstreunenden Kindern, die uns „Kafire“/Ungläubige hinterherriefen, wurden wir mit Steinen beworfen. Das war für mich so erniedrigend schlimm, dass ich diesen Ort nie wieder betreten wollte.

***

Nach dem Anschlag auf das Zentrum im Nasir Bagh-Flüchtlingslager trafen sich die Shelter Now-Mitarbeiter aus Pakistan mit den Leitern aus Deutschland und Australien, um zu beraten, wie es nach der Zerstörung weitergehen sollte. Die Islamisten hatten selbst den Besitzer des Shelter Now-Büros in Peshawar bedroht und ihn aufgefordert, den Ausländern zu kündigen. Nur die allergrößten Überredungskünste konnten ihn davon abhalten. Selbst die Häuser der Mitarbeiter observierten sie, offensichtlich mit finsteren Plänen. Gefahr lag in der Luft.

***

Georg Taubmann: Wir überlegten, ob wir uns jetzt nur noch auf Afghanistan konzentrieren sollten, da wir ja dort noch ein Betonwerk hatten. Fast all unser Besitz in Pakistan war geplündert oder zerstört. Als wir einmütig zu dieser Entscheidung kamen und gerade unser Meeting beenden wollten, klopfte es an der Tür und unser Projektmanager von dem Betonwerk aus Afghanistan trat herein. Er wirkte verwirrt und geschockt und berichtete uns, dass er eben erfahren hatte, dass auch unser Betonwerk, das wir 1989 in Afghanistan in der Nähe von Dschalalabad gebaut hatten, von denselben fanatischen Islamisten geplündert und zerstört worden war. Sie hatten es umzingelt, die Mitarbeiter vertrieben und wie in Nasir Bagh alles geplündert, was sie mitnehmen konnten und den Rest zerstört. Das war unfassbar und wir wollten es nicht glauben. Es klang wie ein Albtraum, doch leider war es wahr. Jetzt hatten wir alles verloren. Doch es sollte noch schlimmer kommen. Die nächste Lawine rollte schon heran.

***

Kurze Zeit später planten die gleichen Islamisten, den Leiter für Pakistan zu ermorden. Sie lauerten ihm auf, und als er mit seinem Sohn außerhalb von Peshawar einkaufen war, feuerten sie mit zwei Kalaschnikows auf seinen Wagen. Sie durchsiebten das Fahrzeug mit Kugeln. Wie durch ein Wunder geschah den beiden nichts. Wer hinterher das Fahrzeug sah, konnte es nicht glauben. Lediglich ein Geschoss hatte die Wange des Vaters gestreift.

Hinterher stand er unter Schock und musste das Land verlassen. Er ging mit seiner Familie zurück nach Amerika. Die westlichen Mitarbeiter waren entsetzt und verließen ebenso Pakistan. Das Shelter Now-Büro wurde geschlossen.

Zu der Zeit war Georg bereits mit seiner Familie auf Heimaturlaub in Deutschland, den sie alle drei Jahre für ein halbes Jahr in Anspruch nahmen. Dort erreichte ihn die Nachricht von dem Mordanschlag und der Schließung des Büros.

Rückkehr und Neuanfang

Georg Taubmann: Während des Mordanschlags auf unseren Leiter waren wir bereits im Heimataufenthalt. Bestürzt hörten wir von der Schließung des Shelter Now-Büros in Peshawar und der Rückkehr der ausländischen Mitarbeiter in ihre Heimatländer. All das mussten wir erst einmal verarbeiten. Wir beteten viel und überlegten, wie es weitergehen sollte. Aufgeben wollten wir nicht. Trotz aller Enttäuschung hatten wir den Eindruck, wieder nach Pakistan zurückzugehen, wussten nur nicht wie. „Vielleicht können wir uns einer anderen Organisation anschließen", rätselte ich zusammen mit Marianne. Wir holten uns auch Informationen ein. Aber dann war es, als wenn Gott uns klar sagte, wir sollten Shelter Now wieder aufbauen. Wir hatten einen starken Frieden in unseren Herzen, obwohl es unmöglich erschien. Unsere Leiter waren unsicher und zögernd, weil es sehr gefährlich, ja hoffnungslos war und wir auch zunächst alleine waren, doch sie hielten mich nicht ab.

***

Ende 1990 kehrt Georg mit seiner Familie nach Peshawar zurück. Ihm verbleibt nicht viel Zeit für den Neuanfang, denn im Januar 1991 beginnt bereits der Golfkrieg, den die USA mit den Verbündeten gegen den Irak führen. Das Leben für Ausländer wird in Pakistan immer unsicherer. Diese Spannung spürt Georg sofort bei seiner Ankunft in der Stadt. Viele Einheimische stellen sich auf die Seite von Saddam Hussein und demonstrieren gegen Ausländer.

Dennoch sammelt Georg seine Mitarbeiter erneut um sich und wird der Leiter von Shelter Now Pakistan. Die bewährten Hilfsprojekte werden wieder aufgebaut: Die Verteilung täglicher Essensrationen an die Flüchtlingsfamilien, der Aufbau tausender Lehmhäuser und auch die Errichtung einiger Kliniken und Schulen in den Camps. Die UNHCR übergibt die Verteilung fast aller Lebensmittelrationen in den Lagern um Peshawar in die Verantwortung von Shelter Now. Monatlich werden Lebensmittel im Wert von hunderttausenden von Dollar verteilt. Die Arbeit wird bis 2005 forstgesetzt, bis die meisten Flüchtlinge wieder nach Afghanistan zurückgekehrt sind.

Die Hetze der Islamisten und die Zerstörung der Shelter Now-Projekte im Nasi Bagh- Lager ist Thema in den pakistanischen Zeitungen überall im Lande. Auch das weltweit erscheinende Magazin „Newsweek" berichtet in einem Artikel über den Vorfall mit dem Titel „The way Afghans say thanks" (Die Art, wie sich Afghanen bedanken).
Schon bald nach dem Angriff auf Shelter Now drängt die US Botschaft in Islamabad darauf, dass die pakistanische Regierung die Ursachen für die brutalen Plünderungen und Zerstörungen sowie die Vorwürfe gegen Shelter Now gründlich untersucht.
Eine Kommission untersucht die Vorkommnisse in wochenlanger Arbeit in allen Details. Das Ergebnis: Shelter Now wird offiziell bestätigt, dass ihre Mitarbeiter nichts Anstößiges getan hätten, was diese Zerstörung hätte rechtfertigen können. Die Organisation hätte eine hervorragende Arbeit geleistet. Der Ministerpräsident der Nordwestlichen Grenzprovinz, Mr Sherpao, überreicht Shelter Now als Entschädigung einen Scheck mit einer großen Geldsumme und der Bitte, in Pakistan die Arbeit unter afghanischen Flüchtlingen wieder aufzunehmen.

Die Jahre 1991 bis 1993

1991 Am 17. Januar 1991 beginnt der sogenannte Zweite Golfkrieg mit einem schweren Bombardement Bagdads im Irak durch die US-Armee.
Georg muss mit seinem Team in der Hauptstadt Islamabad Schutz suchen. Als sie nach Peshawar zurückkehren, erhält Georg eine Morddrohung von einer radikal-islamistischen Organisation.

1992 Das afghanisch-kommunistische Regime wird durch die Mudschahedin gestürzt. Viele Flüchtlinge kehren nach Afghanistan zurück. Shelter Now lässt sich in Afghanistan unter der neuen Regierung mit Präsident Rabbani als Hilfsorganisation registrieren, um den zurückkehrenden Afghanen beim Wiederaufbau zu helfen.
Zur gleichen Zeit fliehen hunderttausende Afghanen vor den Kämpfen um Kabul über die Grenze nach Pakistan und werden von Shelter Now in Lagern betreut.

1993 Georg wird zusammen mit zwei ausländischen Mitarbeitern bei der Rückreise von einem ihrer Projekte in Khost/Afghanistan nach Peshawar von Wegelagerern gekidnappt. Durch die Intervention einer vorbeifahrenden Gruppe von Paschtunen können sie in letzter Minute entkommen.

Golfkrieg und Drohbriefe

Die Sicherheitslage wird Ende 1990/Anfang 1991 immer gefährlicher durch zunehmende aggressive und angespannte Massendemonstrationen in Peshawar. Die wenigen Mitarbeiter, die sich entschlossen haben wieder mit Georg neu anzufangen, fühlen sich zunehmend bedroht. Dann bricht am 17. Januar 1991 der Golfkrieg mit einem schweren Bombardement Bagdads durch die US-Armee aus. Wie sollte Georg die Arbeit fortführen und die Sicherheit seiner Mitarbeiter garantieren?

***

Georg Taubmann: Die täglich zunehmenden Massendemonstrationen in den Straßen Peshawars machten mir Sorgen. Die Lage wurde für Ausländer immer gefährlicher, und die pakistanischen Sicherheitsbehörden organisierten schwer bewachte Konvois mit Ausländern zum Flughafen. Viele Ausländer verließen die Stadt und das Land.

Wir wollten nicht schon wieder das Land verlassen, wo wir doch erst kürzlich wieder neu angefangen hatten. Wir wollten einfach in unseren Häusern bleiben und abwarten. Ich wusste jedoch, was angeheizte, entfesselte Massen alles anrichten konnten. Plötzlich verspürte ich eine starke Unruhe in mir: „Verlasst sofort die Stadt!“, drängte mich eine innere Stimme - was sich kurze Zeit später als genau richtig erweisen sollte. Wir gaben unsere Computer und andere wichtigen Dokumente unseres Büros einem vertrauenswürdigen Pakistani in Obhut.

Ich hatte vor, erst in der darauffolgenden Nacht die Stadt zu verlassen. Doch dann drängte es mich so sehr, dass ich den Mitarbeitern auftrug: „Packt die notwendigsten Sachen, vergesst eure Pässe nicht. Wir müssen sofort los!“ Heimlich verließen wir die Stadt und flohen im Schutz der Dunkelheit nach Islamabad. Um 7 Uhr morgens trafen wir dort ein, und das Erste, was wir erfuhren, war, dass der Golfkrieg nach unserer Abfahrt ausgebrochen war.

Daraufhin gab es große Demonstrationen mit gewalttätigen Ausschreitungen in Islamabad und vor allem in Peshawar. Aufgebrachte, gewaltbereite Leute stürmten in Peshawar laut skandierend das Viertel, in dem wir wohnten. Unser Wächter erzählte später, dass einige der Demonstranten zu unserem Haus kamen und von ihm wissen wollten, ob wir da wären, wo wir steckten. Sie suchten vor allem nach den verhassten Ausländern. Das war knapp, denn gerade wenige Stunden vorher hatten wir unser Haus verlassen.

Eine ganze Woche mussten wir uns in Islamabad aufhalten, ehe wir zurückkehren konnten. In der Hauptstadt war es einfach sicherer. Kaum waren wir zurück und hatten die Büros wieder betriebsbereit gemacht, da traf ein Drohbrief von einer radikal-islamistischen Organisation ein: Ich solle das Land verlassen, sie gäben mir zehn Tage Zeit, meine Sachen zu packen. „Sonst schicken wir dich in die Hölle", stand dort zu lesen. Diese Organisation war bereits verantwortlich für Granatenanschläge auf das UNHCR-Büro und eine englische NGO in Peshawar. Es war klar, dass sie es wirklich ernst meinten und wir ihr nächstes Ziel waren.

Da hatten wir, nur wenige Wochen nach meiner Rückkehr, die nächste Morddrohung nach dem Angriff auf unsere Organisation und dem Anschlag auf unseren ehemaligen Leiter. Ich wendete mich an das amerikanische Konsulat - das deutsche war geschlossen. Sie kamen mit einem kugelsicher gepanzerten Wagen zu unserem Büro und schauten sich den Brief an: „Sie müssen diese Drohung ernst nehmen und so schnell wie möglich verschwinden", war ihre Empfehlung. „Aber ich bin doch gerade erst wieder zurückgekommen. Die Arbeit muss wieder aufgebaut werden. Ich will einfach nicht schon wieder gehen", erwiderte ich niedergeschlagen. „Herr Taubmann, sie können nicht bleiben!" drängten sie. Doch ich beharrte, bleiben zu wollen. Nach einigen Überlegungen wiesen sie mich an: „Wenn Sie schon bleiben, müssen Sie auf jeden Fall hohe Sicherheitsmaßnahmen einleiten. Das Büro muss besser gesichert werden. Sie müssen zu verschiedenen Zeiten ins Büro fahren und ihre Routen immer wieder ändern."

Natürlich hatte ich Angst, wer hätte sie nicht? Ich beriet mich mit Marianne, und als wir beteten, hatten wir den inneren Frieden darüber, dass wir bleiben sollten.

Wenige Tage später kamen einige Wärter zu unserem Wohnhaus herübergelaufen und berichteten aufgeregt, dass jemand versucht hätte, eine Granate in unser Büro zu werfen. Nur warf er sie ein wenig zu weit, sodass sie in dem Garten des Nachbarn landete und dort explodierte. Die Granate riss ein riesiges Loch in den Boden, die Splitter flogen umher und beschädigten selbst unser Büro auf der anderen Seite der Mauer. Niemand wurde verletzt.

Auf dem Nachbargrundstück wohnte ein amerikanischer Mitarbeiter einer ausländischen Organisation, der allerdings nicht zu Hause war. Die Polizei, die den Vorfall protokollierte, wusste nichts von meiner Bedrohung, und nahm an, dass der Anschlag dem Amerikaner galt. Deshalb bauten sie direkt vor seinem Grundstück ein Zelt auf und richteten eine ständige Polizeibewachung ein. Dadurch bekamen auch wir einen besseren Schutz. Wieder war eine große Hürde überwunden, und der Wiederaufbau von Shelter Now konnte weitergehen.

Erste Hilfsprojekte in Afghanistan

1992 wird das afghanisch-kommunistische Regime durch die Mudschahedin gestürzt. Viele Flüchtlinge in den pakistanischen Lagern machen sich auf und wollen nach Afghanistan in ihre Dörfer zurückkehren. Aber dort ist alles zerstört und niedergemacht. Shelter Now will den zurückkehrenden Afghanen beim Wiederaufbau helfen und beginnt in der Provinz Khost und später auch in der Provinz Paktia unter lebensgefährlichen Bedingungen Betonwerke zur Herstellung von Material zur Dachdeckung von Häusern und für Toiletten aufzubauen. Ordnungsgemäß lassen sie sich in Afghanistan unter der neuen Regierung mit Präsident Rabbani als Hilfsorganisation registrieren.

***

Georg Taubmann: Es war eine schlimme chaotische Zeit für Afghanistan, weil das Land von verschiedenen War-Lords (Kriegsherren) beherrscht wurde, von Mudschahedin Führern verschiedenster Parteien. Wenn wir von Peshawar nach Afghanistan fuhren, mussten wir etwa zehn verschiedene Checkposts der unterschiedlichen Mudschahedin - Gruppen passieren. Wir wurden angehalten und streng kontrolliert. Wenn wir LKWs mit Hilfsgütern fuhren, wollten sie Gebühren. Manchmal mussten wir die LKWs zur Kontrolle sogar entladen. Während der russischen Besetzung wurden die Großstädte vor den Mudschahedin geschützt und waren zum größten Teil unbeschädigt. Jetzt wurden sie von den verschiedenen Mudschahedin -Gruppen umkämpft. In Kabul gab es jahrelang ganz schlimme Kämpfe, und die Stadt wurde in dieser Zeit zu einem großen Teil zerstört. Kandahar wurde auch stark umkämpft und zerstört, und auch anderen Städten ging es so. Chaos und Gesetzlosigkeit waren schrecklich, und es kam ständig zu Eskalationen.

Unser erstes Projekt in Afghanistan war in der Khost Provinz. Diese Provinz war sehr, sehr stark zerstört, weil die meisten Kämpfe zwischen den Mudschahedin und den russischen Truppen in dieser Grenzregion zwischen Afghanistan und Pakistan stattgefunden hatten. Fast jedes Dorf, durch das wir fuhren, war zerstört.

Unter großen Gefahren bauten wir dort das erste Betonwerk auf. Wir konnten einfach nicht schnell genug produzieren. Der Bedarf war so hoch, dass wir ihn gar nicht decken konnten. Da viele zu arm waren, um diese Träger bezahlen zu können, gaben wir sie zu einem stark subventionierten Preis ab, also weit unter den Herstellungskosten.

Die von den Russen errichteten Minenfelder stellten eine große Gefahr dar. Man musste ständig aufpassen. Einmal fuhren wir durch ein Dorf und nahmen die weiterführende Lehmstrasse zu dem nächsten Dorf. Plötzlich schrien die Bewohner und liefen uns nach. Wir hielten an, und sie warnten uns, weiterzufahren. Was wir nicht wissen konnten: Die

Straße war noch vermint. Wenn rechts und links einer „Strasse" die Steine rot markiert waren, durfte sie niemals verlassen werden. Das war für alle eine ganz große Gefahr. Rot gefärbte Steine wiesen immer darauf hin, dass es Minen in der Nähe gab

***

Zeitgleich zu der Wiederaufbauarbeit in Afghanistan gibt es einen entgegengesetzten Flüchtlingsstrom von Kabul nach Pakistan. Die von den Mudschahedin eroberte Stadt wird so stark angegriffen und zerstört, dass Hunderttausende, vielfach als Kommunisten beschimpfte Afghanen, die Stadt überstürzt verlassen und in Pakistan Zuflucht suchen. Der Andrang ist für die pakistanische Verwaltung kaum zu bewältigen.

***

Georg Taubmann: Anfang 1993 gab es wieder ganz schlimme Kämpfe in Kabul. Es war einer der schlimmsten Machtkämpfe unter den War-Lords. Jeder wollte die Stadt in seinen Besitz bekommen. Tagelang wurde sie beschossen. An einem Tag des Waffenstillstands flohen Zehntausende aus Kabul und zogen Richtung Osten zur pakistanischen Grenze. Sie waren völlig traumatisiert und transportierten ihre Verletzten und Toten mit sich. Der Leiter der pakistanischen Flüchtlingsbehörde rief alle Leiter von Hilfsorganisationen zusammen und schilderte ihnen die dramatische Lage. Der Zustrom war so groß, dass die Grenze geschlossen werden musste. Mehr als Hunderttausend mussten auf der afghanischen Seite campieren. Sie waren nicht nur traumatisiert, sie waren krank, hungrig und am Verdursten. Es war nahezu unmöglich, sie jenseits der Grenze zu versorgen. Auf der pakistanischen Seite wurde ein Teil der Massen auf unser ehemaliges Fabrikgelände im Nasir Bagh-Lager geleitet. Den Ort, den ich nie mehr in meinem Leben betreten wollte. Dort war zu Schreckliches geschehen! Doch dann bekam ich den starken Eindruck, dass Gott mir sagte, dass ich genau dort wieder zurückgehen sollte, um diesen armen Flüchtlingen zu helfen. So übernahm ich die Verantwortung für den Wiederaufbau von neuen Projekten zur notwendigen Erstversorgung: Die Wassertanklaster rollten an und eine riesige Suppenküche und Bäckerei wurden eingerichtet. Buchstäblich für jede Familie, die dort Zuflucht gesucht hatte, bauten wir ein Lehmhaus. Diese Flüchtlinge waren Städter, vielfach als Kommunisten verachtet, und stellten sich in der Selbstorganisation ungeschickt an. Flüchtlinge aus den Dörfern verstanden es, sich selbst einfache Häuser zu bauen und Brunnen zu graben.

Mitten in dem Lager stand unser riesiger Beton-Wasserturm, den die Vandalen nicht zu zerstören geschafft hatten, als sie 1990 unser Zentrum dem Erdboden gleich machten. Neugierig fragten die neuen Flüchtlinge, was denn das Ungetüm da mitten in der Wüste solle? Als sie die Geschichte von der Zerstörung der Anlagen und der Vertreibung der christlichen Organisation Shelter Now hörten und ihnen gesagt wurde, dass genau die gleichen Leute sie jetzt versorgen würden, stieg ihre Achtung uns gegenüber mächtig.

***

Nach dem Abzug der Sowjet Armee und dem Sturz des kommunistischen Regimes in Kabul zogen sich viele große Hilfsorganisationen aus Afghanistan zurück, unter anderem die staatlichen Entwicklungsorganisationen der USA (USAID). Sie ließen

Georg vor dem Beton-Wasserturm

riesige Mengen an Fahrzeugen, Büroeinrichtungen, Hilfsgeräten und anderen Materialien zurück und stellten sie den verbleibenden Organisationen zur Verfügung. Etwas verspätet erfuhr auch Georg davon und stellte einen Antrag. Er und sein Team waren höchst erfreut, als sie die Nachricht bekamen, dass ihr Antrag doch noch angenommen worden war.

Georg wurde in das Büro auf dem riesigen eingezäunten Areal der USAID eingeladen, in dem viele Lagerhallen und Parkplätze voll mit LKWs, PKWs, Baggern und Maschinen standen. Mit dem Verwalter ging er durch riesige Lagerhallen. Georg konnte angesichts des Überflusses nur staunen. Der Verwalter gab Shelter Now alles, was auf ihrer Wunschliste stand: LKWs, PKWs, Büroeinrichtungen, Klimaanlagen, Kühlschränke, Schreibtische und Stühle. In den kommenden Wochen bekam Georg immer wieder Anrufe von dem Verwalter, der ihm mitteilte, dass wieder weitere Fahrzeuge und andere Gegenstände in die Lagerhallen zurückgebracht worden waren. Voller Spannung fuhr Georg dann dorthin und kehrte mit einer weiteren Reihe von Fahrzeugen und wertvollen Gegenständen zurück. Als Georg den Verwalter einmal fragte, ob er noch weiteres Bürozubehör hätte, überlegte dieser kurz, und dann fiel ihm ein, dass ein großer Teil der Büroeinrichtung im Hauptbüro in Peshawar noch nicht vergeben worden war. Sie fuhren gemeinsam dorthin hin, gingen durch alle Büroräume, und er klebte großzügig rote Punkte an alles, was er für entbehrlich hielt: Büroschränke, Schreibtische und Stühle, Klimaanlagen sowie Kühlschränke.

Der Wert dieser Ausrüstungsstücke war weit höher als der Schaden, der Shelter Now bei dem Angriff auf ihre Zentrale im Nasir Bagh Lager zugefügt worden war. Für Georg war dieses überwältigende Erlebnis ein Zeichen der Versorgung seines gütigen Gottes. Als er bereit war, wieder in das Lager in Nasir Bagh zurückzukehren, um dort den neuen Flüchtlingen zu helfen, bekam er unerwartet mehr zurück, als dort im April 1990 zerstört und geplündert worden war.

Im letzten Augenblick entkommen

Mehrmals geraten Georg und seine Mitarbeiter während ihrer Arbeit in Afghanistan in die Auseinandersetzungen verfeindeter Volksstämme. So werden sie auf der Rückreise von einer neu gegründeten Fabrik in Khost kurz vor der Grenze nach Pakistan von Räubern gefangen genommen, die sie entführen und erst gegen Lösegeld wieder freigeben wollen. Einer Gruppe vorüberfahrender Afghanen, die die Brisanz der Situation zum Glück sofort erkennt, gelingt es, die Entführer abzulenken, so dass das Shelter Now-Team kurzerhand fliehen kann.

***

Georg Taubmann: Ich hatte wieder einmal mit zwei unserer ausländischen und einigen afghanischen Mitarbeitern unser erstes Projekt in der Region von Khost besucht. Sie liegt im Osten von Afghanistan. Landschaftlich ist es eine wilde, gebirgige Gegend. Ähnlich wild sind auch die Bewohner. Wenn ich dort war, sah ich kaum einen Mann ohne seine Kalaschnikow. Die unterschiedlichen Paschtunen-Stämme, die dort ihr Zuhause haben, waren vielfach miteinander verfeindet und kämpften gegeneinander. Sie sind auch bekannt für Entführungen und Lösegeldforderungen. In dieser Gegend, die durch die kriegerischen Auseinandersetzungen stark zerstört war, hatten wir eine Beton-Dachträgerfabrik aufgebaut. Wie schon gesagt, unser erstes Betonwerk in Afghanistan.

Wir waren auf dem Rückweg von einem Besuch zu dieser Fabrik. Wir hatten unsere Mitarbeiter besucht und auch ein Treffen mit dem Gouverneur von Khost gehabt. Auf dem Rückweg mussten wir von Khost nach Miranshah durch ein für seine Gefahren bekanntes Gebiet fahren. Miranshah liegt direkt an der Grenze zu Afghanistan. Es ist eine sehr gefährliche Grenzregion. Wir waren mit zwei Jeeps unterwegs. Die afghanischen Mitarbeiter fuhren vorneweg. Die Piste ging steil den Berg hoch, und wir mussten die Fahrt verlangsamen. Plötzlich trat ein Mann auf die Straße und versperrte uns den Weg. Es ging nicht anders, wir mussten anhalten. Der Mann begann mit unseren afghanischen Mitarbeitern im vorderen Wagen zu diskutierten und zu argumentieren. Im hinteren Wagen beobachteten wir, wie das Streitgespräch immer mehr an Lautstärke und wilden Gebärden eskalierte.

Zunächst waren wir nur überrascht und dachten: „Vielleicht will er ja nur mitfahren." Als ich jedoch nach rechts auf den Berghügel schaute, entdeckte ich einen Mann mit seiner Kalaschnikow auf uns gerichtet. Ich blicke ein wenig weiter: Wieder ein Mann mit Turban und Kalaschnikow. Mindestens vier bewaffnete Männer richteten ihre Kalaschnikows auf uns. Wir waren eingekreist von bewaffneten Männern. Uns war klar: Wenn wir uns auffällig verhalten oder gar Waffen herausholen würden, sie hätten sofort auf uns geschossen. Es gab keine Chance zu entkommen. Unsere afghanischen Mitarbeiter stiegen aus dem Wagen, und wir wussten, hier ist etwas sehr Bedrohliches im Gange. Unruhig rutschten wir auf den Sitzen hin und her und beobachteten die Szene.

Schließlich stiegen auch wir aus und gingen nach vorne. „Sagt mal, was läuft hier ab?", fragte ich unsere Mitarbeiter. „Mr. George, das hier sind ganz üble Gangster, die uns festhalten. Sie wollen euch drei Ausländer und uns in ihre Berge verschleppen, um dann Lösegeld einzufordern." „Was machen wir jetzt?", fragte ich besorgt. „Wir versuchen, mit ihnen zu verhandeln und an ihre Gastfreundschaft und Ehre zu appellieren." Und das taten sie wirklich. „Die drei Ausländer sind Gäste hier in dieser Region. Mr. George ist gekommen, um euren Leuten zu helfen, ihre Häuser wieder aufzubauen. Ihr Paschtunen seid doch bekannt für eure Gastfreundschaft", und, und, und… Nichts konnte sie bewegen, einzulenken. Die feindseligen Kalaschnikows blieben auf uns gerichtet. Die Diskussion wurde immer heftiger. Ich schaute atemlos von einer Partei zu anderen. Das Interessante war, dass immer wieder Autos und Landbusse die Piste entlang kamen und an uns vorbeifuhren. Sie erkannten die gefährliche Situation und sahen zu, dass sie davonkamen.

Unsere heftige Debatte dauerte nun schon über eine Stunde, und ich beobachtete, wie die Nerven unserer afghanischen Mitarbeiter blank lagen. Auch ich fühlte mich zunehmend unwohler. Meine zwei ausländischen Mitarbeiter Greg und Steve beteten voller Verzweiflung, dass nur keine unbedachten Handlungen oder Worte das Ganze zu einem tödlichen Ende führten und dass wir alle durch irgendein Wunder frei kämen.

Schlussendlich schrien sie sich nur noch gegenseitig an. Ich wusste, dass wir Ausländer für die Gangster wie Goldschätze waren. Wir waren in einer Gegend, in der es keine Gesetze gab. Es gab zwar den Gouverneur, aber außerhalb der Stadt hatte er keine Macht. Da taten die Volksstämme, was sie wollten. Ich sah unseren afghanischen Mitarbeitern an, dass sie nichts mehr ausrichten konnten. Enttäuscht und mutlos ließen sie die Schultern hängen, als sie wiederum angeschrien wurden: „Jetzt ist Schluss! Die Ausländer kommen mit!" Zögernd gingen wir zu unserem Wagen, legten die Autoschlüssel ab und nahmen unsere Schlafsäcke und ein paar Sachen von der hinteren Ladefläche.

Plötzlich kommt ein Pickup, vollgeladen mit Paschtunen, den Berg hochgefahren. Ein etwas jüngerer Mann mit einem auffälligen Turban schaut aus dem Seitenfenster und fragt: „Was ist denn hier los?" Aufgelöst antworte ich schnell: „Die nehmen uns hier mit. Wir werden gekidnappt." Entschlossen und mit einem gewissen Stolz steigt er aus dem Wagen, alle anderen Paschtunen springen von der Ladefläche, sie gehen auf den Mann zu und fangen an, mit ihm zu streiten. Auch sie haben ihre Kalaschnikows dabei. Dann geht es ziemlich heiß her: Sie gestikulieren, sie streiten und schließlich fangen sie sogar an laut zu werden. Ich bekomme immer mehr Angst, dass sie anfangen würden, aufeinander zu schießen. Es wird immer dramatischer.

Wir drei Ausländer stehen dabei, beten immer intensiver und bitten Jesus, uns aus dieser hoffnungslosen Situation zu retten! Da beobachte ich, wie sie den Anführer der Kidnapper bei ihrem Debattieren langsam einkreisen. Ich bekomme große Augen. Schon löst sich ein Mann aus der Gruppe und zischt: „Weg. Schnell weg. Schnell, schnell! Verschwindet!“

Blitzschnell steige ich in das vordere Auto und lasse den Motor an. Meine beiden Freunde reagieren auch. Die afghanischen Mitarbeiter stürmen ins zweite Auto. Als ich anfahre, zielt jedoch einer der Kidnapper auf dem Berghügel auf mich. Er versucht Blickkontakt mit seinem eingekreisten Anführer zu bekommen, der kapiert jedoch noch nicht, was los ist. So verharrt der Schütze unsicher auf seinem Posten. Ich jedoch beachte ihn nicht, trete das Gaspedal durch und rase die Piste den Berg hoch. Wir drei ziehen die Köpfe ein, jederzeit befürchtend von Schüssen getroffen zu werden, atmen durch, als es endlich bergab geht und wir aus dem Schussfeld heraus sind. Ich nehme den Fuß nicht von Gaspedal, bis wir endlich an der Grenzstation sind.

Dort warteten wir auf den zweiten Wagen, der bald eintraf. Dann verweilten wir noch eine Zeitlang direkt an der Grenze, wo es sicher war. Schließlich fuhren auch die Männer, die uns befreit hatten, heran. Wir dankten ihnen von ganzen Herzen und tauschten unsere Adressen aus. Später besuchten sie uns öfter in Pakistan und Afghanistan. Der Anführer war ein junger Mann, ein sehr mutiger Mann, ein sogenannter Pir, ein religiöser Sufi-Führer unter den Paschtunen. Meiner Einschätzung nach war er ein besonderer Mann, der verstand, bestimmt und mutig aufzutreten und der Autorität hatte. Für uns war es eine unglaubliche Befreiung. Wenn wir gefangen genommen worden wären, ich weiß nicht, was dann mit uns geschehen wäre. Nicht auszumalen. Gott hatte uns wieder einmal aus einer gefährlichen Situation gerettet!

Khairat, ein paschtunisches Dankesfest

Als ich hinterher in Pakistan den afghanischen Mitarbeitern unsere Geschichte erzählte, sagten alle, die sie hörten: „Wir müssen ein Fest feiern, ein Khairat!“. „Was ist ein Khairat?“, fragte ich. Ich hatte das Wort zwar schon gehört, wusste aber nicht, was es bedeutet. „Das ist eine Dankesfeier, die man in unserer Paschtunen-Kultur begeht. Zum Beispiel, wenn jemand krank gewesen und gerade dem Tod entronnen ist. Oder einem Anschlag entkommen ist, oder jemand hat einen schlimmen Unfall gehabt und hat überlebt. Oder wie bei euch: Ihr seid knapp dem Kidnapping und vielleicht auch dem Tod entkommen“, erklärte man mir. „Man macht ein Festessen und verteilt es dann an die Armen. Dabei dankt man Gott und erzählt seine Geschichte. So machen wir das bei uns schon immer.“

Als ich das hörte, war mir sofort klar: Das machen wir mitten im Nasir Bagh-Flüchtlingslager, in dem wir von Anfang an den Flüchtlingen geholfen und vielen das Leben gerettet hatten. Es war auch kurz vor Weinachten, und wir wollten den Flüchtlingen auch zu diesem Anlass eine besondere Freude machen.

Wir kündigten das Khairat an. In Riesentöpfen kochten wir Unmengen an Reis mit Fleisch. Wie es die Tradition will, musste ich vor dem Festschmaus meine Geschichte erzählen. Alle warteten gespannt darauf. Die Mitarbeiter hatten Lautsprecher und ein Mikrofon installiert, denn es waren viele Flüchtlinge gekommen. Ich stellte mich auf die Ladefläche eines LKWs, der Lautsprecher lag oben auf dem Führerhaus, um mich den ca. 2000 versammelten Flüchtlingen verständlich machen zu können.

Und dann erzählte ich meine Geschichte: Wie wir auf dem Weg von Khost nach Pakistan waren, gefangen genommen wurden, verschleppt werden sollten, alle Hoffnung verloren hatten, wie wir unablässig zu Gott um Hilfe gefleht haben - und plötzlich kam dieses Auto mit den tapferen Männern, die uns retteten, und wir konnten entfliehen, ohne dass uns ein Haar gekrümmt wurde. Abschließend hob ich meine Hände und dankte Gott, dass er uns diese Retter geschickt hatte. Viele der Zuhörer, einschließlich des Mullahs (ein islamischer Geistlicher), hoben die Hände andächtig im Gebet und klatschten und freuten sich riesig. Selbst der würdige Mullah mit seinem weißen Bart freute sich vor Begeisterung über diese wunderbare Befreiungsgeschichte und wie Gott uns errettet hatte.

Georg mit einer Übersetzerin erzählt von einem Lastwagen seine Geschichte vor ca. 2000 Zuhörern

Die Jahre 1994 bis 2000

1994 Die in Pakistan ausgebildeten und bewaffneten Taliban besetzen Afghanistan und haben nach wenigen Jahren fast das ganze Land in ihrem Griff. Unterdrückung und massive Menschenrechtsverletzungen sind an der Tagesordnung.

1996 Die Hauptstadt Kabul wird von den Taliban eingenommen. Jetzt beginnt die Taliban-Herrschaft über ganz Afghanistan. Die nächste große Flüchtlingswelle nach Pakistan erfolgt: Zehntausende Afghanen flüchten vor der Willkür der Taliban.
Shelter Now kann in Afghanistan ungehindert mit seinen Projekten fortfahren, zum Teil werden sie sogar von den Taliban unterstützt bzw. um Hilfe gebeten.

1998 Shelter Now lässt sich in Kabul unter der Taliban-Regierung offiziell als Hilfsorganisation registrieren. Unter der Leitung von Len Stitt ziehen die ersten Mitarbeiter nach Kabul und bauen dort das Büro auf.

2000 Georg zieht mit seiner Familie nach Kabul um. Kabul ist stark zerstört und voll von Islamisten aus aller Welt. Die Stadt ist von Armut und Lebensmittelknappheit gebeutelt. Shelter Now widmet sich den Ärmsten der Armen mit Speisungen und einem Straßenkinderprojekt und versorgt Binnenflüchtlinge in dem zu diesem Zeitpunkt größten Flüchtlingslager der Welt, in der Wüste außerhalb von Herat. Ambulante Kliniken werden gebaut und Bewässerungssysteme wieder in Stand gesetzt. Fünf Betonwerke werden in Betrieb genommen.

Vom Mudschahedin -Terror zum Taliban-Terror

Die Bevölkerung Afghanistans ist zunehmend enttäuscht von den Mudschahedin und leidet unter den ständigen Kämpfen. Dann tauchen 1994 plötzlich die Taliban auf. Sie zwingen die Menschen in den Dörfern und Städten, sich ihrer Bewegung anzuschließen und haben nach wenigen Jahren fast das ganze Land unter ihrer Herrschaft. Aufgrund der Gesetzlosigkeit, der Morde, der Plünderungen und der grausamen und blutigen ethnischen Auseinandersetzungen während der Mudschahedin -Regierung sehnen sich aber auch nicht wenige Afghanen nach Frieden und heißen die Taliban willkommen. Deren Anführer Mullah Omar mischt sich in die Mudschahedin -Kämpfe ein und entscheidet sie für sich. Die Bewegung breitet sich im Land aus, bis 1996 Kabul von ihnen eingenommen wird. Das ist der eigentliche Beginn der Taliban-Herrschaft über Afghanistan.

Interessanterweise werden die Tätigkeiten von Shelter Now durch die Taliban-Herrschaft nicht eingeschränkt. Sie sind willkommen, können sich registrieren lassen und ihre Projekte werden gefördert.

***

Georg Taubmann: 1996 wurden wir sogar von den Taliban ausdrücklich gebeten, nach Kandahar zu kommen und auch dort eins unserer bewährten und geschätzten Betonwerke zu errichten. Überall waren die Häuser zerstört. Mit unseren Stahlbetonpfeilern konnten die Dörfler nun selbst Häuser errichten und die Wände mit Lehm ausfüllen. Jedoch fehlte das Dachmaterial. Es gibt nur wenig Holz in Afghanistan, Holz ist sehr teuer. Wir stellten dann Dachbetonträger und -platten her, die man auf die Wände legen konnte.

In Kandahar lag unser Büro zwischen dem Hauptquartier von Mullah Omar und dem Flughafen, in dem sich das Zentrum von Osama bin Laden und der Al Kaida Bewegung befand. Damals hatte Osama bin Laden in Kandahar schon tausende von Kämpfern um sich geschart. Überall im Bazar konnte man Araber sehen, die aus der gesamten arabischen Welt angereist waren. Mit Osama bin Ladens Zentrum in der Nachbarschaft waren wir also in illustrer Gesellschaft. Wir konnten nicht ahnen, was uns fünf Jahre später angetan werden sollte.

***

Während die Taliban ihre schreckliche Herrschaft ausweiten und insbesondere Abweichler verfolgen und Frauen unter dem Terror der Religionspolizei zu leiden haben, kann Shelter Now sich von Kadahar aus weiter verbreiten bis nach Helmand, wo ebenfalls ein Betonträgerwerk aufgebaut wird. Eine nächste Fabrik wird auf das Drängen der Taliban in Dschallabad errichtet. In der Stadt stellen die Taliban das Grundstück und die Gebäude des ehemaligen Hauptquartiers des russischen KGB zur Verfügung. Schlussendlich arbeiten sie in neun von Taliban regierten Provinzen. Shelter Now hat die Gunst und Unterstützung der Taliban.

Viele westliche Organisationen sind irritiert und verunsichert, ob sie unter der Taliban-Regierung überhaupt weiterhin arbeiten können oder wollen. Shelter Now dagegen richtet 1998 in Kabul ein Büro ein und lässt sich unter der Taliban-Regierung registrieren. Ein mutiger Schritt! Unter der Leitung von Len Stitt ziehen die ersten Mitarbeiter nach Kabul um und bauen dort die Organisation auf. Georg leitet die Arbeit weiterhin von Peshawar aus. Es gibt noch viel in den Flüchtlingslagern zu tun, und er pendelt von dort aus nach Afghanistan und zurück.

Umzug und Einleben in Kabul

Im Jahr 2000 hat die anstrengende Pendelei zwischen Pakistan und Afghanistan für Georg ein Ende. Als ganze Familie ziehen sie im Juni nach Kabul und richten sich in einem neuen Haus wohnlich ein. Neuer Leiter für Shelter Now in Pakistan wird Greg Gilmore.

Auch wenn sich alle auf das Abenteuer Kabul freuen, fällt der Abschied doch schwer. Ganze sechzehn Jahre hat die Familie in Peshawar gelebt. Sie haben viele afghanische, pakistanische und ausländische Freunde, die sie jetzt verlassen müssen. Daniel und Benjamin wurden dort geboren. Sie kennen kein anderes Zuhause und haben dort ihre engsten Freunde, mit denen sie bis heute in Verbindung sind.

> Daniel wurde in Peshawar geboren, Benjamin in einem Missionskrankenhaus im Norden Pakistans, direkt an der berühmten Seidenstraße. Benni hatte immer Schwierigkeiten zu erklären, wo er geboren wurde. Später konnte er sagen, dass es ganz in der Nähe des Ortes Abbottabad war, in dem Osama bin Laden sich versteckt hielt, als er von den amerikanischen Spezialkräften entdeckt und getötet wurde.

Als sie mit Tränen in den Augen in ihre LKWs steigen, um nach Kabul zu fahren, stehen viele Menschen an der Straße, die sich verabschieden wollen, darunter auch eine Reihe von Bettlern, die von ihnen privat fast jeden Tag mit Essen versorgt worden sind.

Kabul ist voll von Islamisten aus aller Welt. Die Straßen werden von der berüchtigten Religionspolizei kontrolliert. Das Leben dort ist gefährlich für Ausländer. Viele Hilfsorganisationen hatten das Land verlassen, als die Taliban Kabul einnahmen.

***

Marianne Taubmann: Der Umzug von Pakistan nach Afghanistan ist mir wirklich schwer gefallen, weil wir dort unsere Freunde und unsere gewohnte Umgebung verlassen mussten. Auf der Strecke nach Kabul musste ich immer wieder weinen. Das Land Afghanistan kannte ich gar nicht. Alles war wieder ein Anfangen von Null an, ob es das Einrichten des neuen Hauses, das Orientieren in der neuen Umgebung oder das Einkaufen war. Alle Kontakte mussten neu geknüpft werden. Ein kompletter Neustart! Kabul ist eine Dari sprechende Stadt. In Peshawar haben wir Paschtu gesprochen. Jetzt musste ich noch Dari lernen. Auch das kulturelle Leben war ganz anders. Wenn ich es mir jetzt noch einmal vor Augen male, bin ich durch einen regelrechten Kulturschock gegangen.

Vor allem war die allgegenwärtige Taliban-Präsenz für mich fremd und bedrohlich. Unsere Mitarbeiterinnen berichteten mir, dass sie angespuckt wurden. Andere wurden durch die aggressive Fahrweise der Taliban gezwungen, in den Graben zu springen. Ich musste beim Einkaufen miterleben, wie afghanische Kunden geschlagen wurden. Ich war ja gewohnt, selber Auto zu fahren, auch in Pakistan. Aber dass eine Frau am Steuer sitzt, das war für die Taliban undenkbar. Einmal habe ich unsere Jungs nur kurz zu einem anderen Haus gefahren. Als ich einen Jeep mit Taliban überholte, wurde ich brutal abgedrängt. Ihr böses Anstarren ging mir durch und durch - das konnte ich lange nicht vergessen.

Die Restaurantbesuche waren nicht mehr so entspannt wie in Pakistan. Wenn wir mit Mitarbeitern oder Gästen in ein Restaurant gingen, wurden wir von den anwesenden Taliban oder Mitgliedern von Al-Kaida hasserfüllt angestarrt und schnell in einen Nebenraum geleitet, damit wir vor deren Pöbeleien oder sogar Angriffen sicher waren.

***

Georg Taubmann: Ganz in der Nähe unseres Hauses war die Botschaft von Tschetschenien. Gleich außerhalb von Kabul war ein riesiges Lager mit tausenden von Pakistanern und auch sonst war die Stadt voll mit Islamisten aus der ganzen Welt, die zu Terroristen ausgebildet wurden. Viele von ihnen lebten in der Umgebung, in der wir wohnten. Die Bedrückung war überall zu spüren. Es herrschte das Scharia-Gesetz. Die Straßen wurden von der berüchtigten Religionspolizei kontrolliert, die die Passanten für die geringsten Kleinigkeiten grausam bestrafte.

Die meisten freiheitsliebenden oder wohlhabenden Afghanen waren inzwischen geflohen und lebten im Ausland. Das Alltagsleben wurde immer unerträglicher. In Kabul lebten tausende von Witwen. Viele von ihnen waren zur Zeit der kommunistischen Regierung nach Kabul gezogen, denn die damalige Regierung hatte sich um sie gekümmert. Nicht aber die Taliban! Frauen durften ohnehin nicht mehr arbeiten, sie saßen an den Straßenrändern, auch im kältesten Winter, und mussten betteln. Gleichzeitig zogen Horden von bettelnden Kindern durch die Straßen. Unsere Mitarbeiterinnen Katrin und Silke konnten das nicht mehr mit anschauen und begannen mit einem Straßenkinderprojekt.

***

Shelter Now unterhält in neun Provinzen Afghanistans Hilfsprojekte. In Herat wird unter der Leitung von Len Stitt ein neues Büro eröffnet, um dort in dem größten Flüchtlingslager der Welt, dem Maslagh Camp, arbeiten zu können. Dort leben Binnenflüchtlinge, die aufgrund einer schon fünf Jahre währenden verheerenden Trockenheit dorthin gezogen sind. 320.000 bis 350.000 Afghanen haben ihre Dörfer verlassen müssen und leben nun außerhalb von Herat in einem Lager in der Wüste ohne Zelte oder feste Unterkünfte. Zum Teil haben sie Löcher in den Wüstenboden geschaufelt und Planen darüber gelegt, um sich vor dem starken, dauerhaften „120-Tage-Wind“ zu schützen. In dem ungewöhnlich harten Winter erfrieren mehrere hundert Afghanen. Die Taliban haben noch nicht einmal Geld, um die Leichentücher zu kaufen und bitten Shelter Now um weiße Tücher, damit sie die Toten nach ihrem Brauch bestatten können. Das Leiden der Bevölkerung in Afghanistan ist unerträglich.

***

Die UN belegt die Taliban mit einem Embargo. Flugzeuge dürfen nicht mehr ins Land fliegen und Handel wird verboten. Es gibt nur noch drei Botschaften in Kabul, die diplomatische Beziehungen zum Taliban-Regime halten. Viele Hilfsorganisationen, die bis jetzt durchgehalten haben, verlassen nun doch endgültig das Land.

Shelter Now wird jedoch von den Taliban immer wieder angefragt zu helfen, insbesondere auch mit Wasserversorgung in bedürftigen Gebieten. Brunnen werden wiederhergestellt und Winterhilfsprogramme mit Decken, Lebensmitteln und Brennholz durchgeführt. Die Shelter Now-Mitarbeiter sind glücklich, den Ärmsten der Armen in dieser schweren Zeit beistehen zu können. Besonders denen, die nichts mehr haben und es sich noch nicht einmal leisten können, in die Lager nach Pakistan zu flüchten.

Trotz der herausfordernden politischen Situation fühlen sich die Shelter Now-Mitarbeiter einigermaßen sicher. Georg hat gute Beziehungen, ja sogar Freunde unter den einflussreichen Taliban-Führern. Er kennt die Sprache der Taliban und die Kultur der Paschtunen sehr gut. Auch zeigen die Taliban immer wieder ihren Dank und Wertschätzung dem Einsatz von Shelter Now gegenüber.

Aber die extremen Mächte unter ihnen setzen sich im Hintergrund offensichtlich durch. Osama Bin Laden bereitet den Anschlag vom 11. September 2001 auf das World Trade Center vor. Mullah Omar, das geistliche und politische Oberhaupt der Taliban, ist eingeweiht, und die Shelter Now-Mitarbeiter werden als Geiseln festgenommen.

Die Jahre 2001 bis 2002

2001 Anfang August werden acht ausländische Shelter Now Mitarbeiter sowie sechszehn einheimische Mitarbeiter verhaftet. Die Büros und die laufenden Projekte werden von den Taliban geplündert und geschlossen. Eine 105-tägige Haftzeit in unterschiedlichen Gefängnissen folgt.
Durch den Terroranschlag auf das World Trade Center am 11. September in New York verschärft sich die Situation der Gefangenen. Jetzt gelten sie offiziell als Geiseln.
Am 7. Oktober greifen die US-Streitkräfte Afghanistan mit dem Ziel an, die Taliban-Regierung zu beseitigen, Osama bin Laden aufzuspüren und die Geiseln zu befreien.
Am 15. November werden die SN-Mitarbeiter in einer dramatischen Aktion durch Hubschrauber der Spezialkräfte der USA befreit.
Am 6. Dezember werden die Taliban endgültig besiegt und aus Afghanistan vertrieben.

2002 Im April reist Georg mit seiner Familie nach Pakistan und trifft sich mit Mitarbeitern, die bereit sind die Arbeit in Pakistan und Afghanistan wieder aufzubauen.
Im Juni zieht Georg mit seiner Familie wiederum nach Kabul. Büros werden gemietet und eingerichtet. In Kabul herrscht Aufbruchsstimmung. Viele Hilfsorganisationen leisten Aufbauhilfen.
Das erste Hilfsprojekt heißt „Dörfer der Hoffnung". Es wird in der Region um Shamalie gestartet. Flüchtlinge, die jahrelang von Shelter Now in Pakistan betreut worden sind, kehren zurück und bauen mit Hilfe von Shelter Now ihre Dörfer wieder auf.
Das Engagement in Pakistan wird erhöht. Eine Neuregistrierung von Shelter Now mit dem Ziel, allgemeine Hilfsprojekte und Katastrophenhilfe leisten zu können, wird eingeleitet.

Die Jahre 2003 bis 2008

2003 Die vertriebenen Taliban, die sich zum Großteil nach Pakistan zurückgezogen hatten, treten erstmals mit Anschlägen wieder in Erscheinung. Das wird sich Jahr für Jahr verstärken.

2004 Marianne zieht mit den beiden Jungen nach Deutschland. Georg bleibt allein in Kabul. Das Team wächst auf 30 ausländische Mitarbeiter an, die aus ca. 15 Nationen kommen. Es folgen Jahre des intensiven Aufbaus von Hilfsprojekten.

2005 Die Flüchtlingshilfe für Afghanen in Pakistan kommt zu einem Ende. Die letzten Flüchtlingslager werden geschlossen. Jetzt gilt es, den in ihr Land zurückkehrenden Afghanen zu helfen, ihre Zukunft selbst in die Hand zu nehmen.
Im Norden Pakistans tritt ein verheerendes Erdbeben auf. Das schwerste Erdbeben, das diese Region je erschüttert hat, tötet etwa 100.000 Menschen. Shelter Now gehört zu den ersten Hilfsorganisationen, die in den betroffenen Gebieten Hilfsgüter verteilen und beim Wiederaufbau helfen.

2007 Erstmalig startet ein Projekt mit einem Nomadenvolk, den Kutschies. Sie werden mit Lebensmitteln und Schafen zur Zucht versorgt, sodass sie ihren Lebensunterhalt wieder aufbauen können.

2008 „Bäume der Hoffnung" heißt das Obstbau - Ausbildungsprojekt in der Provinz Herat.
Das Projekt „Safran statt Opium", aufgebaut von zwei deutschen Agraringenieuren, hilft Bauern vom Opiumanbau wegzukommen und sich den Lebensunterhalt mit dem kostbaren Safran zu verdienen.

Die Jahre 2008 bis 2014

2008 Im Februar und März gibt es zwei Kidnapping-Versuche auf Georg, denen er jedoch entkommen kann. Georg ergreift Vorsichtsmaßnahmen, bleibt jedoch im Land, da im Juli ohnehin ein Leitungswechsel ansteht.
Im Juli zieht Georg nach Deutschland, um in Sulzbach-Rosenberg, seinem Heimatort in Süddeutschland, das internationale Shelter Now-Büro aufzubauen.
Durch Georgs Tätigkeiten und weltweite Vortragsreisen werden neue Büros in Holland, England und Australien gegründet und Mitarbeiter aus aller Welt gewonnen.

2009 Im Westen Afghanistans wird eine Zahnarztklinik errichtet. Sie gilt landesweit als die modernste.
Bauern bekommen Kleinkredite zum Kauf einer Kuh und können sich so einen Viehbestand aufbauen.
In Kabul übernimmt Shelter Now eine Grundschule und im Nordosten unterstützen sie ein Waisenhaus und bieten eine Berufsausbildung an. Das Gleiche geschieht in einem Gehörlosenzentrum.

2010 Die Bevölkerung im Norden Pakistans wird von einer großen Flutkatastrophe heimgesucht. Wiederum kann Shelter Now schnell und effektiv eingreifen.

2014 „Honig ist Medizin", so sagt man in Afghanistan. Familien werden mit Bienenstöcken ausgerüstet und bekommen eine Ausbildung, den Honig zu produzieren und zu vermarkten.

Die Jahre 2014 bis 2018

2014 Der IS erobert weite Teile des Iraks und regiert mit äußerster Brutalität, so ähnlich wie die Taliban in Afghanistan.

Im August sind aus dem Irak Hunderttausende Menschen in die autonome Region Kurdistan im Norden des Landes geflohen; besonders betroffen sind Christen und Jesiden.

Für Shelter Now eröffnen sich neue Hilfsmöglichkeiten: Die Arbeit unter den Flüchtlingen in Kurdistan beginnt: Über lokale Partner werden Nahrungsmittel, Hygieneartikel, Winterkleidung, kleine Heizkörper, Trinkwasser und Wasserfilter verteilt. Kinder werden mit Schulmaterial ausgestattet, mobile Kliniken und eine Großbäckerei unterstützt.

2015 Der ISAF zieht sich aus Afghanistan zurück. Afghanische Truppen werden von Nato-Einheiten zwar immer noch ausgebildet, sollen jedoch den Schutz des Landes allein übernehmen. Große Gebiete geraten unter die Herrschaft der Taliban; sie kontrollieren bald über 60 % des Landes.

Es gibt nur noch wenige Hilfsorganisationen, die in Afghanistan unter den vielen Gefahren weiterarbeiten.

2016 Die Provinzhauptstadt Herat erhält eine Ausbildungsklinik für Zahnmedizin. Neu ist die Zusammenarbeit mit der Universität. Studierenden wird eine praktische Ausbildung angeboten. Ein Schulzahnarzt-Programm wird eingerichtet.

2018 Die Sicherheitslage ist auch für Shelter Now immer gefährlicher geworden. In Kabul arbeiten zehn ausländische Mitarbeiter, die Verwaltungsarbeiten für die Projekte verrichten. Viele Projekte außerhalb Kabuls können von ihnen nicht besucht werden. Sie werden von verantwortungsvollen und eigenständigen afghanischen Mitarbeitern verwaltet.

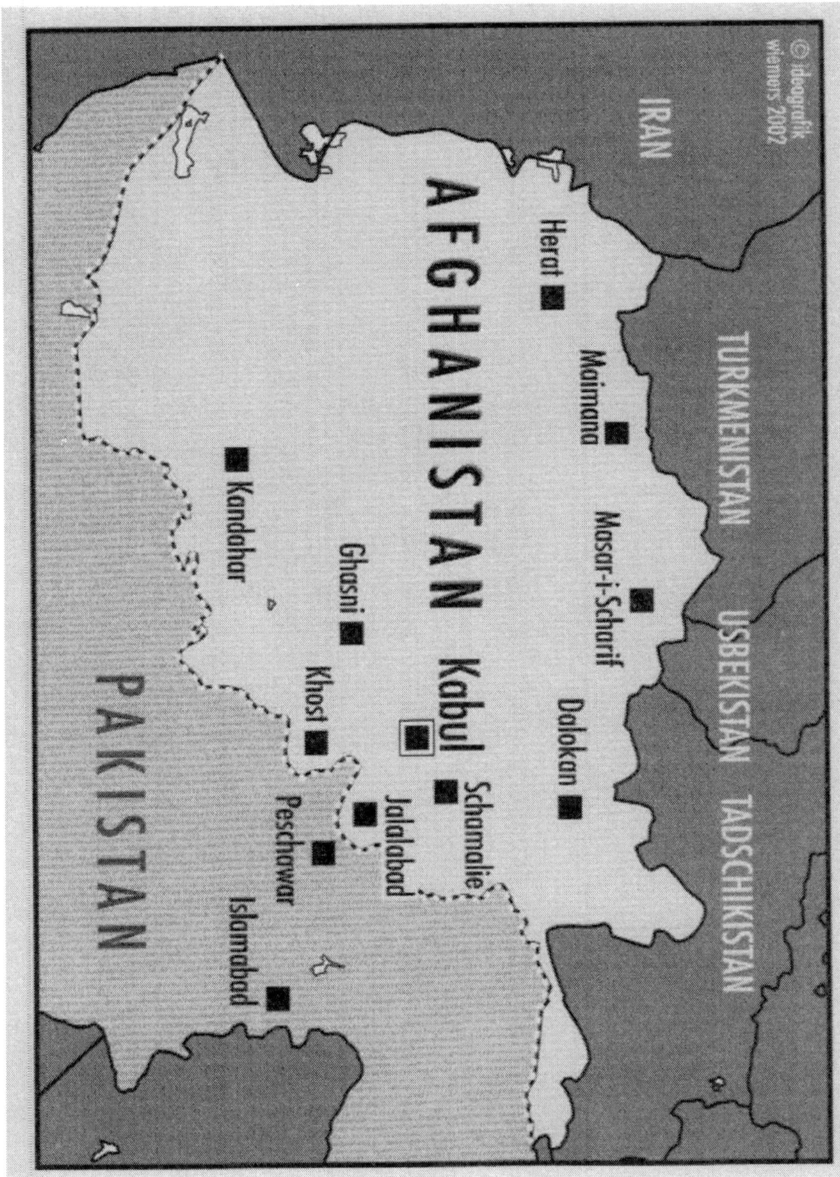
© ideografik
wiemers 2002
IRAN
TURKMENISTAN
USBEKISTAN
TADSCHIKISTAN
AFGHANISTAN
Herat
Maimana
Masar-i-Scharif
Dalokan
Kabul
Schamalie
Jalalabad
Ghasni
Khost
Kandahar
Peschawar
Islamabad
PAKISTAN

HOFFNUNGSSTARK – LEBENSMUTIG

Bewährte humanitäre Arbeit in Pakistan, Afghanistan und Kurdistan

SHELTER

ÜBER SHELTER

Shelter Now International (SNI) ist eine internationale christliche Hilfs- und Entwicklungsorganisation mit Hauptsitz in Deutschland (Sulzbach-Rosenberg) und nationalen Büros in Australien, Deutschland (Braunschweig), Großbritannien, Holland und den USA.

SNI begann 1983 mit der Arbeit in Pakistan unter afghanischen Flüchtlingen und hat seitdem zehntausenden von Flüchtlingen geholfen. Seit 1989 ist SNI in Afghanistan beim Wiederaufbau des Landes beteiligt. Weitere Projekte werden in Kurdistan durchgeführt.

Unsere Mitarbeiter kommen weltweit aus bis zu 30 Ländern.

Unser Ziel ist, das Leben der Ärmsten und Notleidenden zu erhalten und ihnen Hoffnung für eine bessere Zukunft zu vermitteln.

WO ARBEITEN WIR?

In Afghanistan arbeiten wir in acht Provinzen mit Büros in Kabul, Herat und Faizabad. Ein Shelter Now Team in Erbil führt für uns Projekte in Kurdistan / Nord-Irak durch.

UNSERE PROJEKTE

- Not- und Katastrophenhilfe
- Landwirtschaftliche Projekte und Mikrokredite
- Infrastruktur- und Bauprojekte
- Gesundheit, Brunnen und Trinkwasser
- Bildung und Ausbildung

PARTNER GESUCHT

Sie können uns helfen durch ...

Geben: von Finanzen und fachkundlichem Rat

Gebet: als Gebetspartner in unserem Gebetsnetzwerk

Gehen: als Mitarbeiter in einem unserer Einsatzländer oder als Fachkraft bei einem Kurzeinsatz

Empfehlen: Die Arbeit von SNI auf verschiedene Weise bekannt machen

INTERNATIONALES BÜRO
Georg Taubmann (Internationaler Direktor)
Dieter Drexler (stellvertretender Direktor)
Shelter Now International e.V.
Am Steg 7
D-92237 Sulzbach-Rosenberg
Tel. +49 9661 8158352
Fax +49 9661 8777298
Mail: internat.office@shelter.de
Web: www.shelter-now.de

DEUTSCHLAND BÜRO
Udo Stolte (Vorsitzender)
Shelter Now Germany e.V.
Waisenhausdamm 4
D-38100 Braunschweig
Tel. 0531 88539-57
Fax 0531 88539-59
E-Mail: info@shelter.de
Web: www.shelter.de

INTERKULTURELLE VERSTÄNDIGUNG – EIN BRANDAKTUELLES THEMA!

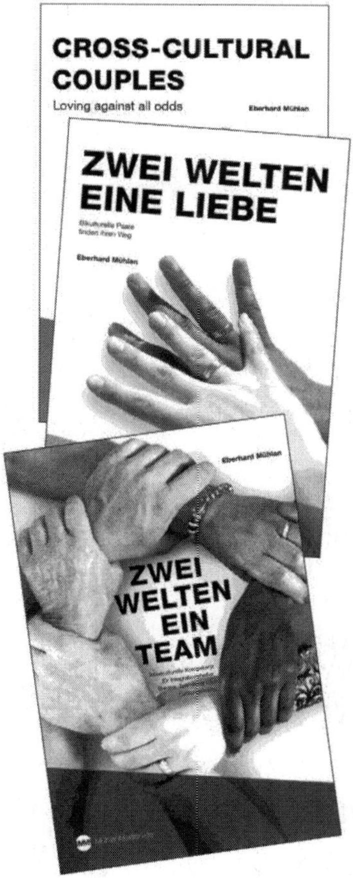

ZWEI WELTEN – EINE LIEBE
CROSS-CULTURAL COUPLES
Bikulturelle Paare – ob befreundet oder verheiratet – gehen ein spannendes Abenteuer ein. Sie werden nicht nur mit ihren individuellen Persönlichkeitsunterschieden konfrontiert, sondern müssen sich auch mit ihrer unterschiedlichen kulturellen Identität auseinandersetzen.
Darum geht es in diesem Buch: Wie bin ich aufgewachsen und kulturell geprägt? Welches Weltbild schlummert in mir? Warum missverstehen wir uns so oft und reden aneinander vorbei? Verstehen wir das Gleiche über Liebe? Wie finden wir zu einer gemeinsamen Ehe-Identität?

Mit einer Anleitung zu Paargesprächen in 12 Sprachen: Deutsch, Englisch, Arabisch, Chinesisch, Französisch, Polnisch, Portugiesisch, Rumänisch, Russisch, Spanisch, Thai, Türkisch. (kostenlos als download bei www.MühlanMedien.de)

ZWEI WELTEN – EIN TEAM
Interkulturelle Kompetenz für Integrationshelfer, Berater, Teamleiter und Führungskräfte.

Interkulturelle Integration und Teamarbeit sind brandaktuelle Themen. In der Nachbarschaft, am Arbeitsplatz, an der Uni, in der Kirchengemeinde, in den Flüchtlingscafés - überall begegnen sich Menschen aus unterschiedlichen Kulturen. Wie können Integration und Zusammenleben besser gelingen? Was können Sie dazu beitragen?
In dem Buch geht es einerseits um ein besseres interkulturelles Verständnis, was das unterschiedliche Aufwachsen und Familienleben betrifft, das Kommunikationsverhalten, die kulturell verinnerlichten Wertemuster sowie das Autoritätsverständnis. Es geht aber auch um den Reichtum an interkulturellen Synergien. Leiter müssen die Schätze zu entdecken, die Mitarbeiter aus anderen Kulturen in eine Gruppe oder Kirchengemeinde einbringen.

Eberhard Mühlan
ZWEI WELTEN – EINE LIEBE
MühlanMedien, Braunschweig
Paperback, 170 Seiten
12,95 EUR
ISBN 978-3-9817238-0-9
Bestell-Nr. 568120

Eberhard Mühlan
CROSS-CULTURAL COUPLES
MühlanMedien, Braunschweig
Paperback, 170 Seiten
12,95 EUR
ISBN 978-3-9817238-2-3
Bestell-Nr. 568122

Eberhard Mühlan
ZWEI WELTEN – EIN TEAM
MühlanMedien, Braunschweig
Paperback, 150 Seiten
12,95 EUR
ISBN 978-3-9817238-3-0
Bestell-Nr. 568123